U0541664

本书获得中国社会科学院大学中央高校基本科研业务费优秀博士学位论文出版资助项目经费支持，谨以致谢！

中国社会科学院大学文库
优秀博士学位论文系列
UCASS Excellent
Doctoral Dissertation

数字货币框架下的货币与信贷

樊沛然 著

中国社会科学出版社

图书在版编目（CIP）数据

数字货币框架下的货币与信贷/樊沛然著. —北京：中国社会科学出版社，2023.12

（中国社会科学院大学文库. 优秀博士学位论文系列）

ISBN 978-7-5227-2794-3

Ⅰ.①数… Ⅱ.①樊… Ⅲ.①数字货币—研究 Ⅳ.①F713.361.3

中国国家版本馆 CIP 数据核字（2023）第 235608 号

出 版 人	赵剑英
责任编辑	周　佳
责任校对	胡新芳
责任印制	王　超

出　　版	中国社会科学出版社
社　　址	北京鼓楼西大街甲 158 号
邮　　编	100720
网　　址	http://www.csspw.cn
发 行 部	010-84083685
门 市 部	010-84029450
经　　销	新华书店及其他书店
印　　刷	北京明恒达印务有限公司
装　　订	廊坊市广阳区广增装订厂
版　　次	2023 年 12 月第 1 版
印　　次	2023 年 12 月第 1 次印刷
开　　本	710×1000　1/16
印　　张	17.5
字　　数	236 千字
定　　价	89.00 元

凡购买中国社会科学出版社图书，如有质量问题请与本社营销中心联系调换
电话：010-84083683
版权所有　侵权必究

中国社会科学院大学
优秀博士学位论文集
序　言

呈现在读者面前的这套中国社会科学院大学（以下简称"中国社科大"）优秀博士学位论文集，是专门向社会推介中国社科大优秀博士学位论文而设立的一套文集，属于中国社会科学院大学文库的重要组成部分。

中国社科大的前身，是中国社会科学院研究生院。中国社会科学院研究生院成立于1978年，是新中国成立最早的研究生院之一。1981年11月3日，国务院批准中国社会科学院研究生院为首批博士和硕士学位授予单位，共批准了22个博士授权学科和29位博士生导师。作为我国人文和社会科学学科设置最完整的研究生院，拥有博士学位一级学科16个、硕士学位一级学科17个；博士学位二级学科118个、硕士学位二级学科124个；还有金融、税务、法律、社会工作、文物与博物馆、工商管理、公共管理、汉语国际教育等8个硕士专业学位授权点；现有博士生导师736名、硕士生导师1205名。

为鼓励博士研究生潜心治学，作出优秀的科研成果，中国社会科学院研究生院自2004年开始评选优秀博士学位论文。学校为此专门制定了《优秀博士学位论文评选暂行办法》，设置了严格的评选程序。秉持"宁缺勿滥"的原则，从每年答辩的数百篇博士学位论文中，评选不超过10篇的论文予以表彰奖励。这些优秀博士学位论文有以下共同特点：一是选题为本学科前沿，有重要理论意义和实践价值；二是理论观点正确，理论或方法有创新，研究成果处于国内领先水平，具有较好的社会效益或应用价值与前景；三是资料翔实，逻辑严谨，文字流畅，表达确当，无学术不端行为。

《易·乾》曰："君子学以聚之，问以辩之。"学术研究要"求真求实求新"。博士研究生已经跨入学术研究的殿堂，是学术研究的生力军，是高水平专家学者的"预备队"，理应按照党和国家的要求，立志为人民做学问，为国家、社会的进步出成果，为建设中国特色社会主义的学术体系、学科体系和话语体系做贡献。

习近平总书记教导我们：学习和研究"要求真，求真学问，练真本领。'玉不琢，不成器；人不学，不知道。'学习就必须求真学问，求真理、悟道理、明事理，不能满足于碎片化的信息、快餐化的知识"。按照习近平总书记的要求，中国社科大研究生的学习和学术研究应该做到以下三点。第一，要实实在在地学习。这里的"学习"不仅是听课，读书，还包括"随时随地的思和想，随时随地的见习，随时随地的体验，随时随地的反省"（南怀瑾先生语）。第二，要读好书，学真知识。即所谓"有益身心书常读，无益成长事莫为"。现在社会上、网络上的"知识"鱼龙混杂，读书、学习一定要有辨别力，要读好书，学真知识。第三，研究问题要真，出成果要实在。不要说假话，说空话，说没用的话。

要想做出实实在在的学术成果，首先要选择真问题进行研究。这里的真问题是指那些为推动国家进步、社会发展、人类文明需要解决的问题，而不是没有理论意义和实践价值的问题，也不是别人已经解决了的问题。其次，论述问题的依据要实在。论证观点依靠的事例、数据、观点是客观存在的，是自己考据清楚的，不能是虚假的,也不能是自以为是的。再次,要作出新结论。这里说的新结论,是超越前人的。别人已经得出的结论,不能作为研究成果的结论;对解决问题没有意义的结论,也不必在成果中提出。要依靠自己的独立思考和研究,从"心"得出结论。做到"我书写我心,我说比人新,我论体现真"。

我希望中国社科大的研究生立志高远,脚踏实地,以优异的学习成绩和学术成果"为国争光、为民造福"。这也是出版本优秀博士学位论文集的初衷。

2021 年 12 月 9 日

前　　言

　　数字货币引入货币体系后，研究数字货币框架下的货币与信贷之可能进展是一项重要的基础理论经济学议题。本书具体从数字货币引入货币体系的必要性、货币需求、金融中介以及政策工具对宏观经济管理之影响等方面，全方位研究数字货币（确切地说是央行数字货币）之可能潜力。

　　金融危机之后，市场主体对现有信贷体系的不信任蔓延到对信用货币的不信任，随着加密货币技术的兴起，数字货币引入货币体系不可避免。于是引出两个紧迫问题：数字货币框架到数字货币体系以何种形式构建？以何种数字货币作为主导？本书第三章分析历次货币体系的形成过程，结合当前加密货币的优缺点，研究发现：央行数字货币主导的货币竞争可能成为从数字货币框架塑造数字货币体系最主要的力量。数字货币体系的构建过程，央行数字货币的法币性质要比现有加密货币更有前景，不同国家央行数字货币间的货币竞争可能影响国际货币秩序，进而重塑数字货币体系。现有货币体系消融、数字货币框架产生和数字货币体系构建的此消彼长中，央行数字货币主导的货币竞争是未来货币体系演进的可能形式。

　　面对引入数字货币可能引发的货币体系变革，各国不得不面临这样一个问题：央行数字货币是否可以无限替代传统货币，央行数字货币是否会加剧价格水平失稳风险？以第三章数字货币体系构建可能性为前提，第四章构建了一个简洁的博弈模型，研究发现单一货币形式下各国难以兼顾局部和全局的价格水平稳定；哪怕在约束条件较少的古典经济框架下，央行数字货币和纸币共存的混合货币体系比单一货币体系更有可能满足局部与全局价格水平稳定的要求：数字货币与传统货币维持在合意比率区间，局部与全局价格水平同时稳定是可行的，数字货币与传统货币并存时局部均衡价格与全局均衡价格水平一致。

数字货币体系下货币需求会呈现怎样的变化呢？在第四章数字货币与传统货币维持合意比率的条件下，第五章进一步讨论数字货币体系下的货币需求。

就货币交易性需求而言，将数字货币引入最优存货模型（Baumol，1952），数字货币体系下要维系数字货币体系的稳健性，需要保证市场主体不因为其支付媒介的差异而面临套利机会：无论是取出数字货币然后转换成传统货币，还是先取出传统货币然后用传统货币转换成数字货币，最大化利润在两种路径下应是等价的。

就投机需求而言，将数字货币引入流动性需求模型（Hicks，1962），数字货币或正或负的收益率有助于调节市场流动性，有助于货币体系的"反脆弱性"。当数字货币名义利率大于零时，在纯粹数字货币作为法定货币的数字货币体系下，数字货币本身对其他资产呈现出一定的"挤出效应"。在数字货币与传统货币同时充当法定货币的数字货币体系下，上述"挤出效应"又略弱于纯粹数字货币构成货币体系的情形，同时能够获得"局部与全局价格均衡"的特性。当数字货币名义利率小于零时，货币突破零利率限制（Zero Low Bound）后，市场主体基于货币投机需求将有动力追逐其他资产以为市场提供更多流动性，数字货币体系在"流动性陷阱"这类极端情形下也能维系货币体系的稳定性。

就预防性需求而言，将数字货币引入预防性货币需求模型（Whalen，1966），为了维持数字货币体系下两种货币间最优需求货币量是一致的，市场主体预防性需求持有的货币量的最优效用也须一致。研究发现在一定假设条件下，央行数字货币需要满足：在数字货币占比高的体系下，需要维持存款利息率减去转换成本等于数字货币利息率；在传统货币占比高的货币体系下，需要维持数字货币利息率减去转换成本等于存款利息率。此时，数字货币体系下基于预防需求保有的货币量才有可能不损害货币体系本身的稳健性，否则套利将使得市场主体无法找到稳定的最优预防性货币持有量。

金融中介问题在数字货币体系下也将面临变革，第六章从存款合约角度探讨这种变化。随着央行发行央行数字货币，传统金融中介的存款合约业务也面临挤出效应，央行可能通过央行数字货币获得了直接介入市场信贷创造的机会。在第六章构建的模型中，央行通过数字货币赋予的信息优势可以批量复制出略高于传统长期投资的回报率，这种长期投资技术过去仅仅由互联网平台经济等拥有巨大信息优势和巨量客户资源和高黏性消费场景的企业实体掌握。这赋予央行更高的政策灵活度，使央行在提供优于商业银行最优合约的前提下还能保有正的额外利润，央行可能具有了抵御挤兑的"安全垫"，通过一定的制度安排，哪怕在挤兑等极端环境，央行也能够使得长期合约持有者不参与到挤兑行列，这个特性最终将挤出传统金融中介的"存款业务"。

具体到数字货币体系下的宏观管理，在一般均衡框架下从信贷市场、信贷合约角度，第七章给出了一个依据现实问题设计央行数字货币相关政策工具箱的示范。第七章从信贷合约角度分析信贷通过构建风险测度体系并测度新冠疫情作为风险冲击的概率规模，研究将风险测度体系引入包含金融加速器机制的动态宏观模型，结合测度应对性货币政策力度，模拟分析了新冠疫情冲击及应对性货币政策的综合效果。结果表明，新冠疫情冲击发生的概率相当于"2008年国际金融危机"；疫情冲击会导致产出下滑、企业净值和信贷市场效率降低；应对性货币政策能改善宏观产出水平，但也会使"审计成本比率"攀升、企业信贷合约议价能力降低；数字货币若能提高企业信贷支持的滞后期，将能大大提高信贷体系反脆弱性水平，减少产出波动。引入数字货币的情形下，假定通过央行数字货币，央行可直接参与信贷创造过程，进一步研究发现：央行数字货币的付息策略可配合货币政策在不影响企业信贷的情形下拉动产出；数字货币体系下央行数字货币的利息冲击可以适当的抵消以利率刺激为主的货币政策的负面作用，改善信贷市场效率和企业信贷状况。简而言之，配合央行数字货币加息的利率宽松货币政策将是一个重要的货币政策工具，有助于改善本书所探讨的"刺激产出"与"改善信贷"的两难权衡问题。数字货币体系下的央行数字货币利息政策与传统货币政策呈现一定的独立性，二者协同符合"丁伯根准则"，有利于政策多目标的实现。

综上，随着数字货币引入货币体系，赋予货币与信贷帕累托改进的可能性：央行数字货币与传统货币在合意比率下将有助于平衡局部均衡与全局均衡；数字货币需求相关约束有助于使数字货币与传统货币分层履行货币职能，构建稳健货币体系；央行数字货币带来的金融去中介化将有可能助力金融脱媒进程；在一般均衡框架下，央行数字货币加息相关政策在处理信贷风险冲击相关宏观经济管理实践中具有广泛前景。

摘　　要

本书研究数字货币框架下的货币与信贷。具体而言，本书着力从数字货币体系建构的必要性、央行数字货币的可能性质、数字货币体系下金融结构的可能形式，以及数字货币体系下货币政策的可能发展角度，研究数字货币框架下的货币与信贷。

本书分成三个部分，首先探讨数字货币引入货币体系的必要性，其次研究数字货币体系下的货币需求变化和信贷结构，最后从动态宏观角度探讨货币政策的可能变化。

第一部分研究数字货币体系可能的演进路径，包含第三章和第四章。第三章从历史角度分析历次全球货币改革事件的动力机制，以加密货币的技术与相关产业兴起为条件，分析各国主权货币面临数字货币体系下的"货币竞争"的现实可能性，阐明 CBDCs 主导的"货币竞争"可能是数字货币体系构建的主要形式。第四章基于数字货币体系下"货币竞争"之可能性，从数理模型角度探讨在央行数字货币与传统货币共存的情形下，兼顾局部均衡与全局均衡的价格水平存在的可能性，初步证明满足内外价格稳定的合意比率是存在的。

第二部分研究数字货币体系下的货币需求和信贷结构，包含第五章和第六章。第五章基于合意的 CBDC 比率（兼顾局部价格稳定与全局价格稳定）存在的前提条件，以构建稳健数字货币体系为目标，从无套利原则出发，研究数字货币的三大货币需求（凯恩斯货币需求理论），即交易性需求、投机性需求和预防性需求，从货币需求角度展示数字货币面临的可能约束条件。第六章探讨数字货币体系下，在存款合约市场中，商业银行如何与央行展开博弈，这种博弈可能加速金融脱媒，展示了央行直接参与信贷创造的前景。

  第三部分研究数字货币体系下的宏观经济管理，包含第七章。第七章使用具有信贷市场的 DSGE 模型，模拟在新冠疫情下传统货币政策遇到的可能权衡，以及这种权衡如何在央行数字货币介入的情形下发展为新的形式。本章从信贷视角设计基于政策功能的央行数字货币，展现了央行数字货币作为新政策工具解决新问题的潜力：当遵循特定约束条件，数字货币体系下信贷"反脆弱性"得到增强，配合"央行数字货币加息"的"利率宽松"货币政策将是一个重要的货币政策工具，这将有助于改善"刺激产出"与"改善信贷"的两难问题。

  关键词：央行数字货币；反脆弱性；信贷；货币需求

Abstract

This book study money and credit under the digital currency framework. Specifically, this book delves into several aspects of currency and credit under the digital currency framework, focusing on the necessity of constructing the Digital Currency System, the potential nature of central bank digital currencies (CBDCs), possible forms of financial structures within the digital currency framework, and potential developments in monetary policies within this system.

This book is divided into three parts. Firstly, it addresses the necessity of introducing digital currency into the monetary system. Secondly, it examines changes in money demand and credit structures within the Digital Currency System. Thirdly, it explores potential changes in monetary policy from a dynamic macroeconomic perspective.

The first part investigates the possible evolution path of the Digital Currency System, comprising Chapter 3 and Chapter 4. Chapter 3 analyzes historical global currency reform events and presents the realistic possibility of "currency competition" faced by sovereign currencies within the Digital Currency System, elucidating that that the competition between CBDCs may become the most important force in shaping the Digital

Currency System. Chapter four, based on the potential of "currency competition" in the Digital Currency System, discusses the possibility of coexistence between CBDCs and traditional currencies, demonstrating the existence of stable price levels considering both local and global equilibrium under certain conditions. It shows that there is a desirable ratio that satisfies internal and external price stability.

The second part focuses on studying money demand and credit structure within the Digital Currency System, comprising Chapter 5 and Chapter 6. Chapter 5 based on the desirable CBDC ratio (balancing local and global price stability), targets the establishment of a robust digital currency system. It embarks on studying the three major currency demands of digital currencies, based on Keynesian monetary demand theory: transactions demand, speculative demand, and precautionary demand, originating from the no-arbitrage principle. This chapter elucidates potential constraints faced by digital currencies from the perspective of money demand. Chapter 6 examines within the Digital Currency System, the strategic interaction between commercial banks and the central bank in the deposit contract market. This interaction may expedite financial disintermediation, highlighting the prospect of central bank involvement in credit creation directly.

The third part investigates macroeconomic management within the Digital Currency System, comprising Chapter 7. Chapter 7 utilizes a DSGE model with a credit market to simulate the potential trade-offs faced by traditional monetary policies during the COVID-19 pandemic and how these trade-offs evolve into new forms in the scenario of CBDC. This chapter designs a CBDC based on policy functionality from a credit perspective, demonstrating how it endows monetary authorities with novel policy tools to address emerging issues. Under specific constraints, the Digital Currency System enhances anti-fragility in credit. Aligning "CBDC rate hikes" with a "loose monetary policy" becomes a pivotal monetary tool, aiding the conundrum between stimulating output and improving credit.

Key Words: CBDC; Anti-fragility; Credit; Money Demand

目　　录

第一章　绪论 …………………………………………………（1）
　　第一节　研究背景：问题的提出 ……………………………（1）
　　第二节　研究对象及意义 ……………………………………（5）
　　第三节　研究思路和研究方法 ………………………………（12）
　　第四节　本书结构安排 ………………………………………（14）
　　第五节　研究创新 ……………………………………………（16）
　　第六节　研究局限性 …………………………………………（18）

第二章　文献述评 ……………………………………………（20）
　　第一节　理论基础与概念 ……………………………………（20）
　　第二节　理论梳理 ……………………………………………（25）
　　第三节　总结与评述 …………………………………………（49）

第三章　"货币竞争"与数字货币体系演进：框架到体系 …………………………………………………………（54）
　　第一节　引言 …………………………………………………（54）
　　第二节　货币体系动力学：政府与市场 ……………………（56）
　　第三节　来自中国的实践 ……………………………………（58）

第四节　货币演化与货币当局角色 …………………………… (60)
　　第五节　信用货币时代下"货币竞争"可能性 ……………… (62)
　　第六节　塑造数字货币体系的力量与"货币竞争" ………… (67)
　　第七节　若干结论 …………………………………………… (70)

第四章　数字货币体系兼顾局部均衡与全局均衡价格水平：
　　　　存在性证明 …………………………………………… (73)
　　第一节　引言 ………………………………………………… (73)
　　第二节　理论脉络 …………………………………………… (75)
　　第三节　模型主体 …………………………………………… (82)
　　第四节　若干结论 …………………………………………… (90)

第五章　数字货币体系下的货币需求 ……………………………… (93)
　　第一节　引言 ………………………………………………… (93)
　　第二节　交易性需求 ………………………………………… (94)
　　第三节　投机性需求 ………………………………………… (110)
　　第四节　预防性需求 ………………………………………… (122)
　　第五节　若干结论 …………………………………………… (127)

第六章　央行数字货币与金融中介：存款合约视角 ……………… (129)
　　第一节　引言 ………………………………………………… (129)
　　第二节　数字货币体系下的金融中介 ……………………… (133)
　　第三节　原始模型 …………………………………………… (135)
　　第四节　博弈论模型：以实际价格缔约 …………………… (137)
　　第五节　若干结论 …………………………………………… (150)

第七章 央行数字货币与信贷：一般均衡框架下贷款合约视角 (152)

- 第一节 引言 (152)
- 第二节 理论梳理 (154)
- 第三节 模型主体 (158)
- 第四节 风险冲击测度 (173)
- 第五节 稳态、参数校准及估计 (180)
- 第六节 模型模拟分析 (188)
- 第七节 若干结论 (212)

第八章 结论和展望 (215)

- 第一节 各章概括 (215)
- 第二节 研究结论和建议 (218)
- 第三节 主要创新和未来可能重要的议题 (224)

参考文献 (230)

索　引 (249)

后　记 (253)

Contents

Chapter 1 Introduction ········· (1)
   Section 1 Research Background ········· (1)
   Section 2 Objects and Significance ········· (5)
   Section 3 Motivation and Methods ········· (12)
   Section 4 Architecture and Outline ········· (14)
   Section 5 Research Innovation ········· (16)
   Section 6 Research Limitations ········· (18)

Chapter 2 Related Work Review ········· (20)
   Section 1 Theoretical Basis and Concepts ········· (20)
   Section 2 Theoretical Evaluation ········· (25)
   Section 3 Summary and Comments ········· (49)

Chapter 3 "Currency Competition" and the Evolution of the Digital Currency System: Framework to System ········· (54)
   Section 1 Introduction ········· (54)
   Section 2 Monetary System Dynamics: Government V. S. Market ········· (56)
   Section 3 Practice from China ········· (58)

Section 4　Currency Evolution and the Role of Monetary Authorities ……（60）

Section 5　Probability of Currency Competition in the Era of Credit Currency ……（62）

Section 6　The forces shaping the Digital Currency System and "Currency Competition" ……（67）

Section 7　Concluding Remarks ……（70）

Chapter 4　The Digital Currency System Pursuing Both Local and Global Price Stabilization: Existence Theorem ……（73）

Section 1　Introduction ……（73）

Section 2　Theoretical Context ……（75）

Section 3　The Model ……（82）

Section 4　Concluding Remarks ……（90）

Chapter 5　Money Demand under the Digital Currency System ……（93）

Section 1　Introduction ……（93）

Section 2　Transactions Demand for Money ……（94）

Section 3　Speculative Demand for Money ……（110）

Section 4　Precautionary Demand for Money ……（122）

Section 5　Concluding Remarks ……（127）

Chapter 6　Central Bank Digital Currency and Financial Intermediaries: Deposit Contract Perspective ……（129）

Section 1　Introduction ……（129）

Section 2	Financial Intermediaries under the Digital Currency System	(133)
Section 3	Original Model	(135)
Section 4	Game Theory Model: Contracting at Real Price	(137)
Section 5	Concluding Remarks	(150)

Chapter 7 Central Bank Digital Currency and Credit: Loan Contracts Perspective under the General Equilibrium Framework ········ (152)

Section 1	Introduction	(152)
Section 2	Related Work	(154)
Section 3	The Model	(158)
Section 4	Risk Shock Measurement	(173)
Section 5	Steady State, Calibration and Estimation	(180)
Section 6	Simulation and Analysis	(188)
Section 7	Concluding Remarks	(212)

Chapter 8 Conclusion and Outlook ········ (215)

Section 1	Summary of Each Chapter	(215)
Section 2	Conclusions and Suggestions	(218)
Section 3	Directions for Future Work	(224)

Reference ········ (230)

Index ········ (249)

Postscript ········ (253)

第一章

绪　论

第一节　研究背景：问题的提出

自经济学成为一门学科以来，对货币体系的每一次探索都是极为缓慢而又必要的研究苦旅。缓慢源于一套货币体系在其全部能力发挥出来之前并不会自行消亡，必要则由于这种衰败过程将会带来极大的破坏性以至很难坐视不理。经济"大萧条"确立了凯恩斯货币主义在宏观经济学中的主流地位，"滞胀"的出现确立了以弗里德曼（Milton Friedman）为代表的货币主义思潮的兴起，2008年次贷危机又让现代货币理论、数字货币成为某种时髦。20世纪30年代的"大萧条"、20世纪70年代的滞胀乃至2008年的次贷危机，这一系列现象让经济学者着迷不已，Ben Bernanke更是认为解释"大萧条"是宏观经济学"圣杯"，这些现象及其应对背后无不伴随着货币体系模式的变化（Bernanke，1995）。对于货币体系，学者研究得很多，但共识鲜有，货币与信贷相关研究每一步进展都极为艰难，常有反复，然而放任对货币体系的无知又会不可避免地造成巨大灾难。后次贷危机时代，各市场主体对当前货币信贷体系颇有微词，加密货币技术回应了这种思潮，各国货币当局的央行数字货币亦蠢蠢欲动，数字货币引入货币体系很可能具备重新塑造现代货币体系的潜力。货币和信贷状况直接影响了货币体系的演化模式,有些模式能让货币体系变得强韧和灵活,有些则不然。比如,传统货币体系下价格稳定与金融稳定是两大困扰问题:应对价格稳定的货币政策面对"零利率下限"后钝化的问题、应对金融稳定的宏观审慎政策面临风险外部性问题日益变得臃肿低效,上述两类政策目标的协调日益变得困难。那么随着数字货币的引入,有无可能通过某种方式建立一个更稳健的货币体系?新的货币体系相较于其他可实现的货币体系,在不可避免的各种内外冲击面前,是否有可能让负面效应变得足够小、负面影响持续期足够短呢?货币的变化,信贷的变化,货币体系的变化,直至金融结构的变化与宏观经济管理逻辑的变化,随着数字货币时代的到来一切似乎都尚无定论。

数字货币尤其是央行数字货币(Central Bank Digital Currency, CBDC)是数字货币体系中的核心组成,是认知数字货币体系的关键。CBDC 的发展受到经济思潮与技术浪潮的双重影响。从经济思潮来看,哈耶克(Friedrich August Hayek)提出非主权化货币的"货币竞争"概念,同时最早提出"代币"(Token)概念(Hayek, 1976);James Tobin 提出了一种在中央银行开立面向普通储户存款账号的设想(Tobin, 1987),Raphael Auer 等认为这是最早见诸文献的 CBDC 构想(Auer et al., 2020);从技术浪潮来看,Satoshi Nakamoto 基于工作量证明和区块链技术创造了第一个非主权加密货币(Nakamoto, 2008)。随着手机和电子支付的普及,数字货币浪潮几乎不可避免,问题恰恰在于数字货币在何种货币体系下才能发挥出潜力?作为法币在数字货币时代的自然延伸,CBDC 将会构建出怎样的数字货币体系?随着虚拟经济、数字经济的持续兴起,交易的种类、交易的频率、交易的量级越来越超出传统货币体系的能力范围,一种新的数字货币体系必然会被作为数字经济的底层加以建构出来,数字货币不应是某种简单的互联网工程项目(如各类加密货币、智能合约和ICO项目）也不应简单刻画为某种全能金融资产（传统股票、债券、外汇等传统有价证券特性的杂合），对数字货币的研究必须置于货币体系形成发展框架下研究。新旧货币体系（传统货币体系与数字货币体系）中货币与信贷的变化是经济科学中绕不开的议题。

在数字经济时代，数字货币可能要具有超越国界的支付功能，这与传统国际货币所具备的性质完全不同。传统国际货币发行国需要承担国内价格水平与国际价格水平的双重稳定职能，考虑到"特里芬难题"（Triffin Dilemma）（Triffin，1960），国际货币往往采用浮动汇率制度，国际货币发行国承担了国际支付媒介托管人责任，因此维系国际货币购买力的稳定优先于国内进出口贸易平衡等常规目标。作为国际货币的数字货币需要协调数字经济与传统经济下的国内国外价格水平，就操作性而言，其难度不小。数字经济相较于传统货币不过多拘泥于传统的国别性质（如虚拟经济往往依赖于国际互联网此类国际公共基础设施），基于上述特性，数字货币充当国际货币具有天然的优势。在虚拟经济的国际支付媒介选择上，只要本国数字货币价格水平的稳定性是可预期的，这将使本国数字货币更容易在全球央行数字货币的货币竞争中脱颖而出。简而言之，CBDC的正外部性将加速使其作为一种国际支付手段为公众使用，前提是CBDC价格水平是稳定的。稳健的货币体系中，作为国际货币的CBDC需要达到兼顾本国局部均衡和全球层面全局均衡的价格稳定，上述特性需要货币当局做出一系列结构性的制度保证。简而言之，研究重点在于找出一系列约束条件来保证货币体系的稳健性是经济学学理层面良好定义的。

研究数字货币框架下货币与信贷之可能变化，需要学者从货币与信贷框架下审视数字货币引入货币体系后新的数字货币体系之"反脆弱性"，进而为未来货币体系的根本重构指明道路。数字货币一方面需要承担传统货币的全部功能和某些资产的部分功能，另一方面数字货币需要承担数字经济时代对新的支付场景的交易媒介，这将不可避免地带来一系列问题。数字货币引入货币体系的必要性何在？以何种形式构建数字货币体系？数字货币体系中数字货币是何种性质？数字货币框架下的货币需求与信贷结构如何变化？数字货币体系中"流动性偏好""货币数量论""货币信贷理论"是否依然奏效？数字货币体系下价格水平如何决定？数字货币体系下产出、就业乃至财富是如何运行的？数字货币体系下央行如何运作？数字货币体系下货币政策如何发挥作用？这一系列问题对应的答案，自然就指向了如下判断：什么是好的数字货币体系？数字货币体系不应该比现有货币体系更加脆弱，有可能的话，它应该能够实施一些旨在加固原有货币体系经济学理念：比如"100%银行准备金"（Fisher，1933）、"货币竞争"（Hayek，1976）、"存量—流量一致模型"（Francis，Godley，1976；Brainard，Tobin，1968），不一而足。当然，这些经济学理念受制于历史的本身局限性。标准货币理论认为货币供应量是产出的名义价值与利率的函数，货币供应量上升，利率会下降，而低利率会带来更多的投资和消费，但后金融危机时代，政府加大了商业银行对社会的贷款能力，实际的社会贷款并未增加。Joseph Stiglitz 直接指出这是一种新的流动性陷阱，当前标准货币理论中"货币没有附着利息"的假设是不适用的（Stiglitz，2017）。从经验来看，最近的危机中货币供应量并未转化成贷款的增加，尤其是投资并未随着货币供应量增加而增加，其根源在于央行管理货币创造的控制力变弱，大量的货币市场基金和商业银行为代表的金融机构的大量金融创新破坏了标准货币理论"货币不付息"的基础假设，最终标准货币理论指导货币政策将是不适当的。一个国家不光要赢得经济竞争，还要面对新经济形势下可能的"货币竞争"，稳健的数字货币体系是获得货币持久竞争力的重要保证，为了从货币与信贷角度探索数字货币体系演进的更多可能性,遂有此篇。

第二节 研究对象及意义

一 研究对象

数字货币是数字货币体系的主干、框架,数字货币框架下的货币与信贷如果不是构成数字货币体系的全部也构成了其大部。开宗明义,数字货币框架下货币间的联系与互动、信贷结构的构成与流变,以上货币与信贷关系的有机加总构成狭义上的"数字货币体系"[①],因此本书的研究对象恰恰是作为"数字货币框架下货币与信贷"来理解的数字货币体系。进一步,本书的研究对象是数字货币框架下的货币与信贷,传统货币体系中的数字货币与数字货币体系下的传统货币都将依照"数字货币体系"之定义自动成为本书的研究对象。本书着力从数字货币体系建构的必要性、数字货币体系下金融结构的可能形式,以及数字货币体系下货币政策的可能发展角度研究数字货币框架下的货币与信贷。具体来看,本书的一系列研究从旧有货币体系之"脆弱性"与数字货币体系"反脆弱性"这一孪生议题逐步深入。

货币体系作为研究对象自凯恩斯以降都是一个复杂范畴,引入数字货币之后构建新的货币体系正在于解决原有体系力有不逮之处,研究首要任务在于以一个清晰的范式勾勒出原有货币体系的运转方式,而提供这种范式的最佳方式在于将体系中几个主要力量的平衡与转化方式加以阐明,其中一个力量为政府,另一个力量为市

[①] 货币体系经历了实物货币主导向信用货币主导的转变,但很少有文献将信用货币主导的货币体系称作信用货币体系。随着数字货币加入传统货币体系,货币体系也具有数字货币主导的潜质。本书为了说明数字货币框架向体系的转变,区别于以传统货币主导的传统货币体系,我们称以数字货币为重要主体的货币体系为数字货币体系。

场。经济系统的演化不是一帆风顺的,经济的发展涉及"量"和"质"两个维度,前者意味着增长率的提升,后者意味着增长率背后的结构优化。宏观经济学阐明政府与市场无法单方面持续的保持经济处于潜在产出水平,这就需要二者的协同,这种协同在货币体系中表现为政府的货币政策与市场的互动关系,这种互动关系往往需要时间与条件。货币当局与市场互动是一个动态的长期的多次博弈,这种博弈的开展需要货币体系提供足够的环境保证,以保证博弈中的各方信息能得到及时有效的传达和交换。首先假设货币当局与市场处于"可博弈"的环境中,下面以一次博弈为例给出二者的行为说明,最终这些博弈的动态长期化就构成了本书的主要货币体系普遍范式。一次货币政策实行中,政府需要制定包括一揽子要素的策略:(1)最终目标。政府需要达成的最终目标,这些最终目标往往是很难直接观测的,最终目标往往是"长期的",比如将产出达到自然产出水平或者充分就业水平。(2)政策操作工具。政府需要检视可用的政策工具,这些政策工具往往在操作持续性上是"短期的",货币体系中惯常使用的货币工具包括准备金率、公开市场业务和窗口指导等。(3)政策传导到目标的路径蓝图。经济结构因国别因不同发展阶段大相径庭,这就需要设定适应当前经济体系的政策传导路径,这个传导路径往往能够反映并锚定各方预期,将持续性有限的货币政策最终通过预期沿着传导路径扩散成"长期"影响,为最终目标的达成保驾护航。(4)确定政策传导路径中的关键目标。正如前文所述,最终政策目标往往是不可观测的,同时传导路径也有可能是不准确的,因此有必要选取传导路径的关键节点作为代理变量,代理变量用于确认并指示传导路径是否打通,这些代理变量往往是可观测的,区别于最终目标被称作中介变量,中介变量是形成并引导市场预期的关键。

在开放经济体中,货币体系中还存在兼顾局部与全局价格水平稳定的目标。尤其对于转型经济体，其发展过程往往存在着正反两种力量。举例来讲，中国随着产业的壮大必然面临产业升级问题，因此为了谋求全球价值链的有利分工地位必然会尝试进军高端制造和高端服务产业。以美国加征关税为主导的中美经贸摩擦固然对中国进出口造成较大困难，但如果以经济学论之，中美经贸摩擦也坚定了中国发展高端制造业的决心，高附加值的高端产品才能应对重税，高端产品对关税的弹性较小。回顾日本、德国工业升级之路，其品牌之路也是从廉价山寨起家，最终得以成为高端制造强国，其间也受到国际贸易保护主义的打击。有了如此认识，中国货币体系的构建将有可能不拘泥于传统的内外价格水平均衡，而致力于开展较为"中性"的货币政策以利于长期经济发展处于合意的稳定增长中。

加密货币拓展了货币的外延，但加密货币如果试图成为最高安全等级的货币仍然需要遵循货币的基本特性，否则只是某种具有"货币性"的人造投资品，很难成为价值尺度为经济活动的各个层面标定价格秩序。因此本书的研究对象是那些能够成为价值尺度，为经济活动提供广泛价格参照系的数字货币，无疑从传统货币体系自然延伸演化而来的央行数字货币是具有前景的一种可能解决方案。

在传统货币体系下，凯恩斯主义或者货币主义框架下，信贷、货币以何种方式如何影响经济结构长久以来并非主要经济议题。随着影子银行业务、资产证券化的兴起，直到2008年国际金融危机之后上述局面才得已扭转：信贷结构与货币体系成为研究国民经济运行中不可或缺的重要议题。进一步来看，在虚拟经济日益高涨的当下，包括政府在内的市场参与者日益意识到，信贷与货币扩张方式不得不适应当前囊括虚拟经济的新的市场结构。地下钱庄业务、影子银行业务以及过度的资产证券化造成了信贷泄露，加速了整个金融体系的脆弱性乃至经济结构的脆弱性，然而这些依然在传统宏观审慎监管范式的能力范畴之内。然而事情终于发生了实质性变化，随着虚拟经济的日益繁荣，互联网经济、各大支付平台的兴起，人工智能为代表的技术突破，虚拟经济新结构下的货币功能需求被催生，无疑加密货币正是顺应了这种需求。虚拟经济衍生的信贷已经可以大部分不受传统宏观审慎监管政策制约，政府很难容忍加密货币或是支付平台接管虚拟经济的货币需求，虚拟经济是比传统地下经济更大的市场，同时加密货币"匿名、去中心化"的特性危及主权国家的货币垄断发行权，因此，纳入央行数字货币的新的货币体系势在必行。

货币作为国家征税凭证具有法律强制性要求，本书的研究对象数字货币仅仅局限于各国货币当局发行的或者致力于研发的法定数字货币范畴（本书其他部分虽然偶有涉及私人加密货币，但需要注意非法定的数字货币并非本书的研究对象）；相应地，本书论及数字货币体系是兼容传统货币体系的以央行数字货币为中心构建的货币体系。

数字货币体系构建之根本达成，其宗旨在于强调其稳健性质。简而言之，数字货币体系是反脆弱的。数字货币体系下的"反脆弱性"是一个综合性的多层次议题，很难一概而论。为了论述的方便，本书致力于从以下几个层面界定"反脆弱性"。第一，数字货币体系下本国央行数字货币面临"货币竞争"，因此本国货币当局作为市场主体也需要具有稳健性，在强化其对宏观经济控制力的前提下维持自身"反脆弱性"（如央行数字货币不能让央行自身出现"挤兑现象"）。第二，央行数字货币统筹局部与全局价格水平的稳定路径之存在性，国际价格水平与国内价格均衡是可以兼顾的，这使得数字货币跨过国界服务更多市场主体的特性能够无障碍地得到发扬。第三，央行数字货币存在时，在 CBDC 与传统货币处于兼顾局部与全局价格均衡的合意比重下，货币三大需求在传统货币体系与数字货币体系下应当互相兼容，尽可能在增加新的特性时不损害旧有体系。两大货币体系共存下，法定货币形式有差异，但总体来看"货币间"应是无套利的。第四，数字货币体系下金融中介大致是稳健的，央行与传统金融中介之间的职能转换将不影响金融体系稳定性。第五，信贷市场的稳健性在数字货币体系下也能够很好地兼顾到，务求让传统货币体系下的系统性金融风险能在数字货币体系下呈现部分可控的可能性，CBDC 相关政策工具箱能够给政策当局未来的宏观管理带来帕累托改进。

在经济行为中，各类资产都或多或少的具有一定的货币性，数字货币体系有可能赋予传统资产更多的"货币性"，达到全社会的金融平权。总的来看，人类已有的货币体系都是建构在以央行为中心的法币体系下，政府构造货币体系的目的在于让其货币是"可欲"的，以此各主体由于对货币的需求将驱动经济运行，政府以征税权力规定其法币，最终在法币基础上构建货币体系。货币体系的变革总是随着经济关系的转变而持续变化，以战后美元体系为例，美元体系经历金本位到"石油美元"的变化。随着虚拟经济、数字经济和新技术的崛起，旧的货币体系也面临改革。当前显而易见的选项有两种：以加密货币为代表的去国家化、去中心化的私人货币竞争货币体系和以各国央行发行的 CBDC 为主导的数字法币体系。按照人类历史的发展规律来看，人类经济制度的具体发展从来不是非此即彼的，因此未来货币体系的发展并非确然地局限在这两种道路中，但就理论分析来看，分析这两种道路的可能后果是有价值的，新的货币体系将不可避免地受到这两种思潮的"锚定"。毕竟，在 2008 年以前所有人都很难想象，哈耶克所预见的"非国家化"货币在现实中诞生；同样在最优货币区理论之前，很难想象欧洲各国会放弃独立的货币政策转而使用一种称作"欧元"的超主权货币。经济学思潮并不完全受限于现实的政治经济安排，经济思潮与人们处理真实问题时所具有的想象力息息相关。有理由相信，未来的货币体系也将部分地"锚定"于此类思潮。货币体系为所有已知和未知经济活动及其相关要素禀赋、技术进步提供参照系，因此货币体系的完备性是其应对脆弱性的首要特性。如果不是绝对的完备性，那么至少也要尽可能完备，而对其"不完备之处"的知识要尽可能地有所掌握。简而言之，对货币体系的"副作用"，市场中所有交易主体需要心知肚明。

二 研究意义

2020年，中国央行迅速推出数字人民币，这是世界上第一种"央行数字货币"（CBDC），在数字货币框架下研究货币与信贷最新变化刻不容缓，这需要对传统理解的金融结构理论尤其是金融摩擦理论做出改良，以应对可能导致的金融脆弱性和经济脆弱性。数字人民币的诞生，让数字货币体系不再是经济学家头脑中的想象之物，相应的经济政策研究需要建立起来。这需要学者对数字货币体系有系统的理解和研究，否则数字货币造成的问题将比它带来的可能好处更多，这在人类货币改革史中屡见不鲜。央行数字货币（CBDC）面临的三难困境：效率、金融稳定和价格稳定，CBDC三者不可兼得，这就带来了货币体系"反脆弱性"问题（Schilling et al.，2020）。"反脆弱"是经济学永恒的话题，构建稳健的货币体系离不开对金融结构的理解和对固有经济结构的突破和补强。在数字货币体系日益形成的今日，对货币体系中货币与信贷的研究将使得数字货币体系有可能摒弃当前货币体系的痼疾。基于此，研究数字货币视角下货币传导和金融结构，有利于打造更为稳健的经济体。任何一个经济学研究者，似乎可以隐约地觉察到，未来经济体的稳健性与数字货币体系的稳健是某种一体两面之物。

传统货币三个重要职能在于稳定的记账单位、价值储藏手段和交易媒介，围绕央行数字货币（CBDC）构建的数字货币体系也需要具有上述特性。当前部分学者根据货币职能展望了良好的数字货币体系需要具备的特性：首先，基于账户的 CBDC 将是无成本交易媒介；同时，付息的 CBDC 其收益率与无风险收益率持平；接着，纸币与 CBDC 间有一定的转换手续费以促进其逐步替代纸币，这最终将突破货币名义利率小于 0 的约束；最后，CBDC 可以锚定价格指数真正意义上实现价格稳定（Bordo et al.，2017）。数字货币体系下研究金融结构和经济稳定以及货币与财政政策将是重要的经济议题。

自 1776 年亚当·斯密的《国富论》出版以降，经济科学中一个重要议题是探讨国家层面财富的性质以及其根源，进而达成所有国民福利在不损害他者的前提下获得广泛的增益。凯恩斯在《就业、利息和货币通论》中关注到了有效需求的脆弱性问题。凯恩斯认为与充分就业相关的有效需求并不像古典经济学声称的那样时时存在，在现实中有效需求不足才是常态，这为国家干预宏观管理打开了理论道路。随着人类经济活动的日益推进，人们日益强调帕累托改进路径的持续性和稳健性，因而经济学不只探讨经济增长的特性，还试图厘清波动背后的机理。郁金香泡沫、西班牙大流感、2008 年的国际金融危机、2020 年的新冠疫情等一系列事件，将经济学的议题逐步拓展到更多领域。归根结底，经济科学发展的原动力是"反脆弱性"：企业如何基业长青，国家如何保持持久竞争力，银行如何维持稳健经营，金融体系如何不至于溃败，全球产业链因何重塑，转轨经济体如何继续改革。因此，探讨经济结构的"脆弱性"和相应的应对方法是一个古老的永恒课题。

随着加密货币的兴起，传统的"中心—外围"的金字塔货币体系面临重构可能。各国央行也在推进央行数字货币，两套货币体系共存的"货币体系双轨制"可能会存在一段时间。虽然当前非官方加密货币市场发行的货币投机品属性大于其货币属性,但是这种双轨结构通过"金融摩擦机制"极有可能放大经济系统的脆弱性。这迫使我们正视这种现象背后的机制和演变,尽快确认何种数字货币是未来数字货币体系的主导货币力量。在中国国力日益增强的今日,人民币国际化和利率市场化问题亟待解决的当下,央行已经于2020年率先推出了数字人民币。在全球货币体系重构的关键节点,打造出有益于中国复兴路径的新型数字货币体系国际新秩序,这是当下学界哪怕不是最重要的也是极为关键的课题。

本书旨在研究下一代数字货币体系将会如何演进、货币需求会发生何种变化以及政策当局如何在新的金融结构下抵御金融摩擦的影响?如何在信息不对称环境下构造出激励相容的兼顾宏观和微观的金融结构安排?如何构建新的基于数字货币的宏观管理范式?数字货币引入金融体系,传统金融部门担心如果处置不当,大规模的"存款搬家"将会瞬间摧毁传统金融体系,同时数字货币本身的投机属性可能不能很好地发挥传统货币功能。如果数字货币时代是不可避免的,这些担忧都需要经济理论加以澄清。

第三节 研究思路和研究方法

一 研究思路

在经济学议题中涉及的大部分概念都具有"外部性"特征,几乎没有任何经济因素能孤立的存续,因此可以说"外部性"与"随机性"一道可视作经济活动内禀的特性。"政府"与"市场"都是具有重大外部性的制度公共品,因此在货币体系的建构中,澄清二者的边界极为必要。以此为前提,才有可能构建一个更为稳健的货币体系。

围绕着数字货币引入现有货币体系这一中心议题，本书着重从货币、信贷两个方面分析数字货币体系的"反脆弱性"之可能性，即数字货币如何给未来的数字货币体系带来可能的好处，同时在不扰乱现有货币体系、信贷市场秩序下，尽可能地不导致更严重的问题。在这种利弊权衡下，本书试图在学理层面加深对数字货币体系设计原则的研究，进一步探索央行数字货币在数字货币体系中所需要具备的一些可能特点。简而言之，本书尝试加深对数字货币体系的微末理解，为更加稳健的数字货币体系的形成开辟理论道路。为此，本书至少需要回答如下五个问题：央行数字货币的诞生和演进在全球货币体系层面以何种形式开展？央行数字货币体系的开展方式是否对现有充当主流国际货币的优势货币产生影响，这种影响的利弊如何？央行数字货币的加入，使得传统的货币三大需求发生怎样的变化，控制这类变化央行数字货币设计之初需要考虑哪些问题？央行数字货币对金融中介产生何种影响，商业银行与央行之间如何博弈，这种博弈的利弊何在以及对整个信贷体系产生何种影响？央行数字货币的引入在宏观信贷市场下如何赋予货币当局新的政策工具，这些政策工具有没有可能解决一些传统宏观经济管理问题？这五个问题层层递进，由理论深入实践。本研究正致力于以这五个问题的阶段性回答组织本书的结构。

二 研究方法

本书使用博弈论和动态宏观一般均衡模型作为主要研究方法，其中辅之以历史脉络梳理和计量估计。本书尝试通过尽可能简单的假设条件以及体量适度的数理模型，从学理层面考量数字货币体系在构建稳健宏观经济系统方面的潜力。本书使用古典模型考察了兼顾局部和全局均衡的价格水平何以可能？本书扩展了最优存货理论在数字货币交易需求上的应用、扩展了 James Tobin 和 John Hicks 关于货币投机性需求理论（Tobin，1958；Hicks，1962），以及扩展了 Edward Whalen 关于货币预防性需求的研究（Whalen，1966），以上理论扩展到数字货币体系下，以研究稳健的货币体系所要具备的条件，通过货币体系间的无套利特性为基础目标，从三大货币需求动机角度廓清数字货币特征，以推动研究的深入。以第七章动态宏观模型为例，在研究方法上，分析范式主干基于数理模型，但要使得模型匹配中国情况，需要估计出一堆贴合实际的模型参数，因此一般使用"约简形式模型"（Reduced Form），即计量模型利用可见变量观测值去估计出参数作为"结构式动态宏观模型"（Structure Form）参数的先验值。如果实在无法通过计量获得的参数，也尽可能使用现存文献成果作为先验值。结合宏观数据运用马尔科夫链蒙特卡洛（Markov Chain Monte Carlo，MCMC）抽样技术，在动态宏观模型中运用贝叶斯估计得出堪用的后验值，最终产生可用于机制分析的结构化的动态宏观 DSGE 模型。

第四节　本书结构安排

本书大致从三个层面研究数字货币框架下的货币与信贷（见图1-1），首先分析数字货币引入货币体系的必要性，其次研究数字货币体系下的货币需求变化和信贷结构，最后从动态宏观角度探讨货币政策的可能变化。

第二章以文献梳理的形式刻画学界对货币体系几大主要经济议题的研究，这些历史研究从传统货币体系直达数字货币体系，通过这一章的研究足以在学理层面获得对货币体系的整体把握，历次货币体系的演变无不对宏观经济研究提出挑战，基于此，这一章将分析总结货币、信贷以及数字货币相关研究的进展与存在的问题。

本书主要内容的第一部分包括第三章与第四章，定性研究数字

```
数字货币框架下的货币与信贷
├── 第一部分 数字货币必要性
│   ├── 第三章 "货币竞争"与数字货币体系演进：框架到体系
│   └── 第四章 数字货币体系兼顾局部均衡与全局均衡价格水平：存在性证明
├── 第二部分 货币需求和信贷结构
│   ├── 第五章 数字货币体系下的货币需求
│   └── 第六章 央行数字货币与金融中介：存款合约视角
└── 第三部分 宏观经济管理
    └── 第七章 央行数字货币与信贷：一般均衡框架下贷款合约视角
```

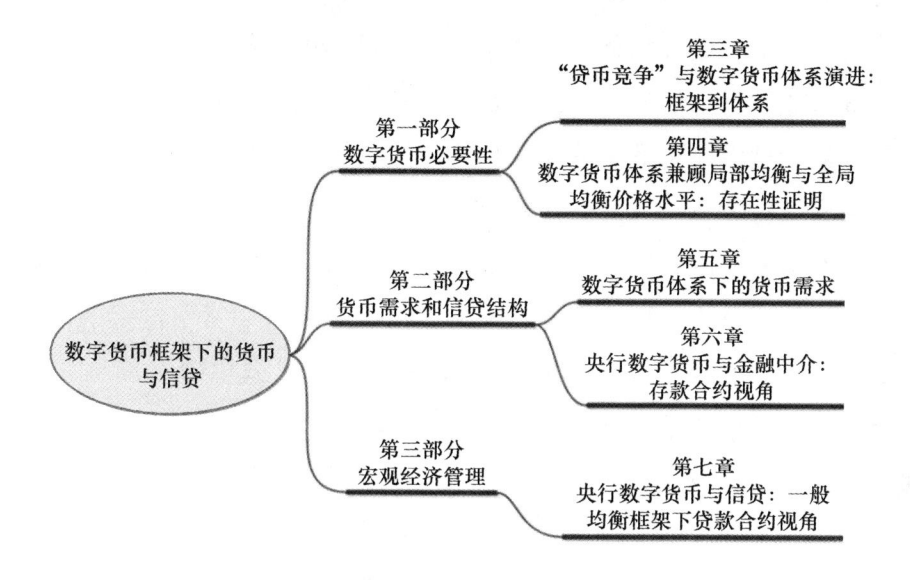

图 1-1　研究结构

货币引入货币体系之必要性。第三章从历史角度分析历次全球货币改革事件的动力机制，以加密货币的技术与相关产业兴起为条件，这一章展示各国主权货币面临数字货币体系下的"货币竞争"的现实可能性，央行数字货币竞争可能是数字货币体系构建的主要形式。基于数字货币体系下"货币竞争"的可能性，第四章以数理模型探讨央行数字货币与传统货币共存的情形下，局部与全局价格水平均衡存在的可能性，继续阐明央行数字货币引入货币体系之必要性。

本书主要内容的第二部分包括第五章与第六章，分别研究数字货币体系下的货币需求和数字货币体系下的信贷结构如何组织。基于局部与全局价格均衡存在的可能性，第五章探讨在具体数字货币体系的设计中如何兼顾货币体系稳定性而使得数字货币满足三大货币需求，即交易需求、投机性需求和预防性需求。本书在建立数字货币体系下的货币需求函数的同时，探讨基于无套利原则构建"反脆弱性"的数字货币体系衍生出的一般性约束条件。第六章探讨数字货币体系下，传统金融中介职能的转变，以及商业银行如何与央行在数字货币体系下竞争存款合约，这种博弈将如何对数字货币体系金融结构"去中介化"进程产生影响。

本书主要内容的第三部分由第七章构成，本部分从动态宏观和信贷合约信息不对称的角度，探讨货币政策在数字货币框架下的可能变化。第七章使用具有信贷市场的 DSGE 模型模拟在新冠疫情下，传统货币政策遇到的可能权衡，这种权衡又如何在央行数字货币介入的情形下发展为新的形式。继承前几章对数字货币和金融结构的研究成果（合意比率、可付息的 CBDC、金融脱媒），这一章将从信贷视角设计一个基于功能的"反脆弱"的央行数字货币，展现了央行数字货币如何赋予货币当局新的政策工具以解决传统宏观货币政策现存问题的潜力。这一章亦探讨在现有金融格局下，数字货币体系将有可能对宏观政策带来的变革，分析潜在的影响。这一章结合实际场景，在面临新冠疫情概率量级的信贷风险冲击下，货币政策难以兼顾产出与信贷的现实困境，给出了数字货币体系下如何设计出基于功能定位的央行数字货币的范例。

第八章给出本书主要结论，并给出未来可能的研究方向。

第五节　研究创新

本书紧紧围绕数字货币视角的货币与信贷，从数字货币体系构建的可能方式（即"货币竞争"的角度）一路追溯，探讨了央行数字货币面对传统的兼顾局部与全局均衡的稳定价格水平存在性问题，这类问题在传统货币体系下体现为"米德冲突"与"特里芬难题"，央行数字货币下局部与全局均衡价格水平的稳定是数字货币体系"反脆弱"的重要组成部分。在央行数字货币存在的前提下，数字货币体系下货币三大需求的新发展也需要服从"反脆弱"要求：带来新特性的同时兼容传统货币体系。金融问题自凯恩斯开始置于宏观经济学中心位置，金融中介在金融体系中又占据重要地位，数字货币体系稳健性也要充分考量金融风险在金融中介中的传导性质（风险传导路径、风险传染性与系统性金融风险），因此金融中介职能转变乃数字货币体系"反脆弱性"建构的重要一环。本书从信贷市场的委托代理成本角度，分析了央行货币政策作为功能货币对货币政策带来的改变，"丁伯根规则"在遇到"类泰勒规则"时，哪怕是央行数字货币简单的付息政策也有可能助力货币当局多政策目标的达成。因此，本书的创新点大致有以下五个方面。

第一，阐明"货币竞争"在"数字货币框架"向"数字货币体系"演进的推动作用。从经济史角度梳理了数字货币体系构建的可能形式，说明央行数字货币引入货币体系之必然性。一方面，本国央行数字货币需要面对其他央行数字货币的国际与国内竞争；另一方面，本国央行数字货币需要在部分货币职能上与私人加密货币展开竞争。本书阐明了"货币竞争"是数字货币体系构建的表现形式，这种货币竞争可能适用于哈耶克提出的"自发秩序"，但这种自发秩序的诞生很难脱离各国政府对数字货币体系制度的建构。

第二，理论上证明数字货币合意比率的存在性。本书使用简单的博弈论模型，简洁地说明了数字货币体系在应对价格水平局部与全局均衡无法兼顾传统货币体系痼疾的潜力（"米德冲突""特里芬难题"是该类问题的常见表现形式），说明央行数字货币与传统货币构建混合的数字货币体系之必要性。局部与全局价格水平稳定若在学理上存在，这意味着无论是国际货币还是非国际货币，都有可能在数字货币体系下通过发行数字货币获得潜在益处，因此各国投身"货币竞争"是理性的，这将大大提升全球数字货币体系的发展速度。本书从学理层面初步解决了"均衡解"的存在性问题，说明合意的数字货币比率是存在的。

第三，发展了数字货币框架下的货币需求理论。本书跳脱出标准货币理论模型窠臼，亦没有受到当前数字货币研究执迷于技术路线类研究的影响，从学理角度节制地使用数理模型及动态宏观模型，在有限假设条件下（比如放松标准货币模型一系列基本假设："货币不付息""名义利率为0"），重构出不同于现代标准模型的数字货币体系下的货币需求（交易性需求、投机性需求和预防性需求），从存款合约角度探索金融结构变化，从信贷合约角度探讨新的货币政策工具可能性，给出符合"反脆弱"的金融体系需要数字货币具备的特点，廓清数字货币体系构建的边界。

第四，将风险测度、数字货币引入动态宏观框架。本书在成熟的动态宏观模型框架下，探讨金融摩擦下信贷合约与信贷状况在面临罕见冲击时是如何波及宏观经济的，探讨了如何使用数字货币特性改善信贷市场效率、缓解宏观波动，研究发现哪怕通过传统货币体系中介观的角度，完全使用数字货币代替纸币，都能增强信贷体系的"反脆弱性"。

第五，在动态宏观模型中引入央行通过央行数字货币直接参与信贷创造的机制。当数字货币进入家庭部门跨期决策时，央行数字货币付息策略将有可能辅助传统利率政策达成货币政策多目标，这为货币当局通过数字货币体系直接介入信贷创造奠定了理论基础。

第六节 研究局限性

货币体系的演化也遵循"帕累托改进"原则，其增进的福利不损害已有成员的福利，因此在成本可控的条件下，新的货币体系需要尽可能覆盖旧有体系无法涉及的支付场景、解决旧有难题，同时尽可能地不增加新的问题。论及本书的局限性，由于问题本身的复杂性，首先，本书博弈论模型与动态一般均衡模型未推广到开放经济的情形下；其次，本书信贷合约与存款合约尚处于实际利率缔约情形；最后，考虑到各国货币当局货币供给的差异，本书依然在凯恩斯框架下开展理论探索，暂时没有扩展到货币供给情形，没有扩展货币供给的原因在于央行数字货币具有弱依赖金融中介的特性，金融脱媒的可能性略大于金融触媒的可能性，因此过去基于中介观的"乘数论"货币供给面临挑战。

为了开展研究，本书试图给出一些范式上的说明，本书依然需要说明数字货币体系形成的必要性和可能形式。数字货币纳入货币体系的情形下，既有非中心化的技术路线亦有中心化的技术路线，为了将问题限制在货币体系本身范畴，本书并不会拔高"去中心化"的特性，亦不会贬低"中心化"的某些优势。因此货币竞争的动力学机制作为本书的一个重要议题，仅仅是就其可能性上作为一种思潮加以探讨，并不能视作对"市场"作用的某种放大器。经济科学发展过程中学者一再发现，对政府与市场的作用、公平和效率这类成对概念的权衡恰恰是经济科学焕发持久魅力的根源。除非在约束条件极为苛刻的情形下，本书的结论不能无限外推。同时，在满足约束条件假设环境许可的情形下，经济学规律仍然是不宜被轻视的。

第 二 章

文献述评

第一节 理论基础与概念

一 货币与信贷

货币的出现摆脱了以物易物市场"Double Coincidence Of Wants Problem"的局限,货币的交易媒介、价值储存和记录职能使得交易规模和频度足以支撑商品经济的繁荣。货币为产量转向收入构建了基础,这一步在人类经济活动中很关键。当商品种类极少时,一个经济体的产出和产量几乎是同一个概念,可以分门别类地通过会计方式进行记录汇总,但随着种类的增多,会计科目如果继续无限扩容细分,将无法高效便捷地提炼出社会生产力的实质性品质。货币的介入,让产出水平并不依赖于具体产品类别的生产力,能够精炼地将产出水平换算成国民收入,抽象地提炼出生产力与技术发展水平反映出的经济体发展水平,同时如果必要,货币依然可以评估具体类目下某个产品的生产力。货币的使用,第一次使得人类有了通用的价值参照系去评估日益细分的产业与日益繁荣的产品和服务,它的本意在于建立了一个全局的不依赖于个体权威的具有全时特性的价值评价体系,事实上货币是最接近这种价值评价体系的资产,虽然其他资产或多或少具有这种"货币性",但没有哪个资产比货币更具有"货币性"。然而，正是由于货币在经济行为中具有如此基础的特性，其副作用也是极为显著的：价值体系有时会受制于货币的波动。货币抽象出无差别的人类劳动的价值的能力是如此惊人，以至于货币本身将一些过去交易方式中被忽视的细微的"不平等"放大了。具体来看，一个人用鸡换了另一人的鸭子，二者无法确定其花费的无差别的劳动如何体现在这两种生物的品质上，往往每笔交易都无法体现普遍性质，毕竟另一个在遥远的市场某处拿鸡换鸭的人无法从这笔交易中获得任何教益，只能一事一议。当货币接管了价值体系后，显然市场要求货币对每一笔交易都需要体现供需的普遍意义，然而这种职能并非是无成本的，它将不可避免地对货币产生扭曲，因此"价格水平"正是对货币普遍反映市场供需期望所衍生出的成本。一言以蔽之，货币为了承担尽可能的价值体系构建职能，不可避免地引入"价格水平"这一议题。价格水平让每一次交易达成后产生的市场涟漪最终放大成所有商品空间的价值扭曲，研究价格水平成为一项重要经济议题：因为价格水平的稳定意味着货币是定义良好的，价格水平与货币正成为一体两面之物。

　　商品货币时代，以金银这类金属充当一般等价物。此类金属在分割熔铸中会出现不可避免的损耗，同时携带成本极大，人们发现在除了储存之外的日常流通中，这类东西的凭证几乎跟金银实物一样便利。如果人对货币的要求只是价值储存和日常支付功能，日常支付功能又具有小额、结算频率高的特性，那么货币的可信记录职能需求对交易者来说是最为迫切的。于是以金匠或者票号发行的借据就有了用武之地，这些借据并不是货币，但在金匠和票号那里可以换成货币，于是信贷产生了。早期的信贷减轻了交易者携带沉重金银的负担，当然减轻这部分负担是需要付出成本的，于是信贷凭证的持有者为了获取此种便利，理应付给金匠和票号一定的保管费用。金匠和票号发现实际上并不是所有人都会频繁提取自己的金银；另外往往很多买卖双方都是金匠和票号的客户，因而很多交易都在金匠和票号内部的账户下冲销了，因此金匠和票号只要应付很少一部分人的兑换即可，多余的货币可以以很高的利率放贷出去，而借贷的人往往投入当期消费或者投资中。同时金匠和票号为了维系这套体系的运转，自发地产生了激励相容的机制：给存款人提供利息作为他们延迟满足和耐心的补偿，鼓励他们将存款更加持久地留在金匠和票号的账户上，当然存款利率显然是低于贷款利率的，于是早期信贷体系得已建立。正是基于对上述机制的认知，早期的"货币数量论"和重商学派往往认为金银的流通决定了国家财富。

进入信息时代，货币和信贷呈现出新的特点。由于市场各类信息不再受制于物理限制，几乎很快传达到市场的各个角落，这将会很快反映到价格信号上。另外，这类价格信号传导到货币上与传导到市场供需上存在一个时间差，这意味着过往"囤积居奇"的方式往往很难最终奏效。信息时代，在政府不加干预的情况下，市场扭曲的信号虽然加剧了货币短期波动，但长期趋势无法立马通过调整市场供需发生根本性的变化，因而往往在货币、股票和权证市场价格变动较大时，实体经济的供需并未出现结构性变动。这类现象在加密货币市场可以窥得一二：几乎每次加密货币的币值遭遇传统货币经济危机级别的暴涨暴跌，其背后捆绑的经济都未发生实质的结构性变化，这种高度投机性正是价格信号与市场真实供需的脱节所致。价格信号反映了信息的供需而不再反映市场生产力的供需，因而货币价值尺度的作用无法有效发挥。

二 数字货币的特性

由于各种各样的原因，金融创新和金融抑制同步存在，这使得社会财富分配差距出现日益扩大的可能性，同时由于边际消费倾向呈现阶层分化，根据传统凯恩斯主义，这又加剧了市场的有效需求不足。金融抑制现象本身出现的理由有很多，其中一个原因在于次贷危机之后，出于管控信贷风险的审慎监管要求，让普通人隔绝于金融过度创新的副作用之外，是政策当局的理性选择。一方面，政府恰恰无更多的监管力量应对无孔不入的金融创新蔓延到普通人，因此通过许可证壁垒和准入制度能够避免承担这类管理成本，这其中衍生出反洗钱、反欺诈问题；另一方面，金融风险越来越泛化到经济体的方方面面，仅仅监管金融部门已经很难控制次贷危机规模的信贷危机，各个经济部门不同程度地具有金融属性，在这种情形下，家庭部门的金融脱敏是规避系统性金融风险的重要一环。针对上述金融抑制问题的成因，不难发现，只有赋予政府对家庭部门投资行为足够的控制力，才能彻底让家庭部门获得平等开展金融投资的可能，数字货币的诞生有望解决这个问题。法币性质的数字货币，以中国的央行数字货币 E-CNY 为例，其包含全量数据监管优势，这意味着打击反洗钱、反诈骗行为有了得天独厚的优势，大大提高了政府对依赖其上的金融创新的实时监管能力；同时，E-CNY 内嵌了加密数字货币中常见的智能合约，这意味着只要政府开放金融准入门槛，普通人直接可以使用 CBDC 接入中国的资本市场购买投资标的。智能合约可以让"五险一金"自动扣减、水电燃气扣缴和信用卡还款这类常态化支付变得更加便利，不难发现，数字货币"易监管的智能合约"特性使得其具有打破传统金融抑制壁垒的潜力。央行数字货币无论如何声称具有传统货币的无记名特性，其中心化的本质并不能打消受众对手中 CBDC 的疑虑：一个黑帮分子可能使用现金交易，但大概率他很难放心使用信用卡和 CBDC 进行交易。哪怕政府承诺小额交易是完全匿名的，但最终很难无成本地将 CBDC 的无记名特性等同于现金。有鉴于此，不难发现 CBDC 让渡了这种匿名性，恰恰能促进金融包容性（Boar et al., 2020）。这将使得资本投资品市场吸纳公众资金变得更加自然，也能让普通人享受到市场的财富效应,增进全社会的整体福利水平。

基础货币在货币政策中往往发挥重要作用,无论将银行视作"中介"还是"信贷创造"部门,信贷的扩张收缩都将受到基础货币的约束,中央银行试图通过控制基础货币的"数量"或者"价格"来达成货币政策目标。具体来看,基础货币由法定准备金、超额准备金和流通中的货币三部分组成。在传统的金字塔信贷结构中,商业银行的法定准备金存放在其央行账户,作为中介的商业银行主要通过超额准备金扩张其信贷业务,流通中的货币很难被中央银行掌握,因此严格意义上,如果中央银行能够监测流通中的货币,将大大增强其信贷控制能力,提高货币政策的有效性。数字货币的加入有望使得中央银行获得对流通中货币的掌控能力,中国发行的 E-CNY 功能定位为等同于 M0,具有与纸质人民币同样的功能,同时央行能够做到全量监控。

长期以来,国际金融体系中有金融脱媒的趋势,这将使得以银行中介体系为媒介开展的传统货币政策效果大打折扣,数字货币的加入更加加重了这种担心。但必须要注意到,数字货币体系实际强化了央行和商业银行两层管理结构,金融触媒效应也是一种可能性。数字货币体系下,货币当局在向银行出售"贷款权"时可以直接附加条件以保证信贷投放针对产出中的商品和服务(特别是可贸易产品部门)。两层结构下,央行可以根据实际的信贷需求,通过拍卖的形式将新增信贷赋予授权机构,进而这些新增信贷转换成新的央行数字货币注入市场主体的经济活动中,最终提高了宏观经济的稳定性。央行在数字货币体系下的信贷拍卖体系将独立于传统的商业银行存贷业务,这将能平抑金融系统的超额利润,缓解现有金融体系导致的经济不平等,增强宏观经济的"反脆弱性"。数字货币体系下,金融结构以"金融触媒"还是"金融脱媒"为主要特点,这是一个重要问题,本书第六章将从存款合约市场博弈的角度展开研究。

第二节 理论梳理

货币信贷对宏观经济的影响是经济学古老的话题，相关文献涉及经济学的三个分支：宏观经济学、金融学和一般均衡理论，三者交叉影响，鼎足而立。以下就货币、信贷以及数字货币体系反脆弱性牵涉到的经济学议题展开理论追踪与梳理工作。

一 一般均衡理论

一般均衡概念是经济学中很古老的概念，肇始于亚当·斯密提出的"看不见的手"，早在19世纪由瓦尔拉斯（Léon Walras）系统提出（Walras，1874）。他从两商品经济推广到三个商品的情形，论证市场由于买卖双方的不断试错最终会达到一个均衡价格以完成供求平衡（市场净的超额需求加总为0），这个寻找平衡的路径一直是后续研究者需要着力刻画的对象。瓦尔拉斯这套涵盖"生产、消费和交换"的经济观模糊了微观和宏观的界限，虽然事后看来瓦尔拉斯既不能保证均衡的唯一性和稳定性，甚至也不能保证存在性，但瓦尔拉斯均衡给后世经济学者树立了一个标杆，即经济系统基于决定论的数学范式。经济学者痴迷于在微观经济活动中加总出一个宏观图景，反之亦然。Kenneth Arrow 和 Gerard Debreu 的工作证明了瓦尔拉斯均衡是帕累托最优的（Arrow，1951；Debreu，1951），均衡带来效率（福利第一定理）；在给定禀赋下，任何的帕累托改进（如政府调整所有权结构、分配结构）都能通过市场的重新分配资源、重新设置价格以获得一个瓦尔拉斯均衡，均衡可以兼顾公平（福利第二定律）。直到借鉴了 John Nash 证明的多人博弈"纳什均衡"（Nash，1950），引入数学不动点概念，学界终于得已证明在完全竞争市场下均衡的存在性条件（Arrow, Debreu, 1954），后续研究进一步探讨了竞争中一般均衡的存在性（McKenzie, 1959），随后经济学界更是证明了瓦尔拉斯均衡与 Brouwer 不动点是等价的（Uzawa, 1962）。当然上述工作都建立在"凸性偏好"（convex preferences）之上，事实上 Shapley-Folkman-Starr Theorem 指出当市场参与主体数量相较于商品维度足够多时凸性假设显得极为次要，因为此时哪怕没有凸性假设保驾护航，市场的近似均衡（Quasi-equilibria）趋近于凸性假设存在时的均衡情形，这让一般均衡的存在性更"一般了"（Starr, 1969）。

接下来牵出一般均衡的两个重要问题：瓦尔拉斯均衡的唯一性与稳定性。大量研究表明，多重均衡是可以存在的，同时，均衡也不总是稳定的，一些局部均衡和全局均衡同时失衡的例子陆续被发现（Scarf, 1960）。对超额需求函数的研究和后续的研究显示：任意一个给定经济体，在某个价格向量上存在一个均衡，这个经济体有可能在该价格附近的任意小范围内，有任意数量的平衡点，同时具有任意的稳定性（Sonnenschein-Mantel-Debreu 定理）（Sonnenschein, 1973; Debreu, 1974; Mantel, 1974）。一言以蔽之，交易者效用最大化的行为背后，唯一性条件和稳定性条件是比存在性条件强得多的条件。根据上述研究，仅仅观察价格，通过效用最大化约束无法保证交易价格为瓦尔拉斯均衡时的价格向量，但在显示性偏好成立的前提下，如果能够同时观察到禀赋和价格，那么可以检验交易价格是否为瓦尔拉斯均衡时的价格向量（Brown, Matzkin, 1996）。必须要注意到，我们此时讨论的模型尚处于静态模型，还只局限于微观领域。

在实证领域，诸多研究者尝试通过经济实验找到一般均衡理论的微观基础。在应用"双向口头拍卖"（Double oral auction）规则的经济实验中，我们发现均衡是可以出现的，甚至在改变供求弹性和商品数量时均衡情形大致是稳健的，似乎"看不见的手"确实能导向市场均衡（Smith，1962）；当然必须注意到现实交易中几乎没有"双向口头拍卖"的实际场景，实际上把 Vernon Smith 的实验扩展到"双边谈判"（Bilateral negotiations）的情形，均衡依旧是稳健的（Harrison，List，2004）。

凯恩斯在《就业、利息和货币通论》中第一次用一般均衡理论分析"大萧条"时期的宏观经济波动，奠定了宏观经济学的基础（Keynes，1936）。凯恩斯定性地运用一般均衡理论将多市场（商品市场、劳动力市场和金融市场）纳入模型，使得分析宏观经济政策短期或者长期影响成为可能。随后，学界建立起刻画跨市场均衡的联立方程组，将凯恩斯的宏观范式定量化（Hicks，1936）。显然定量化之后应考虑模型的动态化，将不确定性和时间引入模型。1936年开创性地在荷兰诞生了国家宏观模型，同时这也被认为是第一个宏观经济模型（Tinbergen，1936）。当然此时模型依然是静态的，直到1939年John Hicks引入市场参与者的预期来区分短期均衡和长期均衡（Hicks，1939），至此一般均衡分析才从静态走向动态。当然，最终将不确定性引入一般均衡分析，将需要用到博弈论（Von Neumann-Morgenstern theorem）对市场所需的"或有资产"进行建模（Arrow，1964）。现实中当不存在 Arrow 证券市场时，我们需要更加合理的假设。每个消费者财富的边际效用保持不变，人们知道未来日期事件中的价格，并知道这些事件的概率，后续研究者将永久收入假设作为一个默认假设应用于财富或货币的边际效用研究。这一假设是 Milton Friedman 提出的更实用的永久收入假说的理想化版本（Friedman，1957）。理性预期是指对事件的概率和未来价格作为日期事件的函数的认识。有理由相信，短期来看，这两个假设是对现实的更合理近似。根据凯恩斯需求理论，固定汇率下政策工具不能同时兼顾国内均衡（经济增长、充分就业、物价稳定）与国外均衡（国际收支平衡），该现象也被称作"米德冲突"（Meade，1951）。为此，后续研究意识到提出政策工具应该相互独立，政策工具应该至少等于政策目标数量，这被称为"丁伯根法则"（Tinbergen's Rule）（Tinbergen，1952），但这也说明宏观建模的困境。进一步地，Herbert Scarf 在 20 世纪 70 年代最早发现了一些不能取得局部与全局均衡稳定的例子，Scarf 在一般均衡算法方面的研究工作使得最终应用一般均衡模型对现实世界建模成为可能，后续很多国别宏观经济静态一般均衡模型使用了 Scarf 的算法（Scarf，1967；1969；1973）。

从 20 世纪 30 年代到 60 年代，考尔斯委员会促进了用于预测和政策分析的应用宏观经济计量模型的发展，大规模联立方程宏观经济模型在 20 世纪 60 年代和 70 年代开始广泛应用（Johnson，1954；Meade，1955；Harberg，1962），这些模型通常由数百个"约简式"（reduced-form）的行为方程组成（早前这些行为方程由若干线性方程组构成，以投入产出表为分析范式），"约简式"的麻烦在于每个方程未必有深层次的经济含义，因而也就缺乏结构模型那样的经济理论基础，这为日后的经济学变革埋下了伏笔。Johansen 的模型可以视作第一个应用的非线性方程组一般均衡模型，但依赖于微分近似技术求解，只能应对很微小的外生冲击，通过矩阵求逆可以得到比较静态结果（Johansen，1960）。这套方法支撑了澳大利亚 IMPACT 项目（也称作"ORANI"），为该国内外经济政策评估发挥了很大作用。当然 ORANI 模型的很多参数，来自更早前的基于投入产出表的线性规划单国贸易模型（Evans，1972），类似的国家模型还有挪威的一般均衡模型。

实际上，Scarf 算法最初就是 Herbert Scarf 与 Terje Hansen 在考尔斯委员会的讨论论文中提出的（实现的编程语言是 Frortran）（Scarf，1973）。有学者在两部门一般均衡框架下研究了税收影响的一般均衡模型（Harberg，1962），而后续模型扩展到两国两要素两种商品，但受制于一般均衡算法，直到 Scarf 算法的出现才使得两部门 CGE 模型变得实用化（Shoven，Whalley，1972）。随着第一个实用的静态一般均衡模型诞生，至此 CGE 模型不再依赖于微分计算，不需要线性假设，也不再限制部门数量或者商品要素数量。上述运用宏观经济计量模型指导经济政策工作总的出现在 20 世纪 60 年代到 80 年代，算是经济学家自觉地运用理论指导实践的一个高潮，然而我们需要明白一个疑云一直在经济学界挥之不去。为了理解这个问题，我们需要从一个现象着手：一国的经济波动存在某种一般的模式，一个周期包括很多经济活动的同时涨落，包含了社会经济活动的扩张、衰退、收缩和复苏。

二 商业周期

Arthur Burns 和 Wesley Mitchell 最早研究了美国的商业周期，事实上美国国家经济研究局（NBER）的建立与该项目有关，至今 NBER 还会公布测量的美国的经济周期结果供学者研究（Burns, Mitchell，1946）。经济周期可以视作各经济变量剔除自身趋势之后的波动特性的刻画，这种周期可以视作经济行为的内禀特征，因而围绕着经济周期，很多经济学重要变量都可以囊括其中，我们一般认为的顺周期变量有总产出、货币总量和流通速度、物价水平、企业利润，各部门产量、短期利率等；同样逆周期变量如各类存货、失业率以及破产率等，当然也有很多重要变量呈现弱周期性质的，比如非耐用品的生产、农产品或者自然资源的价格和产量以及长期利率等（Lucas，1977）。早期研究经济冲击，正如那些决定式的经济理论所试图刻画的，它们以一种"决定论"观点看待经济周期，然而现实中的经济周期并不具有这样的规律性。自从将商业周期视作经济体对外部随机冲击的反应，随后一系列宏观研究确立了以

"冲击—传导"为范式研究经济周期的先河（Slutsky，1927；Frisch，1933）。事实上，分析早期宏观计量模型（Klein-Goldberger）的动态结构时发现，随机冲击引起的周期波动和持续时间与现实的数据极为相似，有力地佐证了冲击传导说对经济周期现象具有一定的解释力（Adelman，Adelman，1959）。

随着现代经济学的发展，凯恩斯主义宏观经济模型缺乏微观经济基础的弊端进一步显露，建构之上的计量经济模型都没有体现微观主体理性决策的过程，因而政策变化会改变计量经济模型的结构，而过去在Tinbergen类的宏观计量模型中反映这些结构的参数惯常认为是不变的。上述论断后来被称为"卢卡斯批判"，在理性预期方面的研究可以视作凯恩斯之后的又一场经济革命（Lucas，1976；Lucas，Sargent，1981）。后续的宏观经济模型都继承了这两种思潮的影响。现代宏观模型为了应对"卢卡斯批判"都需要处理好微观主体在跨时决策中的理性预期，要有明确的稳态路径。现代宏观经济学的微观基础的建构恰恰源于对消费者决策的优化过程的刻画（Fisher，1930；Friedman，1957），即消费者欧拉方程。

考虑随机冲击驱动经济周期的宏观经济理论，从理论溯源来看，解释驱动经济周期的随机冲击源的理论较为繁杂，但依然有迹可循。比如，凯恩斯认为冲击来源于投资支出的波动，企业家的投资决策依赖于"动物精神"，这往往伴随着不确定的预期，因而企业家决策驱动着投资波动，投资波动引起总需求的波动，进而影响产量的波动，最终产生经济周期性波动的现象。沿着凯恩斯的道路，后续研究发现存货投资的变化也可以引起投资的变动，进而驱动经济周期（Metzler，1941）；"乘数加速数理论"也能产生经济周期现象，该理论一度成为对经济周期最具解释力的凯恩斯理论（Samuelson，1941）。随着经济学界日益关注宏观波动中的货币因素，有学者研究了美国1867—1960年的货币存量变化，发现货币存量变化伴随产量的周期变化，以货币政策为代表的政府宏观政策冲击也许是导致经济周期波动的重要原因（Friedman，Schwartz，1963）。此外，还有一种观点认为技术受到的冲击是导致经济波动的主要因素，真实经济周期理论秉承"创造性破坏"的理论传统（Schumpeter，1939），认为技术冲击驱动了经济周期。

事实上具有微观基础，考虑了随机冲击因素，吸取了理性预期学派的第一个动态宏观模型最终建立起来（Kydland，Prescott，1982），这可以称为动态宏观经济学的里程碑事件。真实周期模型RBC能够很好地捕捉到鲁滨逊社会（封闭经济无价格黏性）中的经济波动，更好地刻画现实世界，更重要的是它有很强的经济学理论生命力，在一系列定理的保驾护航下，我们能够分析经济主体行为，进而加总起来刻画和解释宏观现象，使得宏观模型具有很好的微观基础，因而其本质是"一般均衡"研究的产物；跨期替代的研究，最终让模型具有动态特性，而随着动态规划方法被Robert Lucas等学者引入经济学，这最终使得经济学家获得一个犹如土木结构工程师那样验证所有经济学理论的实验平台。

RBC模型把经济分成趋势和周期分别刻画，而具体到建模趋势部分就是稳态时的状态。在数据上通过滤波算法分解现实经济指标的时间序列以得到高低不同频率的滤波，得益于HP filter，我们可以将人均GDP分解成趋势项和周期项，而周期项则是我们的研究对象——经济周期（Hodrick，Prescott，1997）。RBC模型最初是应对"卢卡斯批判"的新的动态宏观模型，同时能很好地覆盖很多经济特征事实（Kaldor，1957），正由于这些优良特性，RBC成为现代DSGE模型的基础。

为了应对卢卡斯革命，新凯恩斯主义文献将理性预期纳入具有名义刚性的宏观经济模型中，建立起动态新凯恩斯模型，模型核心是消费者欧拉方程，菲尔普斯曲线以及动态IS曲线。比如Calvo定价模型可以以比较简单的方式通过交错价格引入价格黏性（Calvo，1983）。此后，Redux 模型为开放经济体微观理性预期模型的快速发展铺平了道路，后来被称为新开放经济宏观经济学（Obstfeld，Rogoff，1995；Lane，2001）。许多仅基于微观经济基础的经验结构模型的一个主要缺点是它们对短期动态的跟踪较差，短期预测能力不理想。再加上对大规模宏观经济计量模型的批判，最终学界迎来了非（和半）结构向量自回归模型（SVAR）的发展，这种模型基于统计观察到的少数关键宏观经济变量之间的动态关系（Sims，1980）。同样内核为 VAR 的大规模宏观经济计量模型通常用于产生对临时冲击、方差分解和短期预测的脉冲响应，但由于它们缺乏行为微观结构，因此对于理解结构关系、生成长期预测或模拟前定变量的永久变化力有不逮。虽然 VAR 作为结构一般均衡模型实证分析的补充工具是堪用的，但 DSGE 模型允许研究者用反事实的政策来模拟整个经济体。

Milton Friedman 和 Anna Schwartz 于 1963 年曾提出一个猜想：更宽松的货币政策可能会大大减轻"大萧条"的严重程度（Friedman，Schwartz，1963）。为了验证这个假设，Lawrence Christiano 等建立了一个包含金融部门的 DSGE 模型，在此之前很多模型都没有将银行部门纳入动态宏观模型（Christiano，Motto，Rostagno，2003），很多著名模型中考虑到了信贷市场（比如 Ben Bernanke 等在 1999 年的文章是最早将信贷市场摩擦引入动态宏观的开山之作，同时也开创了 DSGE 模型需要与实证模型的脉冲响应匹配的先河）。模型考虑了价格和工资的名义刚性、可变资本利用率、发行活期存款和定期存款为流动资金贷款和资本收购提供资金的部分准备金银行体系、因信息不对称而产生的金融摩擦以及若干不确定性来源。模型通过现实数据识别 1923—1939 年美国经济的冲击，估计出观察期间美联储的货币政策反应函数，研究发现，"大萧条"可主要归因于投资者的投资组合偏好突然从用于商业活动融资的风险工具转向货币。当家庭感到过度暴露于风险时，他们可能会增加现金持有量，与之形成反差的是，美联储在1929—1933年未能提供满足对安全资产日益增长所需的高能量货币，导致信贷紧缩，进而导致通缩和经济收缩。投资组合的原始再分配减少了可用于资助创业活动的资金，由于企业家无法获得及时的信贷支持（哪怕其有能力发掘出市场机会），投资因此而下降，资本需求的意外下降导致其价格下跌，企业家手中抵押品贬值，进而降低了从银行获得的信贷量。由于银行处于信贷创造的主要一环，同时银行业又将抵押品的市场价值作为评估信用价值的一个重要因素，银行体系变得更加消极地提供对外贷款，全社会信贷进一步下降。这套信贷创造失灵机制依然属于凯恩斯"债务通缩"机制，但该研究强调价格水平意义上的意外通货紧缩对支出有强大抑制作用。在模型中，家庭获得的用于为风险商业活动融资的工具的回报在名义上是非"状态或有"条件的，随着价格意外下降，实际债务负担增加。家庭获得更多货币的努力促使他们削减消费支出，这进一步抑制了总支出。反事实研究结论显示，如果央行货币政策真的能将名义利率降到0以下，这种强有力的反通缩货币政策，很有可能将"大萧条"变成一场较为温和的衰退，央行可以通过适当的预期管理来放松零利率下限约束。央行的量化宽松政策可以在很大程度上使经济免受20世纪20年代末出现的主要货币需求冲击的影响，研究从实证角度支持了Friedman-Schwartz猜想。

DSGE模型越来越成为动态宏观的主流模型，新凯恩斯模型主义模型中的名义价格刚性、交错工资合同以及经济摩擦都可以被构造出来。学者们尝试通过构建一个考虑名义刚性的模型成功产生了通胀惯性，针对货币政策冲击产出也持续性地产生了波动。模型中引入的名义摩擦是工资合同而不是惯常的价格合同，模型对消费习惯形成、投资的调整和资本利用率做了诸多设计，假设企业必须要借入资本才能为员工工资融资（Christiano，Eichenbaum，Evans，2005）。当按照实证模型，将价格和工资持续时间设置为2—3个季度时，虽然价格刚性不像凯恩斯主义那样严重，但也能在数量上重现美国经济对政策冲击的反应，比如通胀和产出对冲击的响应，同时模型也能刻画出消费、投资、利润和生产率应对冲击时的延迟的、匹配真实数据的"驼峰式"的"脉冲—响应"模式；此外，还能重现真实工资对货币政策冲击的弱响应。模型的其中一个创新在于，只有价格刚性的合同，如果合约持续期有限无法产生持续性的产出响应，引入名义工资刚性的模型则能很好地产生与实证结果相似的具有持续性的产出波动。当然，我们必须注意到该模型仍然没有引入金融部门，虽然这篇文章是在2001年写成，但发表时间比前文2003年发表的包含了金融部门的模型稍晚。

在DSGE相关动态宏观模型中，参数估计一直是个难题，沿着Lawrence Christiano等在2005年开创的框架，Frank Smets等为了估计欧元区具有价格黏性和工资黏性的动态随机一般均衡模型，发展出了贝叶斯技术估计DSGE模型的一般技术（Smets，Wouters，2003），模型中估计了7个关键的宏观变量（GDP、消费、投资、价格、实际工资、就业和名义利率），引入了包括生产率、劳动力供给、投资、偏好、成本推动和货币政策等在内的十个冲击，当然对产出波动影响最大的冲击是劳动力供给冲击和货币政策冲击。文章核心思想在于只要考虑到足够数量的结构性冲击，具有黏性价格和黏性工资的DSGE模型也能像约简式计量模型（比如向量自回归模型VAR）一样捕捉到更多的经济细节。文章得出结论：欧元区的通胀波动的决定因素是"成本推动"冲击，当然中长期货币政策冲击也能解释通胀波动的20%—40%，相比之下，货币冲击对名义利率波动的解释力有限，名义利率波动主要由偏好冲击、劳动力供给冲击和生产率冲击驱动。类似地，文章借助估计的模型研究了欧元区经济的各类冲击对经济周期波动的影响，并估计出了产出缺口和实际利率缺口。同时研究发现，欧元区20世纪70年代通胀的攀升和最终的稳定的主导因素是货币政策，与之对比，20世纪80年代晚期和90年代早期通胀攀升的主要驱动力是供给冲击和需求冲击。虽然宽松的货币政策有助于抵消20世纪70年代因负的供求冲击而导致的产出下降，但对20世纪80年代和90年代的产出变动贡献甚微。虽然1992年的英镑危机（也称为欧洲汇率体系危机，欧洲各国货币互相锚定而不再钉住黄金或美元）期间，货币政策收紧确实对1993年的经济衰退产生了一定的影响，但总的来说，自20世纪80年代中期以来，大部分产出波动似乎是由于各种供给需求冲击造成的。

为了匹配现实宏观数据赋予DSGE更好的解释力，动态宏观学者继续利用贝叶斯似然估计方法估计了一个研究美国经济的动态随机一般均衡模型（Smets，Wouters，2007）。使用贝叶斯估计方法，对1966年第一季度到2004年第四季度的美国数据进行了估计。模型包含了许多冲击和摩擦。模型引入黏性的名义价格和工资设定允许向后的通货膨胀指数化、消费习惯的形成、可变的资本利用率和生产中的固定成本，模型同时引入投资调整成本产生总需求的驼峰式响应。模型也引入了7个正交化的冲击：全要素生产率冲击、风险溢价冲击、投资特定技术冲击、工资加成冲击、价格加成冲击、外生支出冲击和货币政策冲击。美国产出增长的波动短期主要由"需求冲击"（如风险溢价、外生支出和特定于投资的技术冲击）驱动。从中长期来看，产出波动则由工资上涨（或劳动力供应）和生产率冲击来驱动。同时研究发现，在美国正的生产力冲击会减少就业。通货膨胀的发展主要由短期的物价上涨冲击和长期的工资上涨冲击所驱动。

考虑到金融中介在宏观经济中的影响，有学者建立了一个包含金融部门和商品生产部门的两部门新凯恩斯模型（Goodfriend, McCallum, 2007），该模型综合了广义货币需求、贷款生产、资产定价和银行与资产市场之间的套利，并强调了各种利差对货币政策的重要性。模型强调"外部金融溢价"的作用。模型中外部融资溢价是由无套利关系内在决定的，贷款生产既依赖抵押品，又依赖贷款监督投入，资本作为抵押品的效率低于债券，而银行货币的交换媒介对于促进交易至关重要。在这种情况下，外部融资溢价可能是顺周期的，也可能是逆周期的，这取决于模型的参数。模型还包括"银行衰减器效应"（"Banking Attenuator Effect"），即对支出的货币刺激也会增加对银行存款的需求，从而倾向于提高经济体中符合抵押品条件的资产的给定价值的外部融资溢价。银行衰减器效应往往能削弱货币政策效果，这与放大货币政策效果的"金融加速器效应"形成了制衡。此外，文章研究了央行在不考虑货币和银行业的存在的前提下，中央银行在多大程度上可能会错误判断其利率政策对一般商品生产率冲击的反应。研究同时表明，稳定的"中性"银行同业拆借利率对债务与国内生产总值（GDP）比率和银行存款总额相当敏感。

在宏观经济不稳定的情况下，稳健的货币政策将不得不关注金融中介机构的资产负债表。有学者建立了一个引入信贷摩擦的DSGE模型（Curdia, Woodford, 2010），模型中引入了金融中介部门，模型中考虑了异质性（保证在任意时点都有足够的借款人和储户），同时考虑了金融市场的分割（这样能产生正的信贷利差）。模型在标准的"泰勒规则"（Taylor, 1999）中纳入对融资情况的反应，增加了央行对信贷利差波动（有时是对私人信贷总量）的响应，这能显著改善金融部门从干扰中恢复均衡的过程。

当然必须要注意到，上述DSGE模型都是在"代表性代理人框架"(RANK)下展开建模,代表性代理人新凯恩斯主义模型符合"李嘉图等价",因而财政政策作用就大大削弱了。同时,由于代表性主体下的 DSGE 模型很难很好地拟合现实中消费的直接效应(财富分配,由利率通过家户部门消费欧拉方程驱动)和间接效应(边际消费倾向,由产出变化量驱动)的比重,当需要考虑代理人的异质性性时 RANK 模型就力有不逮。有学者尝试构造了一个"异质性代理人"的新凯恩斯模型(Heterogeneous Agent New Keynesian)(Kaplan,Moll,Violante,2018),模型能很好地拟合消费中直接效应与间接效应的比重(实证结果往往后者占比更大,不同的主体其消费由于不同流动资产水平和不同的资产负债表存在很大的异质性),而消费对冲击的响应总效应则取决于财政政策对货币冲击的响应。简言之,财政对货币扩张的反应是宏观产出对货币冲击响应的关键决定因素。由于流动性程度不同的资产的存在,HANK 模型成为分析"量化宽松"宏观经济效应的极好的框架。

三 传统货币体系下的金融结构

费雪(Irving Fisher)对美国"大萧条"的研究发展了债务通缩理论,他认为造成"大萧条"这样的经济失衡的力量大致有三种:(1)稳定的趋势;(2)不稳定的偶然冲击;(3)不稳定但不断重复的周期性趋势。费雪认为正由于经济摩擦的存在,那些波动会逐渐变小,最终波动会让位于趋势,让位给平衡。然而由于外部扰动从未停止,因而平衡往往很难达到或者保持,最终让各类经济指标偏离潜在水平,或高或低。而造成经济"大萧条"这样的扰动,两种因素占据主导地位,事前的过度负债以及事后价格水平的通缩。具体来看,债务在金融市场的正常清偿演化为恐慌式的大抛售,银行存款萎缩,货币流通速度减缓,价格水平下跌,企业净值和利润同时下降,最终酿成经济"大萧条"。由债务引起的通货紧缩会对债务规模产生正反馈的影响，如果起始的过度负债足够大，债务的流动性就无法跟上它造成的价格下跌，最终导致全社会体系债务清偿失败，债务人支付越多，他们欠的就越多，小小的冲击最终由波动发展成了不可遏制的崩溃（Fisher，1933）。费雪最早注意到金融市场的失败对经济周期的影响，相信通过通货再膨胀和稳定价格水平的行为，"大萧条"是有可能被控制的。事实上，当金融市场不存在摩擦时，个人家庭部门可以绕开金融部门直接投资企业。现实中，由于信息不对称的普遍存在，金融摩擦显然是不可忽视的，健康的金融市场有助于缓解金融摩擦带来的影响，有助于平稳经济波动的不利影响，但如果金融中介部门本身失败了，金融系统自身出现了失衡，金融危机乃至经济危机就可能尾随其后（Keynes，1936；Gurley，Shaw，1955；Minsky，1957；Kindleberger，1978）。

　　金融摩擦是驱动经济周期的一个重要因素，在金融摩擦存在的情况下，流动性和金融结构成为不可忽视的因素，在金融市场中获得外部融资的成本比内部融资更加高昂，如何让外部融资者对企业项目获得充分信息，防止一次失败的外部融资不至于让企业无法存续，这是信贷市场中无法避免的问题。通过早期的实践研究我们发现，暂时的不利冲击往往能持续很长时间，同时在信贷市场中这种不利影响依赖于内部金融结构的不断传播，放大乃至增强。企业的杠杆融资在大规模债务潮到来时，不得不承受更多风险，信贷市场对风险分担的作用逐步降低，金融中介的脆弱性又加速了这个过程，迫使企业不愿意使用合理杠杆，暂时性冲击最终降低了企业未来投资意愿，资产价格下跌，最终使所有期限的所有资产价格下跌，加具了资产的抛售，信贷市场逐渐成为了劣质项目驱逐优质项目的"柠檬市场"。

　　通过前文对一般均衡文献的梳理，我们知道市场的均衡唯一性意味着极强的假设。现实中由于金融摩擦等信息不对称问题的普遍存在，市场的多重均衡意味着微小的冲击可以在金融结构中不断放大，导致金融泡沫的扩大或破灭（Miao，2014）。有担保的融资市场，可能出现银行等金融机构抛售担保品；而没有担保的融资市场，则会出现银行挤兑这样的踩踏事件。因此政策当局在了解其国内金融结构的同时，也需要开始关注市场代表性主体的融资结构，企业的债务结构和消费者的债务结构都是需要考量的，因为这是冲击传播的导体，能让我们理解经济周期的内在传播机制。在预期潜在的不利冲击时，市场参与者希望持有具有高市场流动性的债权或保持高融资流动性。当个人面临资金短缺可能性的情况下，为了平稳消费的目的或者防范性目的，会考虑保有更多的流动性资产（比如无风险债券、法定货币）。然而普通人是很难感知到市场的一般价格水平和相对价格水平的差异的，如果全社会流动资产"泡沫化"，将不可避免地让个人陷入过度负债的泥潭。

  金融机构的功能之一在于缓解金融摩擦，比如银行有比个人更强大的监测能力和多元化投资能力；然而由于金融机构需要在不同期限处理金融风险，因而天然需要应对流动性错配问题，考虑到金融中介面临"挤兑风险"，因此往往会要求贷款企业提供更多的担保，以补偿这种事后议价能力的缺失，正因此，银行中介具有了天然的脆弱性。对金融中介的研究能加深我们对金融结构的认识，进而发现价格水平与金融稳定之间的内在机制。如果把金融机构通过吸纳活期存款创造出的具有乘数效应的货币视为内部货币，那么政府提供的法定货币或者国债可以称为外部货币。前者依赖于金融机构自身的资产负债结构，如果金融部门资本充足，金融中介可以通过将资金从生产率低的部门转向生产率高的部门，通过内部货币上附加的监督作用，生产率高的主体可以面向生产率低的主体发行债务和股票。此时,外部货币处于极为次要的位置,内部货币几乎可以完成所有融资功能。当一个负的生产率冲击打击了银行的资产负债表,金融机构净值下降,内部货币萎缩,内部货币乘数崩溃,外部货币变得更有价值,最终引起前文所说的"债务通缩"。

如果把"大萧条"视作债务危机,把金本位的崩塌视作货币危机,则 2008 年的国际金融危机本质是信贷危机。当银行资本充足时,它们可以克服金融摩擦,并能够将资金从生产率较低的机构转移到生产率较高的机构。金融机构通过其监督作用,使生产主体能够向生产率较低的代理人发行债务和股权债权。没有金融部门,资金只能通过外部资金转移。当一个代理人变得有生产力时,他用外部资金从生产率较低的代理人那里购买资本货物,反之亦然。虽然资金转移有限,但在这种情况下,资金变得非常宝贵。相反,当金融部门资本充足时,实际上并不需要外部资金,因此其价值很低。

金融摩擦的基础正是源于信息不对称和道德风险,通过研究关联合约降低不确定性的思路,关联合约依赖于某个事件的发生与否,而确认时间发生与否的信息仅仅由缔约一方掌握,而非双方掌握。基于上述考量,有学者建立了一个模型旨在同步地通知双方真实的时间状态(Townsend,1979),而这些信息从一个代理人转播到另一个代理人需要一定的成本,这个成本称为"有成本状态确认"(Costaly State Verification,CSV)。

随着研究的深入,有学者尝试通过市场上的信贷配给现象,找到背后的信息结构问题,具体来说,就是信息不对称引起的道德风险问题(Stiglitz,Weiss,1981)。金融机构(他们的研究对象是银行)之所以以非价格手段独立地分配信贷资金正在于事前无法确定贷款风险,金融机构面对可能存在的"道德风险"和逆向选择的"柠檬市场"问题,自行通过非价格行为(这似乎违背传统的供需理论,因而"信贷配给现象"显得奇特)控制利率以达到信贷市场的激励相容行为，因此他们认为应对"逆向选择"和"道德风险"的考虑是信贷配给的原因。实际上后来的研究认为，只要信息不对称存在，哪怕不存在上述行为，信贷配给依然会出现（Williamson，1986）。

也有研究通过债务融资构建了一个基于信息不对称的债务合同模型（Hart，Moore，1994），该模型对很多现实现象具有了解释力：比如项目投资者初始资金越雄厚，项目可清算资产越多，银行越容易提供债务融资。此外项目周期越长，越容易缔结长期债务合同，简单来讲，资产应与负债匹配起来。同时，模型也能解释为何投资者往往会要求高于项目成本的融资，作为某种"融资缓冲"。项目与投资者的人力资本以及资金三方结合，最终投资者的人力资本成为某种意义上的抵押品，因为项目进行不下去，随后的重新谈判，大概率项目资产会交给银行处置，是可以通过项目不同阶段的再谈判形式，通过一系列短期债务合同，有一个总体可以把握的最慢债务偿还路径，该模型为不完全信息条件下的最优合约的形成打开了思路。

研究发现，现实中冲击虽然是暂时的，但可以产生持久的影响，最终学界考虑将金融摩擦纳入动态宏观模型（Bernanke，Gertler，1989；Carlstrom et al. 1997）。Ben Bernanke 等将信贷市场摩擦引入一个完全动态的新凯恩斯主义框架中（Bernanke，Gertler，Gilchrist，1999）。在资本调整中引入了非线性成本，对企业家净值的冲击是持续的。与此同时，总资本的减少意味着对净值的负面冲击降低了资本价格，因为调整成本是凸的。这个较低的价格进一步降低了资产净值，放大了最初的冲击。通过对借款采用了抵押品约束，有学者尝试脱离单一的总量生产函数展开建模（Kiyotaki，Moore，1997），模型中经济产出来自两个部门，其中一个部门的生产率高于另一个部门。其目的是研究如何将资本从一组代理重新分配到另一组代理，从而以何种价格重新配置并出售给第二最佳用途。因此，重点是实物资本的市场流动性。然后，由于资本从生产率较高的部门向生产率较低的部门大量抛售资本，压低了资产价格，并产生了反馈效应，从而产生了放大效应。暂时的冲击会转化为产出和资产价格的持续下降，而这反过来又会进一步反馈和放大同时出现的初始冲击。

货币主义者认为货币需求相对稳定，凯恩斯主义者从货币需求的角度看待金融摩擦和金融机构，而货币主义者则担心货币供给副作用。美国"大萧条"期间货币供应量的变化，"随之而来"的是总产出的变化。重要的是，货币总量必须包括银行存款。简单地看，高性能的基础货币（或黄金）是误导，因为在"大萧条"期间，许多家庭从银行提取活期存款并囤积现金。结果，尽管基础货币扩张了，但广义货币指标（如M1或M2）在大幅下降。这说明在"大萧条"期间，随着银行的大量倒闭，货币乘数崩溃了（Friedman，Schwartz，1963）。凯恩斯主义者发展了大规模经济计量模型，货币主义者基于Milton Friedman和Anna Schwartz的"历史方法"，认为紧缩货币政策在前衰退在后，所以货币政策是衰退的原因。经济变量间的先后关系并不一定意味着前因后果，VAR研究表明，货币和产出在很大程度上可能是互为因果的（Sims，1972）。

在"货币观"下，金融业的重要性主要在于它创造了货币。不被视为货币总量的一部分的银行负债，所扮演的角色就不那么重要了。银行资产负债表中的资产部分——总信贷也是如此。据推测，如果受损的银行业未能创造足够的资金（例如，由于银行负债的"货币性"下降），向外部注入资金可能会解决问题。在"信贷观点"下，简单地注入（外部）货币可能会减少通缩压力，但可能不会减少货币总量，并不会创造额外的信贷来刺激经济（Tobin，

1969)。后续研究以 14 个发达国家 1970—2008 年的历史数据为基础，试图搞明白货币以及信贷波动对金融危机的影响。早前信贷和货币齐头并进，20 世纪后半叶金融部门杠杆率攀升，信贷总量增长脱钩，超过了货币增长。银行越来越依赖非货币性负债，而不是通过银行存款负债进行传统融资（Schularick，Taylor，2012）。政策当局忽视了信贷风险，信贷增长几乎是金融危机的先行指示指标。事实上，货币主义观点认为的货币需求较为稳定的结论（Goldfeld，1973），在金融创新和金融技术不断引入的现代社会越来越显得力不从心。金融创新的影响是广泛的，例如信用卡的开发使得个人得以把他们所持有的货币转移给信用卡发行公司，金融创新改变了货币需求（Tobin，Golub，1997）。中国也有这样的例子，随着支付宝中余额宝的推出，中国的银行存款也完成了一次向理财产品的大搬家，历史是何其相似。

中介机构资本结构造成的脆弱性是一个值得关注的原因。有学者认为，经济周期的根源在于需求存款的不稳定性（Fisher，1936）。长期以来，学者都在试图搞清楚为何银行合同比其他金融合同更加脆弱。有学者从预期角度研究银行挤兑，认为提供活期存款保险可以在一定程度上抵御挤兑（Diamond，Dybvig，1983）。随后通过建立一个包含金融部门的宏观模型，研究发现：相对于外生风险，金融摩擦引发的内生风险放大了经济波动。长期以来，银行是作为"可贷资金中介"纳入宏观经济模型的（Brunnermeier，Sannikov，2014）。金融中介尤其是银行，在货币体系中的作用依然疑点重重，Zoltan Jakab 和 Michael Kumhof 在 DSGE 框架内证明"货币创造观"比"中介观"更具有现实解释力，研究认为"中介观"下金融冲击会导致银行实施"信贷价格配给"，而创造观下银行倾向于以"信贷数量配给"为主（Jakab，Kumhof，2015）。该研究有助于我们认识后金融危机时代，为何商业银行信贷能力往往被增强，信贷依然没有实质上扩张。有学者注意到欧元区在脱欧过程中，欧央行国内对银行业的救助行为与国外对欧元区债务豁免两种行为交织时，内外政策目标很难兼顾，以及欧元区金融一体化如何在传统货币理论指导下一步步走向崩溃（Farhi，Tirole，2017）。

内生性的特异性风险可以通过大数定律和优良的机制设计得到缓和，因此维持一个足够体量的经济结构是有利的；一个足够透明的经济结构能够缓解信息不对称带来的种种不利影响，因此一个足够公平透明的市场规则显然也是值得提倡的；经济危机发生时，政策当局如何降低企业"死亡率"和保留就业率是重启经济的关键。2008年国际金融危机后，美联储宏观计量模型模拟显示，危机前的政策将会导致严重的经济后果，短期利率将会有1/3的时间维系在0附近（Kiley，Roberts，2017）；日本在最近十年的经验显示，低通胀低名义利率降低了货币政策的有效性，低通胀陷入自我持续的陷阱（Bernanke，2020）。

国内学者也开始在动态均衡结构中研究金融结构问题，比如樊明太建立了一个动态一般均衡模型，从金融结构角度理解中国的货币政策传导问题，将企业最优化其自身资产组合的决策纳入模型中，初步探讨了证券差别化与企业最优资本结构的关系，以及这种企业资本结构如何与宏观金融结构互动，最终影响了货币政策的传导效能，货币政策的成败依赖于对金融结构的准确把握（樊明太，2004；2005）。

国内学者也在2008年次贷危机后着手将DSGE模型中引入银行部门，有些研究更是扩展到多部门包括外贸部门的开放经济下处理问题，认为出口需求冲击能够显著传导到国内经济的非贸易部门，政府的信贷政策不仅是有效的而且是必要的，能一定程度上缓解这种传导机制（许伟、陈斌开，2009；刘鹏、鄢莉莉，2012；康立等，2013；康立、龚六堂，2014）。金融系统风险增加的情况下，资产泡沫一方面有利于缓解融资约束带来的流动性短缺，从而一定程度上改善了金融摩擦引致的资源错配；另一方面，资产泡沫本身又会加大整个金融系统风险，从而对宏观经济造成威胁。政府对金融市场的救助行为面临取舍，且最优救助力度随金融系统风险的增大而降低（董丰、许志伟，2020）。

四 数字货币体系下的金融结构

自从中本聪基于工作量证明和区块链技术构建了第一个加密货币去中心化的实用框架（比特币），随着互联网技术的发展，加密货币和其背后的区块链技术乘着大数据技术和人工智能技术的兴起，数字经济时代不可避免地到来了（Nakamoto，2008）。传统的央行与商业银行的金字塔式的授信结构受到影响，各国央行逐步推行央行数字货币（Central Bank Digital Currency，CBDC）。长期以来，关于银行的地位一直有"中介观"和"创造观"两种思潮。在"中介观"中，银行贷款代表了储户和借款人之间真实储蓄和可贷资金的中介。现实中，我们倾向于银行既是贷款人也是借款人，银行提供了融资，同时银行也通过放贷创造了货币购买力，这就是"创造观"下的银行职能。在后一种思潮下，居民储蓄并不能为投资部门提供资金，投资来自银行的融资（债务货币），而储蓄是这种融资的结果而非原因，银行存款是贷款活动或者资产购买行为的自然产物。直到 2005 年，有学者第一次以"创造观"的银行将之纳入 DSGE 模型建立了货币金融 DSGE 模型（Jakab，Kumhof，2015）。

加密货币由于过度投机的性质（Dong et al.，2021），提出若干个稳定币方案，通过锚定若干现实中货币篮子以实现币值的稳定，加密货币基金以稳定基金调控加密货币价格水平。进一步地，沿着这条技术路线，一种锚定央行货币的"合成 CBDC"被提出来（Adrian, Griffoli, 2019)。这套方案无疑是在央行直接发行的 CBDC 间加了一个中介，而此类私人中介商相较于传统金融中介并无优势可言；相反，央行实施货币政策的成本将会大大高于直接作为央行负债的 CBDC。

传统货币的三个重要职能在于稳定的记账单位、价值储藏手段和交易媒介，围绕央行数字货币构建的数字货币体系也需要具有上述特性。有研究根据货币职能展望了良好的数字货币体系需要具备的特性：其一，基于账户的 CBDC 将是无成本交易媒介；其二，付息的 CBDC，其收益率与无风险收益率持平；其三，纸币与 CBDC 间有一定的转换手续费以促进其逐步替代纸币，这最终将突破货币名义利率小于 0 的约束；其四，CBDC 可以锚定价格指数，真正意义上实现价格稳定（Bordo et al., 2017）。

CBDC 的发行上大致可以分为直接发行、间接发行和混合发行三种形式（Auer, Böhme, 2020）。直接发行意味着所有使用者在央行直接开立 CBDC 账户，批发 CBDC 与零售 CBDC 的发行事宜皆由央行开展；间接发行意味着零售 CBDC 是由金融机构发行，金融机构在央行存有批发 CBDC 作为央行储配货币，央行不直接面向家庭、企业和个人等终端 CBDC 使用者；混合发行介于直接发行与间接发行之间，所有使用者在央行直接开立 CBDC 账户，定期记录交易数据，央行掌握经济体系中全量交易数据，但具体发行事务交由金融中介机构实现，比如零售 CBDC 的发行和支付清算与对用户信贷额度的审查职能都由金融中介实际操作。

传统的授信结构是金字塔结构的，电子支付系统架构中，中央银行处于其塔尖位置。私人非金融机构通过持有特许金融机构的债券进入这套体系。举例来说，无论国内 P2P 企业搞得如何声势浩大，其用户作为同一家银行（P2P 挂靠的银行）的客户，所有账目往来都是在该银行的账户下结算的，同时在不同的非结算银行的交易行为之上又有清算银行，各清算银行之间的交易则在其各自央行的账目下完成清算。

当一个政府发行一张纸钞（或硬币）保证在所有范围内名义利率为零时，"利率零下限约束"（Zero Low Bound，ZLB）就出现了，这些纸币可以自由地在银行兑换货币。这起到了利率下限的作用，使得人们不愿意以低得多的利率放贷。一直以来，突破"利率零下限"的讨论越来越多，这几乎是纸币时代的某种遗产，似乎如固定汇率或者金本位一样逐渐变成可以被商榷的论点。通过构造一个过渡的电子货币体系，在不放弃纸币的情况下以电子货币为记账单位，简单来讲，电子货币换成纸币需要支付手续费，这能事实上突破"零利率下限"。通过在私人银行和中央银行之间使用时变的纸币存款手续费，央行可以在纸币和电子货币之间建立一个"爬行盯住制"汇率制度。纸币利率可以降低到零以下，也可以提高到零以上。这种改变纸币利率和其他关键利率的能力，使得可以尽可能多地刺激投资和净出口以振兴经济，即使在通货膨胀、利率和经济活动相当低的情况下。当不再需要负利率时，中央银行可以选择多种路径恢复汇兑平价，研究同时分析了这些不同路径对金融部门和债户合同分别产生的影响（Agarwal，Kimball，2015）。当然，此项研究的主旨在于淘汰纸币，过渡到电子货币时代，因而会显得观点如此激进。

无论是公共部门还是私人部门，发行流动性证券都能获得铸币税租金，因此公共货币与私人货币间的转移重新分配了租金，从而重新分配了财富，但最终这种重新分配会触发一般均衡补偿机制，保证家庭部门财富不变。在上述流动性中性假设下，央行发行CBDC将能够内部化货币的外部性，不仅不会影响宏观产出，CBDC还会增强金融体系的稳定性（Brunnermeier，Niepelt，2019）。当CBDC引入后，居民部门用CBDC等"外部货币"对存款等"内部货币"的边际替代未必会影响宏观产出（Niepelt，2019）。

Jesús Fernández-Villaverde 等研究了央行数字货币进入货币体系后，央行 DC 如何与商业银行竞争存款，最终整个金融体系有可能出现的挤兑情形，以及央行可能的政策手段如何维持金融体系的稳定性，研究分别在实际利率与名义利率缔约下展开讨论，央行直接提供信贷时将使得央行本身比银行更加稳定（Fernández-Villaverde et al.，2020；2021）。

考虑在名义利率缔结合约的情形下，如果 CBDC 替代传统活期存款在客户面临支出冲击时为其提供流动性，挤兑仍可能存在。研究发现 CBDC 将陷入一个三难问题：效率、金融稳定（无挤兑）以及价格稳定，三者不可兼得，最多只能达成两个目标。处理 CBDC 三难问题是"反脆弱性"的关键（Schilling et al.，2020）。有研究通过将"央行数字货币"纳入一个美国金融危机前数据校准后的 DSGE 模型，发现数字货币能降低货币交易成本，降低实际成本以及降低扭曲性的税收，最终在相同的国债规模下，央行数字货币发行达到 GDP 的 30% 可以永久性提高 GDP 约 3 个百分点。同时，反周期的"央行数字货币"政策可以提供传统货币政策的替代选择，更好地稳定产出波动（Barrdear，Kumhof，2021）。

就国内研究来看，姚前设计了法定数字货币发行的"前瞻条件触发"机制，以解决货币政策传导不畅、逆周期调控困难、货币"脱实向虚"、政策预期管理不足等现代货币政策问题。紧接着，姚前在 DSGE 模型中纳入符合中国现实的"利率走廊机制"。文章指出为了保证金融稳定性，可以采取措施增加银行存款与数字货币之间兑换的交易成本，引入新的摩擦。文章中还指出，发行央行数字货币对经济增速提升只有 0.01 个百分点，总体效果是正面的（姚前，2018；2019）。私人加密货币的兴起固然使得货币形式发生新的变化，但私人加密货币因为其自身局限（其去中心化特性很难形成货币本位机制），央行应该积极监测数字货币体系中的可能变化并评估其影响、创新监管方法（何德旭、姚博，2019）。也有学者指出，主权数字货币是当代金融科技创新的产物，数字人民币有助于推动国际货币体系的改革（保建云，2020）。

第三节 总结与评述

一 传统货币相关研究评述

货币研究有几次大的转向。"大萧条"后，凯恩斯主义关心货币数量；滞胀的出现，现代货币主义学派（"货币数量论"）关心货币存量，而现代货币理论关心"存量—流量一致"。"大萧条"之前，古典经济学遵循基于"货币数量论"的萨伊定律和休谟机制，并不承认市场会出现生产过剩和偏离充分就业的情形。"大萧条"发生时出现了经济停滞、生产过剩、大面积失业，古典经济学束手无策。凯恩斯认为市场并不经常处于古典主义学派声称的充分就业中，有效需求不足的根源在于，投资并不足以将市场上除了用于消费的产出全部买下，这就导致市场失业率高于自然失业率。凯恩斯认为，政府只能控制货币需求量影响利率才能够诱导市场投资，让经济重新回到充分就业的环境下，宏观经济学自此诞生。当然对于"大萧条"级别的经济危机，由于"流动性陷阱"的存在，凯恩斯认为通过货币数量影响投资的努力很难见效，因而主张政府扩大支出解决社会投资品过少的问题，直接将产出拉到充分就业的水平。凯恩斯框架下失业率与通货膨胀具有代偿关系，因此并不存在通货膨胀和失业率高企并存的情形。在凯恩斯框架下，达成自然增长率与充分就业是同一个概念，但 20 世纪 60 年代出现的"滞胀"现象挑战着初生的宏观经济学。无论是凯恩斯主义还是新古典综合派都痛苦的发现，如果将货币局限于货币流通领域，是无法对

"滞胀"给出切实的经济政策的。

在凯恩斯的《就业、利息和货币通论》中，"投资等于储蓄"是作为恒等式引入的，但其有效需求不足理论则认为其现实中并不相等。惯常的解释认为，"事前"的不相等导致了"事后"的不相等，现代货币主义理论抓住这一点，认为政府的"平衡预算政策"是荒谬的，这导致了政府的支出恰好等于其税收，意味着政府对非政府部门的净贡献为零（Randall，2015）。

信贷是货币的自然延伸，经济体系中的一般性主体，其经济活动往往具有本质性的不确定性，内部融资与外部融资间存在权衡的空间，因而其经济活动往往可以通过信贷合约的形式向外部融资，信贷合约由于可以在"事后收益"未实现前让经济主体获得实质的金融支持，合约本身即具有了"货币性"，因此除了货币外，具有货币性的票据都是信贷，或者确切地说是信用的产物。从历史来看，银行在信贷扩张的过程中发挥了关键作用，比如早期的"乘数论"观点认为，银行是信贷体系中的关键一环，不受监管的信贷扩张业务也被冠以"影子银行业务"。客观来讲，总体上信贷业务能够充分调和社会供需，资本、技术和人力在信贷的黏合下可以更加高效地将潜在生产力转化成生产力，但这一切都是有条件的，需要判断信贷创造过程在经济活动的哪个环节介入。为简便起见，将经济活动分成生产、金融和消费。生产阶段的信贷扩张使得企业可以采购实物资本、生产资料和更新生产技术，能够更加高效地实现项目收益率，支持生产经营活动的信贷往往不会影响全社会的价格水平，技术一方面节省了劳力，另一方面新的衍生职业和岗位也会被创造出来。总体来看，生产性信贷还创造出了新的就业岗位；金融类的信贷，这里特指投入股票市场、期货市场投机行为而投放的信贷，这类融资融券业务固然能更好地发挥市场的价值发现职能，但同时要注意到过度的投机行为会加剧市场波动，其财富效应将会挤占生产性投资，因此金融类的信贷投放往往是需要置于监管框架之下的，放任金融信贷的无序扩张将会扰乱基础价格信号体系，加剧通货膨胀，无序扩张将会导致市场变成高度投机的"柠檬市场"，阻碍社会产出达到充分就业水平；消费信贷宏观上使得家庭部门能够尽可能地消耗过剩产出，一定程度减轻有效需求不足的问题，但必须要注意到，微观层面消费信贷又加重了家户部门的杠杆率，变相补贴了食利阶层，考虑到富人群体的边际消费倾向和初始禀赋，这将会扩大贫富差距并提高全社会价格水平，增加了家庭部门的脆弱性，透支经济发展潜力。

中国自从价格闯关的失败尝试后，长期实行价格双轨制，即一种商品同时存在一个计划内价格和一个计划外价格，这样做的好处是能够保持国有企业的经营持续性，稳定供应基本民生物资，同时计划外的民营企业也可以通过大胆尝试开展市场化经济行为，为改革寻求出路。价格双轨制的弊端也是显然的，由于改革初期计划内物资价格普遍较低，这将会滋生大量套利行为，无法反映市场真实的供求关系。利率双轨制与价格双轨制类似，也面临同样的问题，两套基础利率信号无法准确反映信贷供求状况，这将不利于金融机构开展长期信贷业务。中国货币体系中存贷款利率与市场化的无风险利率长期并存，因此面临价格信号的传导机制较为复杂，"两轨合一轨"就需要推进利率市场化。央行制定的存款、贷款利率对市场锚定效应过强，无法让以同业拆借利率为主的市场利率发挥基础配置作用。当前货币政策尝试在"数量型""价格型""量价混合型"之间做权衡，尤其是学界长期致力于推动向完全的"价格型"货币政策转变（伍戈、李斌，2016）。

二 数字货币相关研究评述

后金融危机时代，Joseph Stiglitz等学者观察到主要发达国家信贷无法在价格型货币政策下流向实质的生产部门，建议在数字货币体系下开展面向货币数量的新增信贷拍卖机制（Stiglitz，2017），直接通过数字货币向市场主体投放信贷。这显然超越了当前国内学者单纯的"利率市场化"改革思路的货币政策改革，因此研究数字货币体系下的中国宏观经济管理势必需要摆脱在标准货币模型亦步亦趋的局面。在数字货币体系下解决新问题，创造新机制，这是中国货币体系全面进化的不二道路。

当前数字货币研究，无论是国内还是国外都处于起步阶段。国外研究多处于理论探索阶段（数理定量研究是主要研究范式），国内研究起步更晚，就其实践上却未见得更慢，同时国内定性研究居多（定量研究与数理研究略少）。关于数字货币的定量研究，往往就假设条件下展开数理研究或者以 DSGE 模型展开反事实推演，其研究常常以假设数字货币具有传统货币不同的功能为出发点，比如有些研究假设数字货币为兼具传统资产（现金、存款、股票和债券）特性的全能型通货（Ferrari，Stracca，2020），这种囿于具象经验的无限外推式展望体现了当前研究的一种趋势，即数字货币体系似乎是某种当前货币体系下所有资产优良特性兼具之物，因而其具有某种"万灵药"的潜质。这种"歧路亡羊"式的多层假设，不可避免地将不同资产间的关系变得高度耦合，在市场很难通过制度约束主体在不同货币体系下的套利进程，这些无序套利行为将有可能扭曲价格信号，使得整个货币体系乃至经济系统呈现"脆弱性"特征：微小的冲击都会引发系统性金融风险，进而使得宏观经济面临剧烈波动。因此，当前日趋复杂的假设堆叠下的数理研究范式也就很难在经济学学理层面把握数字货币体系的本质，也就很难将数字货币这一数字经济时代的战略性课题实实在在地在现实世界推进下去。因此数字货币体系（国际和国内）构建中需要关注数字货币之局限性，在节制的假设条件下，从货币本质与信贷角度考量数字货币体系"反脆弱性"所需要在经济学意义上成立之条件,并以此为根基澄清数字货币设计之一般性原则,即"从经济学学理角度研究数字货币以及数字货币体系"。

第三章

"货币竞争"与数字货币体系演进:框架到体系

第一节 引言

数字货币如果只是在传统货币体系下充当次要角色,将不足以发挥出数字货币的潜力,因此对数字货币框架向数字货币体系可能演进路径的刻画将是必要的研究议题。本章考察货币体系演进的一般规律,探讨数字货币引入货币体系后,数字货币框架演化成数字货币体系的最可能路径是怎样展开的?加密货币与央行数字货币谁更有可能主导未来的数字货币体系?

传统货币职责,其中一个重要职能在于如何随着人类经济活动,自由地缩放发行数量和价格来维持价格水平的稳定。事实上,信用货币体系下,国家通过征税和货币发行权,有组织地向市场投放或者收回流动性,以匹配国民经济活动的生产力水平。社会化生产中组织规模,决定了产品的成本和种类,因而也需要匹配相应的货币发行数量,以满足家庭主体对产品的购买需求;同时,社会生产的组织程度,则直接决定了货币发行的价格水平。

当法律规定银行强制储备金在银行资产负债结构中的占比时,银行的储备金消耗若迅速接近该占比,银行将不可避免地产生恐慌,同时这种恐慌将在整个金融体系蔓延（Bagehot,1873）。银行的作用在于将非流动资产转化为流动负债,银行的这种"转化服务"正是银行脆弱性的源头（Diamond,Dybvig,1983）。2018年瑞士更是发起针对"瑞士主权货币倡议"的公投,① 试图垄断央行货币创造功能,银行将变为100%的储备,其发放的IOUs都将由瑞士央行真实货币对应,这实际上对传统银行货币创造功能投了一份"不信任票"。

丁伯根曾认为宏观政策目标应该致力于如下几个方面的达成:(1)国际和平;(2)充分就业和货币均衡条件下的人均最大实际支出;(3)收入在社会群体和国家之间的分配;(4)解放弱势群体;(5)"尽可能多的个人自由与其他目标兼容"（Tinbergen,1956）。Kenneth Arrow认为目标（1）与（5）可操作性存疑,目标（2）中的货币均衡条件如果取丁伯根的价格水平稳定可能是不必要的,但总的来看目标（2）是宏观政策目标应该考量的。在均衡的标准上,Kenneth Arrow认为实际收入的稳定比价格水平的稳定更加重要,这其中的通胀因素不容小觑（Arrow,1958）。"通胀"固然能刺激经济,但由于其边际效应递减,货币当局不得不频繁地制造更大规模的通胀预期,最终让最温和的通胀也具有"加速特性"。通货膨胀作为一种所有商品价格水平普遍上涨的价格现象,单一垄断当局很难具有完整信息去判断何时采取何种手段有效干预。相反,货币当局不可避免地陷入发行廉价货币的"路径依赖",将生产引入错误的轨道,频繁地调整货币供应量以适应"刚性价格"的行为,长期来看,加速了市场中价格刚性的蔓延。上述种种情况,公众往往在单一法币的情形下很难察觉,因而陷入"货币幻觉"。因此,哈耶

---

① "Campaign for Monetary Reform-News from Switzerland", 10th June, 2018, Vollgeld-Initiative, https://www.vollgeld-initiative.ch/english/.

克认为"货币竞争"将迫使公众关注不同货币的价格，货币市场的博弈充分交换各方信息，有助于各利益相关方正确评估通胀影响，最终走出"货币幻觉"，重新将生产引入正轨（Hayek，1976）。有学者认为哈耶克提倡的货币类似于语言区，受制于使用者数量和货币间的兑换成本（Brunnermeier et al.，2019）。"货币交易网络外部性"和"货币转换成本"阻碍了法币体系主导下的传统货币竞争，在数字货币时代"转换成本"将会大大降低，因而货币竞争将变得愈加可行。新发行的货币可以使用交易场景的交易规模作为投射自身影响力的杠杆，比如亚马逊、阿里巴巴、Facebook等广泛的应用场景可以作为发行新货币的"交易网络"。研究认为，平台经济是消费者、商家和服务提供商互动的"生态系统"，平台相关的数字支付工具有效地将传统货币的功能与平台的功能和数据结合起来，导致货币的重新捆绑，平台经济对应的"规模经济"与"范围经济"成为培育货币竞争环境的天然土壤。简而言之，从经济理论与现实经济结构考量，数字货币框架到数字货币体系的演进以货币竞争的方式开展的可能性是存在的。数字货币体系下，人民币市场化、国际化是当前中国面临的重要挑战，进一步厘清"货币竞争"的逻辑谱系有助于中国货币体系避免常识性的谬误，有助于找到货币改革正确的发展方向，更好地服务于国民经济发展的长远大局。

第二节　货币体系动力学：政府与市场

货币体系构建过程中，政府起到了主要推手的作用，因此有必要对政府的能力边界做出刻画，这有助于问题的深入。政府作为市场信息掌握的优势方，是经济规则的制定者、最终诠释者和规则捍卫者。然而必须要注意到，整个经济体系的复杂性决定了政府能力也是有边界的。具体来看，至少有如下几条。政府可以决定税率，但并不能决定税收收入的具体数额；政府能决定准备金率，但不能决定 M2 的具体规模；政府能调节市场利率，但不能决定货币需求量规模；政府能决定汇率，但无法决定外币资产规模；政府能决定关税税率，但无法决定关税规模；政府能决定货币体系的技术架构，但无法确定多大经济规模的存量和流量能纳入该货币体系。

通常认为，政府不能决定的部分交给市场机制往往是最理想的，但这个结论也是有条件的，因为市场同样存在局限性，市场往往是没有指向性的，简而言之，市场确实有可能提高全社会的福利水平，但未必能保证特定重要部门在竞争中胜出，市场无法解决经济结构问题，而经济结构决定了国民财富的潜力。

市场功用的确立往往伴随着货币体系的构建，具体来看，货币作为政府征税权的凭证，具有法偿性质。当货币充当一般等价物时，需要处理不同物品或者同类物品间"物品价值"的实时估价问题，这时市场的实时报价功能就具有了坚实基础。由于市场每时每刻都在发生各种交易，单一交易无法确定差异价值的补偿标准，但大量交易则会产生相对层面的价格水平。在计划经济中这种价格水平的报价是机械的，无法做到实时的灵活调整，因此其作为反映市场供需的价格信号，往往是迟钝的、不完备的。推广来看，股票市场也承担了企业所有权的实时报价功能，这些报价最后体现在货币上。这样一个在不确定性中经营的企业，如果要看它的实时价值，只需要观察其实时市值即可，这样市场就通过每一笔交易加总出了市场价格水平，而这些价格水平将物品价值超越物品具体性质（如物品品类、品质、附着的收益流不确定性和所有权结构的不确定特性）纳入货币体系之下，具有了一般性质。

要彻底理解市场的本质功用，必须回答这样一个问题：价格信号由市场生成与中央计划者计划获得是否是等价的？一般均衡分析的建模研究中（比如代表性主体的新凯恩斯一般均衡模型）往往将二者简单画等号，这是把具体问题抽象化。考虑到现实经济体系的复杂性，这种等价并不存在。做个简单的思想实验，假设市场上有某种预测能力存在，企业、家庭和政府这类市场主体在一个财政年度的所有损益都能被这种预测能力把握，那么企业完全可以以此能力为生产决策依据，家庭部门以此决定提供多少劳动力、进行多少消费，这意味着需求可以绕开市场交易环节被精确满足，需求的满足不再是市场上以错综复杂的交易网络一份一份去匹配其供给的，而是可以全年以超脱货币体系的"借据"赊账模式进行，到了财政年度完全可以忽略市场交易结构，将商品和货币一次性清算即可。考虑到现实中预测一个公司的业绩和其股票市值都面临极大的困难，这种全社会层面的预测能力几乎不存在，简而言之，市场价格水平只能通过市场的每笔交易逐步自发"涌现"出来，因此市场是必要的。不会被中央计划经济取代，否则整个市场将会陷入宿命论泥潭，其价格波动被某种"预测能力"掌控，在这种决定论式的价格生成体系中，货币体系将变得次要，企业的活力和家庭部门的自由意志将会被扼杀。市场的功能与货币体系是伴生之物，优良的市场需要优良的货币体系。在货币体系的建立中，政府与市场的力量都不可忽视，数字货币体系的解决方案必然既有政府烙印，也有市场烙印。

第三节　来自中国的实践

薛暮桥记录了1938—1943年山东解放区通过物资稳定"抗币"驱逐法币，维持"抗币"价格水平稳定的经济实践，这是近代开展"货币竞争"为数不多的案例（薛暮桥，2006）。据薛暮桥回忆，国民党"法币"能全国流通，"抗币"只能在根据地流通。同时，日本侵略者扶植的伪政权还发行了"伪币"，在三个币种同时存在的"游击区",三种货币的黑市价格,"伪币"最高,其次是"法币"。"北海银行"充当根据地银行,以"法币"作为准备金发行"抗币",此时"抗币"也仅仅作为"法币"的补充。北海银行在1943年6月初发出公告,宣布自1943年7月1日起,"抗币"不再兑换"法币",将作为准备金的"法币"在敌占区全部换成物资。"抗币"通过锚定物资平衡货币购买力的做法,为"抗币"在根据地货币竞争中获胜奠定了基础。具体做法在于通货膨胀时,公营商店和合作社抛出物资;通货紧缩时北海银行增发货币,通过工商管理局收购农产品。由于根据地是农业主导,物资以农产品为主,通货膨胀呈现周期性特征:秋冬农产品过剩,应增发货币收购物资;春夏物资较少,应抛售物资回笼货币。出于稳定物价和货币价格的双重考虑,季节性信贷是季节性通胀的背后原因。这一套基于物资储备作为"准备金"的货币体系最后证明是行之有效的,币值和物价都保证了稳定。不同于金本位货币和信用货币,锚定一揽子物资物价指数的"抗币"更加接近于哈耶克提倡的"商品储备本位"货币(Hayek,1943),Milton Friedman 在后来也提出类似观点(Friedman,1951)。

"格雷欣法则"普遍认为劣币驱除良币,但"法币"和"伪币"的货币斗争在实践中证明,良币恰恰是能驱逐劣币的。正如哈耶克指出的那样,"格雷欣法则"成立的前提在于政府强制规定了几种货币间的固定汇率。这个前提却不是充分条件(Hayek,1976)。国家一旦能够立法强制规定币种间的汇率,币种间的优胜劣汰将不可避免,但"格雷欣法则"也未见有效。英国由金银本位向金本位的转变,很大原因就在于牛顿在任职铸币厂厂长时过高估计了黄金的价值,最终将银币作为"劣币"驱逐出了流通领域(Tobin,1963)。"格雷欣法则"起作用,一方面需要国家确认某一规格货币"法币"地位,另一方面需要适度地让渡出铸币权:要么政府令出多门推出了多规格的币种，要么对民间铸币极为宽容。归根结底，"格雷欣法则"是"币值稳定"这一约束条件被放松后的结果。国家不总是能强制规定货币间的汇率，这时货币竞争将是可能的。"抗币"之所以能在解放区赢得货币竞争的胜利，是因为当时各个发币当局都没有能力强制规定几种货币以固定汇率偿付，这让以"物资本位"币值更加稳定的"抗币"有了脱颖而出的机会。货币竞争能够成立的一个必要条件在于对"格雷欣法则"前提假设的拓展：国家未能有效控制货币的垄断发行权。

第四节　货币演化与货币当局角色

纸币时代，货币的价格水平稳定往往体现在锚定物的物价水平稳定之上，正如布雷顿森林体系金本位美钞和石油美元时代一样。然而在更久远的实物货币时代，情况将变得非同一般。1650—1850年的中国货币使用铜钱和银子，二者作为主流的支付手段，呈现出货币竞争的态势，直接反映二者的兑换比率是由市场浮动决定的（Klein，1974；1976）。

通常认为，政府垄断货币发行权是货币体系中最理所应当的部分。然而哈耶克指出自亚当·斯密以降，政府基本职能中并不包括货币发行权，相反，亚当·斯密一直警惕于政府过度发行劣币依靠垄断发行权收取铸币税的倾向。从美国货币史看，履行央行职能的美国第一银行在1791—1811年存续，1812年由于国会没有批准其"特许权"而解散，各州金融行业事实上处于"自由银行业"的状态。其时美国实行金银本位，由于各州"野猫银行"信誉不一，民众手中的票据未必能很好地兑换成通货，政府征税效率受损，因此1816年美国第二银行作为央行被重新组建，但反联邦主义者考虑银行体系对各州权力的侵蚀，安德鲁·杰克逊在1832年美国第二银行全国业务特许状到期后，让该行从央行变成州行。美国在没有央行的时期，各个州行互不统辖，业务往往限制在本州，货币发行权分散，事实上处于自由银行业状态，金本位仅仅在名义上奠定了各州发行的州银行券的关联。按照现代观点，银行券和银行存款本身是一堆借据（IOUs），这些借据被相信以可预期的比率换成一个国家的法定货币。在自由银行业时期，各州存款的偿付受制于各州行实力，抗挤兑的能力极为有限。1864年《国民银行法》规定，美国财政部统一发放银行执照，成立国民银行以政府债券为担保发行国民银行券。国民银行持有的政府债券本身具有利息，利息构成国民银行券的铸币税（Tobin，1963）。《国民银行法》规定，国民银行券发行额度须少于银行实收资本，特许银行破产财政部将承担其债务。自此，国民银行券取代了各州银行券最终成为美国法定货币。

当市场流言四起，国民银行不可避免地会出现挤兑现象：客户涌入银行要求将自己手中的IOUs兑换成法定货币，直到耗尽银行实际资本。有鉴于此，1913年美国依据《联邦储备法案》建立包含12家成员行的美联储体系，该体系作为最后贷款人，允许商业银行将未到期的贷款以贴现的形式出售给美联储换取流动性。这一机制原本是为了应对银行体系的大规模挤兑事件，但在"大萧条"时期，该体系并未有效应对恐慌，甚至一度差点耗尽联邦储备银行的法币，各国民银行通过提高存款利息的方式加入法币的争夺，加上英镑率先放弃金本位，英镑与美元汇率未实时调整，导致美国黄金大量流失，这迫使美国1932年也宣布暂时停止美元与黄金的自由兑换，同时禁止私人持有黄金。

在金融恐慌时期，银行业通过不设限地提高利率争夺存款，可能加大联邦储备体系过快耗尽货币的风险，1933年出台的法案针对此种情形实施利率管制，要求银行业活期存款不得付息，同时定期存款利息设立上限。随着战后美国黄金储备一度占到全球的60%，美国与各国在布雷顿森林会议缔约建立起锚定黄金的美元体系。直到1937年牙买加体系取代布雷顿森林体系，美元不再与黄金挂钩，完全成为一种基于美国国家信用的国际货币。

银行业在货币体系中的角色惯常有三种范式。第一种被称作"中介观"，该观点认为银行只能依据其从储户吸纳的存款去发放贷款，本质上是与非银行金融机构一样的中介角色。第二种被称作中央银行"乘数观"，也被称作"部分准备金"观点。该观点认为，中央银行通过储备金的数量直接决定了广义货币与基础货币的"乘数比率"，从而决定了全社会的存款和贷款规模。在该范式下，商业银行体系本质上也是中介机构，依据所持有的储备金进行存款和贷款业务。"乘数观"下单个银行无法创造信贷，但整个银行体系可以在中央银行准备金的基础上创造出信贷。第三种被称作"创造观"（McLeay et al.，2014）。该观点认为在现代货币体系下，银行通过发放贷款创造出了广义货币，当然信贷创造规模依然受到央行货币政策的约束。研究认为限制银行信贷创造功能，会更多地将信贷创造活动转移到非银行信贷来源（Stiglitz，Greenwald，2003）。后续学者研究检验了这三种观点，认为只有"创造观"符合当前金融体系现实（Werner，2016），本书后文也将基于银行货币"创造观"展开分析。

第五节　信用货币时代下"货币竞争"可能性

后金融危机时代，各国货币当局加大了商业银行对社会的贷款能力，相应的投资与消费并未有起色，各国利率一降再降（接近零的利率并不意味着企业可以以这样的利率获得信贷，在信用配给制等极端情形下,任何利率都不能让企业获得信贷支持),现代经济陷入新的流动性陷阱,这不禁让人将目光投向银行及其在信贷创造中的作用。Joseph Stiglitz 在研究中指出,政府根据货币供应量直接决定信用额度的大小,这些新的信贷额度直接由政府主导的拍卖市场添加到金融系统中的"货币"中。进一步,Joseph Stiglitz 认为数字货币体系下的信用拍卖将可能平抑投资波动,增强宏观稳定性。信用货币时代,在电子支付未兴起前,商业银行体系的 IOUs 几乎具有不亚于法币的"货币性",商业银行具体的信贷创造往往独立于央行决策,央行只能通过资本充足率、调节名义利率以及窗口指导等手段间接影响商业银行体系。这类间接影响的前提是,商业银行承诺兑付的 IOUs 具有随时兑换成法币的预期。虽然大部分时间这种预期都是成立的,但必须注意到这依然是一个强假设,取决于央行意愿以及兑换时点。当市场流动性宽松时,银行有扩大信贷规模的倾向;当市场流动性偏紧时,银行又不得不收紧信贷收回货币以维持自身流动性,这就造成"信贷"的周期波动,加剧市场信贷内在不稳定性。那些对法定货币持批评态度的人认为,使用法定货币的经济波动性甚至比使用黄金的更大(Stiglitz,2017)。信贷体系薄弱点一方面是商业银行体系对央行货币供应垄断权力的稀释,商业银行发放 IOUs 只有在跨行清算时才需要央行的实质介入,银行发放贷款即完成了货币创造;另一方面来自央行对银行体系控制力的"时滞":商业银行间竞争性的需要,往往错误地延用平时的监管指标作为挡箭牌。信贷紧张时,以资本充足率为由借贷;信贷宽松时,通过表外业务助长通胀。虚拟经济的兴起,传统的经济结构正在发生新的改变。如果说政府对各类外部冲击的货币政策应对催生了加密货币这种新生事物,那么虚拟经济的持续壮大使得货币体系的全面改造迫在眉睫。传统货币体系下,货币当局只能通过利率政策间接影响商业银行贷款利率进而影响信贷,央行数字货币的兴起使得央行能够绕过商业银行体系直接干预货币创造过程。政府直接控制信贷投放量确实有助于增强对宏观经济的掌控力，重建货币秩序，但前提在于政府对海量的市场主体拥有信贷评级的能力，显然政府此项能力在金融危机爆发后遭到了削弱，因此企业当前无法从商业银行获得信贷支持的情况在新的"直接信贷"体系下依然无法改观，但显然这种信贷需求又是迫切的，最终会被私人机构填补，比如各大平台经济的金融业务。

支付平台兴起的情况下，"信贷内在不稳定性"加剧了。支付平台以各类"白条""信用"以及"小额贷"乃至优惠券的形式发放出的 IOUs 更加稀释了中央银行的货币垄断发行权。由于立法的滞后，这些机构甚至没有纳入商业银行体系以相同的金融规章加以约束，由此带来这样的现象：货币供应速度和数量最大的口径无法置于货币当局的有效管辖下，信贷周期性特点越来越突出，"存款搬家""促销日消费信贷井喷"以及"过低的资本充足率支撑下的巨量信贷规模"。支付平台往往绑定了庞大的平台经济，各平台通过对电子交易凭证的分析，消费剩余被尽可能地挖掘，大量不必要的消费需求和"脆弱信贷"被创造出来，各类支付平台在无意识地创造出天量信贷的同时，对可能的后果却不承担任何责任。相比于商业银行的竞争，支付平台的竞争更加复杂，后者往往对利息率和信贷规模的渴望比银行更加迫切，各支付平台以预充值、押金乃至会员费等形式构成的大量沉淀资金几乎得不到任何监管约束，中央银行很难忽视此类平台的市场势力。

在具有法币的环境下，哈耶克曾经设想过通过银行发行私有货币展开货币竞争的情形。银行发行锚定消费者常用商品篮子的 IOUs，这些 IOUs 通过银行短期贷款发行，并且银行承诺其购买力维持稳定。银行的这类 IOUs 通过维持相应商品篮子的购买力，因而成为事实上的私有货币。这些私有货币可以按照市场汇率换算成法币或者其他私有货币。媒体通过监督这些私有货币的购买力与声称的购买力的偏差程度，敦促各发钞行通过调整市场上的货币数量以维持其币值稳定。

货币竞争使得市场存在一组最优的交割手段，这种交割手段足够在更小的区域、更特殊的场合符合特定行业的交易需求。简而言之，当货币竞争成为可能最优货币的解成为可能，无论约束条件有多么的苛刻，只要缔约双方有达成交易的意愿，其履行合约的货币媒介将会保持稳定预期让合约顺利履行。例如，商家可以规定某种货币交易会有特定折扣，那么消费者恰好持有这种货币将会乐意使用该货币。这种货币竞争以适应交易的情形在过去很难想象，但如今在支付手段层面每天都在上演。随着中国电子支付手段的兴起，很多交易可以在支付宝、微信支付、信用卡支付乃至现金交易间选择，各大支付平台对交易入口的争夺本质上呈现了"货币竞争"的可能情形。事实上，支付入口的争夺，叠加上平台授信类产品，已经具有部分信用创造的功能，部分替代了传统银行的IOUs。

就货币体系中现金与信贷的占比来看，现金占比很低，这就意味着交易的全过程可能自始至终全部以信贷的形式展开，这将天然地蕴含了泡沫，表现形式是泡沫和信贷配给现象（Miao，2014；2015；2018），这种货币形式大大增加了"价格不稳定性"。商品本位货币或者贵金属本位主导的货币体系下，交易主体的决策行为大致是"量入为出"的，受制于贵金属或物资储备，信贷在交易中的占比是可控的，因此市场参与主体的行为是可以通过"损益预期"来确定行为的合理性，而恰恰单一货币完美地提供了这种对货币的"一致性的预期"需求。随着信用货币的兴起，交易中信贷占比越来越大，此时行为主体的决策合理性将不仅仅构筑于事前决策的"预期"之上。事实上，在信贷占主导的交易下，一笔交易的合理性是"事后"决定的，因而是反常识的，此时交易媒介的多元性至关重要，因而货币竞争保证了合理路径在事后看来是可行的。举例来看，以消费信贷为例，在单一信用货币体系下，一笔信贷额度的信用交易是否合理只能事后确认，加总到社会信贷层面亦是如此。除非经济体不再波动，任何金融机构或政府机构无法通过预期锁定"社会总信贷"的风险敞口。当允许货币竞争的情形，信贷占比过高的交易有可能使用"事前合约"安排，以此来控制社会信贷风险，货币竞争下的"事前合约"增加了社会信贷自治的自由度。这种货币博弈能够阻断明斯基（Hyman Minsky）所担忧的金融脆弱性问题，能够抑制全社会信贷风险的累积和正反馈效应。

"创造观"下的货币竞争将会使银行出现分化，一些银行将会变成发钞行，一些则变成"100%准备金"的银行以维持其他货币的正常兑付。这意味着，过去实际从事信贷创造的不合格银行转变为真正意义上量入为出的金融中介，专注于那些流动性较低的资产管理业务。各发钞行为了维持其货币的币值稳定，将会在商品市场开展平准操作，最终稳定物价，货币竞争最终得已排除那些使得价格波动的各种因素，维持价格稳定。同样的价格水平，由中央计划者规划得出的或者是由于货币竞争而来，惯常经济学解释认为二者是等价的，然而事实上二者有本质区别。中央计划者依据抽象的市场主体行为规划而来的价格水平，本质上依然具有法定性质，无法体现价格实际形成过程，受制于政府对市场的抽象能力。与之对照的，货币竞争能够充分调和跨市场、跨主体价格体系形成特点，建构其上的价格水平如果不是最优的也会是最具有灵活性的，因而应对冲击时具有了更多的自由度，这是货币竞争最基本的特点。货币竞争并没有预设合意价格水平，而通过透明的多货币市场，多层次的永续博弈过程将合意价格水平"交易"了出来，因而天然具有了公信力。货币竞争的最终格局是在某个领域某个行业有一个或者两个货币胜出，货币性的自然垄断特性将会使得这些胜出货币相互间具有很小的汇率波动,就像上证指数与深圳指数间的联系一样。再者,政府由于拥有比私人机构更多的信息,公平竞争的前提下,法币大概率会锁定一个胜出名额。法定货币只要遵循货币竞争的法则,同时在货币竞争中胜出,那么政府将首次统一"地上经济"与"地下经济"的价格水平,无形中降低了市场交易成本。"货币竞争"不光对内部市场具有极强掌控力,对外部冲击亦具有天然的抵御能力。由于政府放弃了垄断货币供应的权力,那么类似于日本"广场协议"这类伤己适人的货币政策将永远不会实施,哪怕本国政府试图实施。

第六节 塑造数字货币体系的力量与"货币竞争"

如果说哈耶克等经济学家担忧的是政府有发放廉价货币的倾向,那么进入信用货币时代,这种担忧泛化到普通人对货币体系的疑虑。这些疑虑一方面来自过度的金融创新以及政府的各类"绥靖式"货币政策,另一方面来自技术变革引致的经济结构的变化,前者塑造了既定的过去,后者正影响着我们的现在。归根结底,政府与各市场主体的博弈塑造了"货币竞争"。2008 年发端于美国的"次贷危机"最终蔓延成国际金融危机,作为回应,美国为首的货币当局以"最后贷款人"身份大量开展"量化宽松"增加货币供给(Bernanke,2020)。与此同时,2008 年 Satoshi Nakamoto 基于工作量证明和区块链技术构建了第一个加密货币去中心化的实用框架(比特币),比特币几乎可视作对政府发行廉价货币行为在"经济生态学上"的自然反制。货币滥发导致美国等政府赤字高企,以"最后雇佣者"角色货币化财政赤字的"现代货币理论"对政府的"平衡预算"政策提出质疑,各国政府不同程度地使用该理论指导其现实政策，作为回应，各类加密货币层出不穷。自治式的加密货币市场不可避免地陷入高度同质、高度投机的恶性竞争，于是某些组织又提出锚定一揽子现实货币的平准币，更有跨国商业组织试图发行超主权加密货币，这不可避免地让各货币当局有了危机感，央行数字货币日益被提上日程，无一例外，各大央行数字货币的技术路线不同程度上借鉴了加密货币的部分特性。

理解了货币体系当前发展逻辑，不难发现，无论数字货币是否在某个区域内具有主权性质，全球化市场的参与者都对"强势货币"有着不容置疑的需求，这种需求无论是通过技术去满足还是通过政府制度供给去满足，终归是难以忽视的，因此央行数字货币哪怕具有法币性质，也将需要应对全方位的"货币竞争"压力。现有加密货币暴涨暴跌沦为投机品的本质在于现实纸币的稳健性和可控性，以及普通人无法平等进入资产配置领域的现状导致的。

数字货币承担传统货币职责，其中一个重要职能在于如何随着人类经济活动自由地缩放发行数量和价格来维持价格水平的稳定。事实上，在信用货币体系下，国家通过征税和货币发行权，有组织地向市场投放或者收回流动性，以匹配国民经济活动的生产力水平。社会化生产中组织规模决定了产品的成本和种类，因而也需要匹配相应的货币发行数量，以满足家庭主体对产品的购买需求；同时，社会生产的组织程度则直接决定了货币发行的价格水平。货币价格水平主要由名义利率来体现。以加密货币为代表的去中心化的私有货币，为了控制传统信用货币不能很好抑制通胀的担忧，一般实行三种解决方案：第一种使用控制总量的方式来控制通胀，代表性的有比特币；第二种使用锚定现实中货币篮子，通过现实中货币资产质押的形式发行平准基金来维系加密货币价格水平，比如泰达币（USDT）；第三种使用算法，试图同步于经济的发展同步扩张货币的发行规模，类似于股市中的增资扩股或者配售，采取此种做法的加密货币比如以太坊。这三种方法各自具有本质的缺陷（去中心化或者稳定币机制无法内生的产生货币本位特性，为了稳定币值不可避免地各种加密货币的稳定方案都将使其成为传统货币的影子货币），无法自动创造出分离传统货币三大职能（传统货币往往集"价值储存""记账单位""交易媒介"三大职能于一身，因而在其货币区能够驱逐出任何竞争货币）的环境，进而无法引致哈耶克所希望达成的"货币竞争"，也就无法承担未来"数字货币"改革的方向。

加密货币更多的是某种个人向全世界授信的乌托邦实验，随着发币的模式普遍化，留存给创造者的份额一再提高，平等铸币权并不平等，最后一枚货币的算力费效比无穷化，最终是泡沫破裂的横截面条件。由于私人加密货币设计上的先天问题，私人加密货币在现有条件下很难成为数字货币体系重塑的主导力量，各国货币当局依然保有沟通实体经济与虚拟经济的巨大信息优势，较为可行的数字货币体系的构建方案依然需要诉诸于各国央行数字货币间的博弈，由此学者设想的超越国界的"数字货币区"内各国央行数字货币间的竞争将不可避免（Brunnermeier et al.，2019），这种央行数字货币间的"货币竞争"中也孕育着新的数字货币体系，二者相辅相成。在数字货币体系下，央行数字货币可以赋予货币当局直接干预信贷规模的能力，这强化了法币对社会经济各阶层的掌控能力，巨大的信息优势可能很容易在本国市场驱逐各种超主权加密货币，但这需要货币当局具备相应的信贷评估能力，原来这种信贷评估能力是由商业银行和投资银行进行的（随着金融危机中信贷评级机构等金融中介的集体失语，这种信贷评估能力普遍遭到了公众质疑），因此各国货币当局有可能需要建立一个信贷拍卖市场，以直接应对海量企业主体的信贷需求，最终各国信贷拍卖市场的效率和公平体现在央行数字货币的相互竞争中。

因此不难看出数字货币体系之构建，在多方角力下（见表3-1），货币竞争是其主要构建形式，固然其中有公众对传统金融机构和传统货币体系弊端的不满（如前文所说，企业主体无法从信贷创造的掌控方获得贷款支持，商业银行日益扩大的信贷能力，无法实质地转换成企业投资，最终造成全社会层面的流动性危机，而传统货币政策又很难扭转这种局面），但加密数字货币又由于其自身设计缺陷很难在处理这类弊端时不引发新的问题（比如过度投机，币值难以稳定，去中心化的共识机制授信效率较低，技术上尚不完备），因此未来数字货币体系的构建，央行数字货币的法币性质要比现有加密货币更有前景，同时央行数字货币间的货币竞争也将重塑国际货币秩序，最终重塑数字货币体系。

表3-1　　　　　　　　塑造货币竞争的逻辑链条

标志性事件	政策回应	市场回应
1971年美元放弃金本位	1979年欧元货币体系建立	1999年欧元诞生
2008年"次贷危机"	"量化宽松"	2009年比特币诞生
失控的政府赤字	"现代货币理论"思潮	加密货币日益兴起
高度投机的加密货币市场	央行数字货币提上日程	平准币、超主权数字货币

资料来源：笔者总结。

第七节　若干结论

数字货币体系的演变过程中"货币竞争"不可避免，这其中固然有传统货币体系无法胜任数字经济新的支付场景的环境所致，同时各国法币也面临向国际货币转型的现实需要。加密货币的兴起助长了对传统货币体系的颠覆，因此"货币竞争"寄托了各类加密货币去中心化谋求脱离国家法币体系达成稳定支付目的的需求，同时也寄托了现有货币体系下非国际货币推出国际化货币的需求，那么数字货币体系下的货币竞争将呈现两个层次的竞争："私人货币与CBDC的竞争"以及"CBDC间作为国际支付的竞争"。同时，现有加密货币由于自身局限性，与CBDC相比暂时不具有构建数字货币体系的比较优势，CBDC由于其法币性质具有巨大信息优势，可以以不低于传统纸币的成本维持自身币值稳定。

数字货币体系的构建与"货币竞争"是一体两面的，央行数字货币的"货币竞争"使得数字货币框架有可能逐渐向数字货币体系演化。进一步来看，数字货币体系的建立过程的表现形式，只有可能是各国央行数字货币在加密货币兴起的背景下展开"货币竞争"：国别央行数字货币之间的竞争，央行数字货币与加密货币间的竞争。在允许货币竞争的情形下，良币是能够驱逐劣币的，这意味着国际货币竞争中，人民币只要保持"良币特性"是有可能脱颖而出的，前提在于构造适宜于"货币竞争"的国际新秩序。货币作为所有商品价格尺度的准绳，它的价格水平的稳定优先级理应优先于任何商品，这样才能较为灵活地反映市场价格水平的变化，但这又与某个地区价格水平稳定大相径庭。简而言之，货币不能够助长价格刚性在市场的蔓延，定义良好的货币体系需要随着市场同步的流变，因此涉及货币的特性将不可避免地应当由市场机制加以产生。举例来说，早期改革开放各地方银行为了支持地方建设，在当地政府协调下会主动提高当地企业的信贷投放额度，在"创造观"视角下，政府当时直接参与信贷创造过程会增加货币供应量，这在当时是有益于生产力发展的行为，因而不会制造出通胀。时过境迁，在当地生产力无法满足市场需求时，同样的行为将不可避免地造成区域通胀。罔顾发展需要强制维持区域价格水平的稳定，在经济高涨时会错过发展窗口，在经济萎靡时会造成需求不足。基于上述结论，得出如下两条政策建议。

第一，货币竞争是不可避免的，中国应积极投身未来货币体系建设中。引入货币竞争机制的实质在于，摆脱货币当局持续发行"廉价货币"的困境。所有为实施"货币竞争"而构造的制度环境是服从上述总目标的。加密货币、互联网信贷支付的兴起，各类"代币"事实上对货币当局的货币垄断发行权带来挑战，但由于无序的倾轧又无法上升到"货币竞争"的高度。关注这一现象本身有助于我们理解下一代货币体系的演化，构造出"货币竞争"所要求的国际国内环境。这意味着中国应当不遗余力地推进数字人民币的建设，矢志不渝地投身于未来货币体系的制度建设中去。

第二，"货币竞争"的影响是广泛的，中国货币崛起为强势货币离不开对"货币竞争"规律的把握，需要做好承受试错成本的准备。如前文所述，未来具有货币特性的货币无论是否在某个区域具有法币地位，将不可避免地应对"货币竞争"的现实环境。这种影响是双方面的，一方面作为货币，哪怕具有法币地位，如果是"劣币"将有崩溃之虞，"1997年亚洲金融危机"殷鉴不远；另一方面也意味着，只要人民币（包括数字人民币）符合"货币竞争"中"良币"特性，那么人民币国际化前景是光明的，人民币国际话语权与中国发展成果不匹配这种局面并非不可改变。最终，借助数字货币体系的"货币竞争"，央行数字货币有可能通过机制设计来向各市场主体提供直接的信贷支持，更好地服务宏观经济。

第 四 章

数字货币体系兼顾局部均衡与全局均衡价格水平：存在性证明

本章将继续以各国央行数字货币的"货币竞争"为前提，深入探讨数字货币引入货币体系的必要性问题：央行数字货币体系的开展方式对传统货币（尤其包括充当主流国际货币的优势货币）有何利弊？具体来说，对于现有的主流国际货币，央行数字货币的发行是否仅对其本身是弊大于利的，是否只有那些发展中国家更加有动力发行央行数字货币，本章以国内价格水平与国际价格水平稳定之间的关系为考察对象，讨论央行数字货币体系中局部与全局价格均衡同时达成的存在性问题，这涉及央行数字货币存在必要性以及央行数字货币与纸币的合意比例存在性问题。数字货币体系自洽性的体现在于，各国追求的均衡价格水平在加总后也是全球意义上的均衡价格，各国内部均衡与全球均衡同时达成，足以保证数字货币的引入对货币体系是帕累托改进的。

第一节 引言

2020 年，中国央行实验性的小范围推出数字人民币（按照国际惯例，央行暂命名为 E-CNY），这是世界上第一种货币当局严肃设计、有法理依据的履行现金类支付凭证（M0）职能的"央行数字货币"（Central Bank Digital Currency，CBDC）。零售型央行数字货币是面向公众承担现金类支付凭证职能的"央行数字货币"，根据2021年7月中国人民银行数字人民币研发工作组编写的《中国数字人民币的研发进展白皮书》，数字人民币是一种零售型央行数字货币，是一种主要定位于现金类支付凭证的法定货币，现阶段主要满足国内零售支付需求。数字人民币采用双层管理，在中国人民银行中心化管理的前提下，充分发挥指定运营机构的创新能力，二者共同提供数字人民币的流通服务。

在数字货币体系下研究货币传导机制乃至相应财政货币政策最新变化刻不容缓，但尤其重要的一点在于在学理层面充分刻画央行数字货币对数字货币体系产生的可能影响。一言以蔽之，在局部或者全局价格形成机制中，央行数字货币的引入何以是必要的？随着数字人民币的诞生，让数字货币体系不再是经济学家头脑中的想象之物，相应的理论研究需要完善起来以更好地指导具体实践。此外，纸币和硬币作为传统现金公众唯一接触到的央行货币，其存在场景当前基本局限于某些人群的钱包中、银行的ATM机器中、日常储存乃至部分地下交易中，现代人越来越适应无现金支付的社会，电子支付覆盖了公共服务乃至日常生活的方方面面，实物现金似乎就要被驱逐出历史舞台。电子支付时代的到来，大量金融科技公司提供了便捷的在线信贷服务，以小额信贷业务提供的支付途径直接与传统银行的信用卡业务展开竞争，早期由于立法滞后，此类金融服务尚未完全纳入普遍的金融监管体系中。消费者层面论之，实物现金乃至银行存款越来越多地淡出支付领域，人们更愿意通过手机在各大支付平台完成日常交易；从货币当局层面来看，实物现金具有不小的发行成本，伴随流通中的磨损替换、残币鉴识、防伪、鉴别和物理运输费用等成本投入，加上监控洗钱、打击违法犯罪的监管成本，实物现金体系运作具有高昂成本。随着中国2019

年开始研发央行数字货币，一种具有零售 CBDC 性质的数字人民币逐步进入人们视野。考虑到"米德冲突"（Meade，1951）和"特里芬难题"，传统国际货币发行国需要承担国内与国际价格水平的双重稳定作用面临诸多困难。以上种种迹象不得不引人深思，作为法币的实物现金会退出流通领域吗？央行数字货币和实物现金如何共存？这种共存会对价格水平产生何种影响？本章将围绕这三个问题展开探讨。

第二节　理论脉络

一　货币发展简史

回顾货币发展史不难发现，在以物易物的市场（Barter System），交易的达成依赖于"Double Coincidence of Wants"，即一人要出售的商品恰恰是另一个人要买的商品，另一人要卖的商品恰是一个人要买的，条件是如此苛刻，交易机会依赖于巧合，市场搜寻成本显然巨大。以物易物的市场几乎不会出现生产过剩和失业问题，因此萨伊（Jean Baptiste Say）据此提出萨伊定律：供给会自动地产生需求，价格水平问题并不突出。

金本位时代，学界曾提出一种基于"货币数量论"的"休谟机制"（也叫"物价—现金流"机制），休谟在那篇著名的"On the Balance of Trade"中认为贸易不平衡（比如顺差），将会导致黄金的流入或流出（比如流入），黄金储备的多寡根据"货币数量论"，决定了货币供应的宽松或紧缩（比如宽松），引起物价的涨或跌（比如上涨），物价会影响商品的净出口（比如进口变多，出口减少），最终贸易会重新恢复平衡（Humel，1752）。

自从 1793 年的金融恐慌，研究者设想引入中央银行机制后，有学者研究了信贷纸币体系下央行货币政策、货币、信贷与经济的关系（Thornton，1802）。至此价格水平的稳定置于货币当局的政策目标之列。对于信用货币，歌德早在1832年出版的作品《浮士德》第二部第一版里就有两段精彩描述，国王相信了浮士德地下掘金的法术，并以此超发信用货币全面清偿全国三角债，大肆赏赐居民（Goethe，1930）。这大约是德国文学中对信用货币最简明的描述了，国王对浮士德法术的笃信，国王的权威以及国王对全国地权的掌控，这就使得国王发行的货币具有了法币性质。"大萧条"时代，生产过剩、失业率高企，休谟机制自动平衡机制失效。凯恩斯提出有效需求不足理论，认为社会投资的日益减少，需要社会化投资重新将产出拉到充分就业水平。扩大的政府投资虽然填补了私人部门的投资不足，但也增加了货币数量。政策往往是滞后的，政府投资超过充分就业水平，货币依然有超发的可能，这将产生通货膨胀，同时政府投资对私人部门投资造成挤出效应。由于政府投资往往是由财政赤字政策支撑的，政府需要通过发放国债来平衡财政预算，这往往使得政府有动力在产出达到充分就业水平时继续超发货币以获取"铸币税"。实际上，凯恩斯主义研究的时间尺度针对的是"生产技术和生产资料没有变化"（Keynes，1936）的经济短期，政府通过积极的投资扩张计划将经济危机展期了，而真正要走出危机需要全社会生产技术水平的实质改变。

二 关于央行数字货币的研究综述

关于央行数字货币的研究是一个理论略滞后于实践的领域，数字人民币作为承担M0功能的央行数字货币亦具有此特征。国内相关领域有影响的研究多出于有货币政策当局从业背景的研究人员之手（这与国外研究人员分布大致相似，当前以英格兰银行、欧洲央行和巴塞尔银行之研究人员为代表的研究力量构成数字货币研究重要梯队），大部分研究尚处于概念设想阶段。比如，姚前设计了法定数字货币发行的"前瞻条件触发"机制，以解决货币政策传导不畅、逆周期调控困难、货币"脱实向虚"、政策预期管理不足等现代货币政策中的问题。紧接着，姚前又在 DSGE 模型中纳入了符合中国现实的"利率走廊机制"，同时为了保证金融稳定性引入新的摩擦：增加银行存款与数字货币之间兑换的交易成本（姚前，2017；2018；2019）。有研究探讨了央行数字货币推出后衍生的一系列法律问题（隐私保护、反洗钱），并建议出台《数字货币法》以加强监管（刘向民，2016）。此外，国内数字货币体系的研究多为综述性质的（穆杰，2020；王宏杰，2021；刘凯等，2021）。有的研究从货币乘数角度论述了数字货币会推进现金存款化，削弱储蓄存款相对于存款的吸引力；也有研究从货币乘数角度认为，CBDC 会冲击现有货币政策工具，有可能改进货币政策传导机制（李若山等，2021；谢星、封思贤，2019）。

数字货币特性是一个见仁见智的问题。传统货币体系下，央行作为货币当局发行两种央行货币（现金和准备金），商业银行发行的电子存款单的紧急流动性由央行通过"最后贷款人"制度保证，同时央行通过发行实物现金支持商业银行的一般流动性偿付，银行间的交易结算也由央行货币支付功能承担。央行数字货币作为央行的直接负债，不同于电子支付中的电子存款，CBDC 不再是商业银行的负债，这是央行数字货币的一个较大特性。亦有研究从"可扩展性""流通性""安全性""是否计息""国际支付"角度比较了 CBDC 与其他传统资产（现金、存款、股票和债券）间的区别，认为 CBDC 是六项全能型的通货（Ferrari，Stracca，2020）。当前央行数字货币相关研究设想的数字货币特性主要集中在以下几个方面。

第一，央行数字货币意味着居民在央行设立了银行账户（Bordo，Levin，2017；Niepelt，2020），CBDC 是央行的直接负债。

第二，央行数字货币以功能划分为批发型 CBDC、零售型 CB-

DC（有时也被称为通用央行数字货币）和充当储备货币的 CBDC。批发型 CBDC 往往限制在银行间市场等专业机构间结算使用，批发型 CBDC 有可能使用"分布式账本技术"（DLT）以应对大额清算，基于网络中主体的"多数投票"原则来更新分布式账本；而零售型 CBDC 则面向公众作为传统现金使用；储备货币 CBDC 充当央行发行的票据存在，可作为商业银行在中央银行账户的准备金（Bech, Garratt, 2017; Yanagawa, Yamaoka, 2019; Auer, Boehme, 2020）。

第三，借鉴了加密货币的区块链技术和智能合约技术，CBDC 往往具有全程交易追溯功能（Auer et al., 2021）。根据 2021 年 7 月中国人民银行数字人民币研发工作组编写的《中国数字人民币的研发进展白皮书》，数字人民币具有"小额匿名、大额依法可溯"特性。

第四，基于账户型央行数字货币（Account-based CBDC）与基于令牌型央行数字货币（Token-based CBDC）（Chaum et al., 2021）。基于账户型的央行数字货币，其央行负债类似于银行存款存放于央行账户中，因此其账户运作需要置于严格的央行政策监管下（比如额度存取限制，兑换时效等），因此支付接收者需要关心支付者账户的特性；基于令牌型央行数字货币是数字版本的实物现金，代表了央行的实物负债，该负债通过数字形式不再存放在银行账户中，而是存放在"数字钱包"中，支付接收者仅仅需要关注"令牌"是否伪造，不需要关心这些资产的来源或者结构信息。

三 各国数字货币实践

具体到承担 M0 职能的 CBDC 业务架构上，包括央行直接面向终端使用者的中心架构、利用中介银行履行发行结算 CBDC 的两层架构以及介于二者之间的混合架构，数字人民币设想采用的架构是能够充分使用已有商业银行体系的"两层架构"（Auer，Boehme，2020）。各国央行设计的零售CBDC方兴未艾，比较具有代表性的除了数字人民币，还有瑞典"E-krona"、瑞士计划推出的"E-franc"、巴西计划推出的"数字法币"、科威特的"数字第纳尔"、以色列的"E-shekel"、土耳其的"数字土耳其里拉"（Auer et al.，2020）。

就零售CBDC技术架构可能实施而言，各国CBDC发展呈现出对现有货币架构的路径依赖，极少数国家面向终端客户直接设立央行账户（如冰岛的"Rafkróna"），完全依赖中介机构管理CBDC的国家几乎没有。更多的国家选择比较稳妥的混合架构，充分使用已有金融设施（比如以色列的"E-shekel"、俄罗斯的"Digital Rouble"），中国CBDC项目使用"央行与指定运营机构"的两层结构发放管理数字人民币。此外，各国零售CBDC架构多处于探索阶段（比如意大利和法国计划推出的"Digital-Euro"项目、"数字土耳其里拉"的技术架构尚不明晰）。就CBDC性质而言，部分货币采用"基于账户"的记账型CBDC和"基于令牌"的代币型CBDC的混合模式（比如欧洲央行设想的"Digital-Euro"项目），很多国家采用基于账户型的CBDC（比如意大利和荷兰的"Digital-Euro"、俄罗斯的"Digital Rouble"、乌克兰的"E-hryvnia"），同时少数国家选择发行"基于令牌"型CBDC（如巴西的"Digital Fiat Currency"），亦有相当一部分国家并未明确其类型（比如西班牙与芬兰的"Digital-Euro"项目），中国的数字人民币是"基于账户"型CBDC。就零售CBDC流通范围来看，各国热衷于通过发行CBDC投射本国货币在国际支付市场的影响力。大部分CBDC设计之初就试图面向国际支付市场（比如巴西的"Digital Fiat Currency"、俄罗斯的"Digital Rouble"、几个欧元成员国发行的"Digital-Euro"），少数面向国内市场（瑞典的"E-krona"和冰岛的"Rafkróna"），数字人民币主要支持国内支付市场的流通需求。

与之形成鲜明对比的是,以美国、英国和日本为代表的几个主要国际货币托管央行的 CBDC 实践进展略显保守。虽然这几个主要央行有相当规模的相关研究正在开展(比如日本的"E-Yen"、美国的"Digital Dollar"和英国的"E-Pound"),但并未有官方 CBDC 立项的明确声明,哪怕是欧元区几大成员国分别推出的"Digital-Euro"计划,其实施进度也无法与中国数字人民币相比。究其原因,西方几大主要央行对零售 CBDC 是否会冲击现有国际货币体系尚有疑虑,因此迅速厘清零售 CBDC 对局部与全局价格水平的作用机制是极为必要的。就学理论之,后金本位制度下,其他货币的流动性增强将意味着国际货币流动性的削弱(Hicks,1962)。有鉴于此,本章着力探讨在零售 CBDC 与实物现金共存的情形下,货币当局将会面临怎样的局部与全局价格水平,一致性的局部与全局均衡在多大可能性上能够实现。各国央行一旦意识到零售 CBDC 对现有货币体系独特的价值,零售 CBDC 的实践有可能会在全球央行间加速开展起来。

四 数字货币与实物现金的差异

惯常理解中,实物现金一个重要特点是名义利率为零,但事实上通过一定的制度安排,可以实现实物现金获得或正或负的名义利率。比如,银行可以用一单位新的纸币加一点利息获得一部分旧的一单位纸币以加速旧币回收(Tobin,Golub,1997),很多国家币改都借鉴了此类做法,此时实物现金就具有了正的名义利率。为了应对"大萧条",学者曾经提出定期为现金加上戳记的设想(Gesell,1929),由于实物现金需要定期地加盖戳记才能流通,这必然带来盖章成本,因此实物现金像某种具有保质期的商品一样,其利率可能是负的。某种意义上,许可证与现金联合构成的通货可以实现实物现金名义利率不为 0 的效果。值得注意的是，上述安排中，实现实物现金名义利率非零需要社会成本，其成本最终体现为货币当局的铸币税。随着电子货币和数字货币的兴起，通货实现名义利率非零的成本越来越低。

由前文的分析可知，就发行成本而言，数字货币相对于传统货币似乎在数字经济时代具有巨大的优势。数字货币不仅脱离了货币的实体特性，二者在经济学成本意义上亦具有根本差异，正源于这些差异，数字货币可以对现有货币形式展开边际替代，但这种替代并不一定是无限制的完全替代。实物现金区别于电子支付的一个重要特质，正在于实物现金交易不依赖于"消费者偏好信息"的记录和交易信号的发射，实物现金是真正的"无记名投票"资产，实物现金能够在不暴露消费者信息的前提下产生价格信号。举例来讲，如果一大笔实物现金被用于购买某个商品，那么无法区分该消费决策出自个人决策还是集体决策，其他交易媒介几乎无法如此"低成本"地实现对消费决策行为的隐私保护。

数字货币并不只是脱离了货币的实体特性而已，二者差异性质也反过来，让数字货币完成对现有货币形式的边际替代，但也是同样的差异性导致这种替代并非无限制的完全替代。纸币区别于数字货币的另一个重要特质正在于，纸币交易不依赖专项技术设备的介入。虽然专业验钞设备也可以极为昂贵，但通过简便的防伪标记，普通人也能很好地将纸币交易验证工作不依赖于专门设备低成本地完成，同时这种验证有庞大的专门法律法规保驾护航（比如控制假钞专有技术和材料扩散的法律法规），但哪怕最低成本的数字货币解决方案，也需要手机硬件或者软件的介入。当前以加密货币为代表的数字货币，其交易尚存在瓶颈，每秒并发交易远远无法达到中心化货币体系。无论是中心化还是去中心化的数字货币体系，其离线交易都有某些技术细节有待改进。现在的离线交易实施方案为

"离线记账，在线结算"，这将不可避免地出现"双花"问题，即一笔数字货币重复花费的问题，无法做到如纸币一样"买定离手"。这意味着数字货币离线交易类似于双方发行交换了借据（IOUs），其履约结果无法排除主观和客观因素的干扰，这在系统层面将会累积风险。

对货币历史的简单回顾以及对国内外 CBDC 相关文献的检索发现，数字货币与传统货币共存情形下，关于"局部均衡与全局均衡一致"的价格水平存在性研究尚处于空白。随着央行数字货币实践在全球范围的持续推进，上述理论问题越来越具有现实意义：数字货币与传统货币共存的情形下，二者达成最佳比重应具备何种条件以及这种条件是否存在。本书将不再拘泥于单一国家层面，从数字货币边际发行成本和价格水平角度，首次探讨数字货币和传统货币的替代边界。笔者提出一个数理模型，从"局部均衡与全局均衡"匹配的角度论证二者替代边界之存在性：当央行数字货币与传统货币比例得当时，兼顾局部和全局均衡的价格水平是存在的、可行的。本模型设定部分借鉴并扩展了伍戈和李斌描述地方政府与中央政府确定各自投资水平的博弈模型（伍戈、李斌，2016）。

第三节 模型主体

各国对数字货币体系发行认识水平各有侧重，因此对于是否构建数字货币体系尚存在疑虑。考虑一个简单的博弈过程来刻画各国发行数字货币面临的现实困境。考虑到数字人民币是首个承担 M0 职能的零售型央行数字货币，从现实角度考量，本模型讨论的央行数字货币仅仅聚焦于充当 M0 职能的零售型央行数字货币，传统货币聚焦于实物现金（即纸币和硬币）。

假设存在 n 个同质的国家（n 为自然数），国家目标函数为最大化货币体系收益，第 i 个国家（$i \in n$）发行货币为 L_i，其中传统货币发行量为 L_i^C，数字货币发行量为 L_i^D。根据已有研究的观点，资产回报包括收益和增值两个部分（Tobin，Golub，1997），设资产面值为 A，从零时刻到 t 时刻资产回报率为 $\tau(t)$，资产收益率为 $R(t)$，代表资产的总边际产品，设定 t 时刻到 $t+\Delta t$ 时刻资产增值部分为 ΔA，连续情形下的资产增加值为 $\dfrac{dA}{dt}$，则有如下等式：

$$A\tau(t) = AR(t) + \frac{dA}{dt}$$

当考虑实物资本时，还需要考虑折旧率 $\delta(t)$，等式变为：

$$A\tau(t) = AR(t) + \frac{dA}{dt} - A\delta(t)$$

货币作为安全等级最高的资产，传统充当 M0 职能的货币名义利率为零，因此持有货币不考虑其增值效应和折旧率，货币的单位收益主要体现在单位货币的边际产出。假设传统货币发行单位收益为 R^C，数字货币单位收益为 R^D，在全社会技术水平和生产结构没有较大变化时，两种法币单位收益相等；传统货币发行单位成本 r^c 为总币发行量的函数，传统货币以实物现金为例受制于物理特性，在极端场景下边际发行成本是巨大的。对于履行国际货币职能的货币，将 1 元实物现金投送到远离造币厂的偏远地区，显然成本是巨大的。因此，假设传统货币边际发行成本随着全球发行量递增，满足：$r^c(\cdot) > 0, r^{c'}(\sum_i L_i^C) > 0, r^{c''}(\sum_i L_i^C) > 0$（二阶导保证极小值的存在，保证全球货币发行单位成本存在下界）。这意味着各国发行成本将不仅取决于本国货币发行量，还取决于全球货币发行总量。同时，假设其随发行量增长而不断增长的成本存在极小值 r^{cmin}（$r^{cmin} > 0$）。

不同于传统货币带来的损耗、物理运输成本等各类成本，数字货币体系的物理设施成本（比如网络、云计算、区块链、人工智能和大数据技术）已经作为数字经济时代的基础公共设施计入全社会沉没成本。那些原先认为专职服务于数字货币体系的基础设施最终发现可能用于通用设施而进一步降低成本，比如加密验证网络完全可以与保密通信线路共用，但显然传统货币设施（ATM、大型印钞设备和运钞车等设施）很难较为经济地开发出通用特性来降低成本。有学者甚至曾经设想，数字货币作为一种接近无成本的交易媒介逐步替代实物现金，其模型根据人类技术发展特点，将数字货币的成本函数设计为逐步趋于较低成本的特性（Bordo，Levin，2017）。因此，数字货币成本 r^D 的边际成本呈现递减特性，满足：$r^D(\cdot) > 0, r^{D'}(\sum_i L_i^D) < 0, r^{D''}(\sum_i L_i^D) > 0$（二阶导保证极小值的存在）。同时，假设其随发行量增长而不断下降的成本存在不为 0 的极小值 $r^{dmin}(r^{dmin} > 0)$。

假设博弈中存在一个名为"自然"的行为主体在全球范围统筹货币发行事宜，"自然"作为假想中的全球经济"中央计划者"，其选择的货币发行数量分别为 L_P、L_P^C、L_P^D。

一 货币体系中全部为传统货币的情形

当各国全部发行传统货币时，其货币发行量由国家 i 最大化其货币体系收益的行为决定：

$$V_i = L_i^C R^C - L_i^C * r^c$$

当各国货币选择量达到纳什均衡时，各国恰好满足一阶必要条件：

$$\frac{\partial V_i}{\partial L_i^C} = R^C - r^c - L_i^C \frac{\partial r^c}{\partial \sum_i L_i^C} \frac{\partial \sum_i L_i^C}{\partial L_i^C} = 0$$

$$\frac{\partial \sum_i L_i^C}{\partial L_i^C} = \frac{\partial (L_i^C + \sum_{j \neq i} L_j^C)}{\partial L_i^C} = 1$$

整理得到国家 i 的 FONC：

$$R^C = r^c + L_i^C r^{C'} \qquad (4-1)$$

由于国家同质，当各国都处于纳什均衡时，货币选择量为 L_i^{C*}，全球总货币量为 L^{C*}，则：

$$L^{C*} = n L_i^{C*}, \forall i = 1,2,\cdots,n$$

加总所有国家占优策略可以得到：

$$R^C = r^c(L^{C*}) + \frac{L^{C*}}{n} r^{C'}(L^{C*}) \qquad (4-2)$$

博弈中引入"自然"，假设自然作为全球经济的中央计划者，传统货币发行量为 L_P^C，其面对如下优化问题：

$$V = L_P^C R^C - L_P^C * r^c$$

当中央计划者收益最大时，恰好满足一阶必要条件：

$$\frac{\partial V}{\partial L_P^C} = R^C - r^c - L_P^C \frac{\partial r^c}{\partial L_P^C} = 0$$

整理得到均衡时传统货币发行量为 L_P^{C*}，满足如下条件：

$$R^C = r^c(L_P^{C*}) + L_P^{C*} r^{C'}(L_P^{C*})$$

$$r^c(L^{C*}) + \frac{L^{C*}}{n} r^{C'}(L^{C*}) = r^c(L_P^{C*}) + L_P^{C*} r^{C'}(L_P^{C*}) \qquad (4-3)$$

反证法，假设 $L^{C*} < L_P^{C*}$，由于 $r^{c'}(\cdot) > 0$，则 $r^c(L^{C*}) < r^c(L_P^{C*})$，因此需要证明：

$$\frac{L^{C*}}{n} r^{C'}(L^{C*}) > L_P^{C*} r^{C'}(L_P^{C*})$$

由于 $r_{(\cdot)}^{C'} > 0$，所以：

$$\frac{L^{C*}}{n} r^{C'}(L^{C*}) < L^{C*} r^{C'}(L^{C*}) < L_P^{C*} r^{C'}(L^{C*})$$

由于 $r^{c''}(\cdot) > 0$，因此 $L_P^{C*} r^{C'}(L^{C*}) < L_P^{C*} r^{C'}(L_P^{C*})$，则：

$$\frac{L^{C*}}{n} r^{C'}(L^{C*}) < L_P^{C*} r^{C'}(L_P^{C*})$$

原假设不成立，则 $L^{C*} > L_P^{C*}$。至此可以得出命题 4.1。

命题 4.1 当各国同时面临同样的传统货币发行收益和成本函数，各国均衡货币发行量之和大于全世界经济体最优发币数量。这意味着如果没有协调机制，各国有货币超发的倾向。

不难想象，当这些超发货币追求有限的商品就会导致通货膨胀，若追寻有限的投资品则又会导致投资过热。

二　货币体系中全部为数字货币的情形

当各国全部发行数字货币时，其货币发行量由国家 i 最大化其货币体系收益的行为决定：

$$V_i = L_i^D R^D - L_i^D * r^D$$

当各国货币选择量达到纳什均衡时，各国恰好满足一阶必要条件：

$$\frac{\partial V_i}{\partial L_i^D} = R^D - r^D - L_i^D \frac{\partial r^D}{\partial \sum_i L_i^D} \frac{\partial \sum_i L_i^D}{\partial L_i^D} = 0$$

$$\frac{\partial \sum_i L_i^D}{\partial L_i^D} = \frac{\partial (L_i^D + \sum_{j \neq i} L_j^D)}{\partial L_i^D} = 1$$

整理得到国家 i 的 FONC：

$$R^D = r^D + L_i^D r^{D'}$$

由于国家同质，当各国都处于纳什均衡时，货币选择量为 L_i^{D*}，全球总货币量为 L^{D*}，则：

$$L^{D*} = n L_i^{D*}, \forall i = 1, 2, \cdots, n$$

加总所有国家占优策略可以得到：

$$R^D = r^D(L^{D*}) + \frac{L^{D*}}{n} r^{D'}(L^{D*})$$

博弈中引入"自然"，假设自然作为全球经济的中央计划者，

数字货币发行量为 L_P^D,其面对如下优化问题:

$$V = L_P^D R^D - L_P^D * r^D$$

当中央计划者收益最大时,恰好满足一阶必要条件:

$$\frac{\partial V}{\partial L_P^D} = R^D - r^D - L_P^D \frac{\partial r^D}{\partial L_P^D} = 0$$

整理得到均衡时传统货币发行量为 L_P^{D*},满足如下条件:

$$R^D = r^D(L_P^{D*}) + L_P^{D*} r^{D'}(L_P^{D*})$$

$$r^D(L^{D*}) + \frac{L^{D*}}{n} r^{D'}(L^{D*}) = r^D(L_P^{D*}) + L_P^{D*} r^{D'}(L_P^{D*}) \quad (4-4)$$

分情况讨论,当 $L^{D*} > L_P^{D*}$,由于 $r^{D'}(\cdot) < 0$,则 $r^D(L^{D*}) < r^D(L_P^{D*})$,$r^{D'}(L^{D*}) > r^{D'}(L_P^{D*})$,因此:

$$\frac{L^{D*}}{n} r^{D'}(L^{D*}) > L_P^{D*} r^{D'}(L_P^{D*})$$

则 $\frac{L^{D*}}{n} > L_P^{D*} r^{D'}(L_P^{D*}) r^{D'}(L^{D*})$,$L^{D*} > n L_P^{D*} \frac{r^{D'}(L^{D*})}{r^{D'}(L_P^{D*})} > n L_P^{D*}$

为一个均衡条件,由于 n 为国家数目且往往很大,这意味着货币严重超发的局面看似是一个均衡条件,但在现实中不是一个可行解,因为各国无限超发迟早会将成本将固定在 r^{Dmin} 处,因此该均衡条件在现实中可以剔除。

当 $L^{D*} < L_P^{D*}$,由于 $r^{D''}(\cdot) > 0$,则 $r^D(L^{D*}) > r^D(L_P^{D*})$,$r^{D'}(L^{D*}) < r^{D'}(L_P^{D*})$。由于 $\frac{L^{D*}}{n} r^{D'}(L^{D*}) < L^{D*} r^{D'}(L^{D*}) < L_P^{D*} r^{D'}(L^{D*})$,可得 $\frac{L^{D*}}{n} r^{D'}(L^{D*}) < L_P^{D*} r^{D'}(L_P^{D*})$,此时可以同时使

$$R^D = r^D(L^{D*}) + \frac{L^{D*}}{n} r^{D'}(L^{D*}) = r^D(L_P^{D*}) + L_P^{D*} r^{D'}(L_P^{D*})$$,因此 $L^{D*} < L_P^{D*}$ 为一个均衡条件。

不难发现,前文暗示恶性通货膨胀也可能是其中一个均衡解。

该结论看似反直觉，但其背后的思想是深刻的。完全由数字货币主导的货币体系下，通缩和恶性通胀都有可能是其均衡解，这恰恰说明货币体系在任何时候都需要置于更多的约束条件下，放任货币体系自主运行的结果将会是通缩或恶性通胀。当然通过发行成本不可能无限趋近于 0 这个边界条件（其极小值是一个趋于 0 的正数 r^{dmin}），超级通胀均衡条件将在现实中大概率变得不可行，因此通胀均衡可以被剔除。至此可以得出命题 4.2。

命题 4.2　当各国同时面临同样的数字货币发行收益和成本函数，存在可行的均衡条件为各国均衡货币发行量之和小于全世界经济体最优发币数量。这意味着如果没有协调机制，各国有货币通缩的倾向。

三　数字货币和传统货币并存的情形

当各国同时发行传统货币和数字货币时，并且两种货币在承担交易媒介时为等价货币（根据设计，数字人民币也是法定货币，因此该假设是成立的），其货币发行量由国家 i 最大化其货币体系收益的行为决定：

$$V_i = L_i^C R^C - L_i^C * r^c + L_i^D R^D - L_i^D * r^D$$

当各国货币选择量达到纳什均衡时，各国恰好满足一阶必要条件：

$$R^C = r^c + L_i^C r^{c'}$$
$$R^D = r^D + L_i^D r^{D'}$$

加总所有国家占优策略可以得到：

$$R^C = r^c(L^{C*}) + \frac{L^{C*}}{n} r^{c'}(L^{C*})$$

$$R^D = r^D(L^{D*}) + \frac{L^{D*}}{n} r^{D'}(L^{D*})$$

博弈中引入"自然",假设自然作为全球经济的中央计划者,传统货币发行量为 L_P^C,数字货币发行量为 L_P^D,其面对如下优化问题:

$$V = L_P^C R^C - L_P^C * r^c + L_P^D R^D - L_P^D * r^D$$

当中央计划者收益最大时,恰好满足一阶必要条件:

$$\frac{\partial V}{\partial L_P^C} = R^C - r^c - L_P^C \frac{\partial r^c}{\partial L_P^C} = 0$$

$$\frac{\partial V}{\partial L_P^D} = R^D - r^D - L_P^D \frac{\partial r^D}{\partial L_P^D} = 0$$

整理得到均衡时传统货币发行量为 L_P^{D*},满足如下条件:

$$R^C = r^c(L_P^{C*}) + L_P^{C*} r^{c'}(L_P^{C*})$$

$$R^D = r^c(L_P^{D*}) + L_P^{D*} r^{D'}(L_P^{D*})$$

$$r^c(L^{C*}) + \frac{L^{C*}}{n} r^{C'}(L^{C*}) = r^c(L_P^{C*}) + L_P^{C*} r^{C'}(L_P^{C*}) \qquad (4-5)$$

$$r^D(L^{D*}) + \frac{L^{D*}}{n} r^{D'}(L^{D*}) = r^D(L_P^{D*}) + L_P^{D*} r^{D'}(L_P^{D*}) \qquad (4-6)$$

假设发行传统货币与加密货币的收益等同(生产结构没有变化的情况下,单位货币的边际产出应是稳定的),区别仅在发行成本上(实体货币面临更严重的折旧率问题),则 $R^C = R^D$。两种货币同时作为法币,二者本质是没有差异的,因此市场上合意的价格水平是由两类货币量之和决定,即:

$$L_P^{C*} + L_P^{D*}$$

根据前文的模型,$L^{C*} > L_P^{C*}$ 为传统货币均衡解,$L^{D*} < L_P^{D*}$ 为纯数字货币情形的可行均衡解。当二者同时发行时可以发现,在 $L^{C*} > L_P^{C*}$ 与 $L^{D*} < L_P^{D*}$ 成立的情形下,可以获得一个混合均衡解满足:

$$L^{C*} + L^{D*} = L_P^{C*} + L_P^{D*}$$

同时发行两种类型的货币有可能使得各国发行的货币总量等同于中央计划者统筹时的最优货币量，这意味着市场价格水平是全局稳定状态，市场价格水平达到最优水平。至此可以得出命题4.3。

命题4.3（兼顾局部与全局均衡之存在性）当各国同时发行数字货币和传统货币时，所有国家面临同样的货币发行收益和成本函数，存在这样一个均衡条件：各国发行的货币总量恰好等于全球协调时的最优货币量。数字货币和传统货币并存时，存在至少一组二者比率恰好使得局部价格均衡与全局价格均衡可以被兼顾，这些比率的集合本书称之为"合意比率"的集合 Ω。简而言之，传统货币与数字货币比率为 $f \in \Omega$ 时，存在一组 (L^{C*}、L^{D*}、L_P^{C*}、L_P^{D*}) 使得 $L^{C*} + L^{D*} = L_P^{C*} + L_P^{D*}$，此时局部均衡也是全局均衡。

命题4.3刻画了数字货币代替实物现金的最佳比重区间存在性相关的均衡条件，在最佳比重区间的任意比率都是合意比率，在这种合意比率下，数字货币体系将具有某种同时稳定局部和全局价格水平的功能。

第四节　若干结论

通过对博弈论模型的分析，本章可以得出如下结论。

第一，在仅仅发行实物现金的传统货币体系下，各国确实具有超发货币的趋势，过多的货币追逐固定数量的商品意味着各国价格水平在全球最优价格水平之上，各国价格水平具有通胀趋势。

第二，当数字货币体系中交易媒介全部为数字货币时，由于数字货币边际发行成本递减的特性，存在两个均衡解，其中一个可行的均衡解下各国有紧缩货币发行的倾向，这将使得各国价格水平处于全球最优价格水平之下；同时，由于另一个均衡解暗示了单个国家发行超过全球最优货币发行量的恶性通胀局面,因而在现实中实现的可能性微乎其微。

第三,当数字货币体系下传统货币与央行数字货币并行存在时,二者之间存在一个合意的比重区间使得局部与全局同时稳定的价格水平达成(兼顾局部与全局均衡的数字货币体系是可能的)。此时,传统货币与央行数字货币的比重恰好使得各国货币量加总后是全球最优货币量。当全球产出没有根本变化时,此时价格水平是稳定的,各国最优价格水平与全球价格水平达成一致,这种混合货币体系足以支撑各国货币履行"国际货币"职能。均衡解的存在性证明,从局部与全局价格水平层面使得货币体系"反脆弱性"在理论上成为可能。数字货币体系的自洽性体现在,局部价格水平均衡与全局价格水平均衡的一致是存在的。

通过上述结论,可以得出如下三点政策建议。

第一,数字货币边际发行成本递减的特性,有助于弥补纸质货币无法稳定局部与全局价格水平的特性,二者互补的情形更加有助于履行国际支付媒介的职能。基于此,各国央行无论是否为国际货币的托管方,都不应该忽视数字货币体系相对于传统货币体系的独特优势。

第二,数字货币无法单方面稳定局部与全局价格水平,因此现有理论框架下数字货币的比较优势尚不足以完全替代实物现金:哪怕在数字货币体系下,实物现金的存续也是极其必要的。

第三,CBDC与实物现金共同履行M0职能的数字货币体系下,各国货币当局可以更好地统筹局部与全局价格水平稳定。混合的数字货币体系可以使各国货币当局具有更好的协调能力,统筹局部和全局价格均衡:各国货币当局稳定自身价格的同时有可能兼顾全球价格水平。央行数字货币对数字货币体系中稳定国际国内价格水平的功效至关重要,全球货币当局应果断推出央行数字货币,混合数字货币体系有望提高全球货币治理水平，中国货币当局应积极地应对未来全球货币体系的可能变化。央行数字货币充当国际货币融入现有货币体系，具有天然的优势。在国际支付媒介选择上，只要本国数字货币价格水平的稳定性是可预期的，本国数字货币就更容易在全球央行数字货币的货币竞争中脱颖而出。

第 五 章

数字货币体系下的货币需求

本章将探讨在数字货币体系下是否存在最优的货币需求，这种最优货币需求下央行数字货币的设计需要具备怎样的特性才能做到"包容性"与"开放性"的统一：包容性让数字货币体系得以无缝衔接传统货币体系，对固有体系不构成冲击；开放性使得央行数字货币能面向未来的技术场景保持足够的扩展性，以支持新的经济关系和应用场景。基于上述分析，央行数字货币性质在货币需求层面的探讨是构建"反脆弱性"数字货币体系的关键一环。从第四章的分析中可以发现，兼顾局部与全局价格平衡的货币体系是可能的。换个角度来看，一个国家将国内与国外市场作为两个市场分别考虑产生的 M0 数量，是有可能等价于将国内国外市场统筹考虑产生的 M0 数量。总体而言，兼顾局部与全局价格水平的 CBDC 与现金纸币的比重可以视作二者合意比率，此时的 M0 数量将等价于一个假想的"中央计划者"优化出的货币数量。以构建稳健数字货币体系为目标，本章探讨货币三大动机（交易、投机与预防动机）主导的货币需求。

第一节 引言

货币需求问题一直是经济学中的重要议题，货币需求包括交易性需求、投机性需求和预防性需求（Keynes，1936）。就交易性需求而言，William Baumol 和 James Tobin 分别发展了 Maurice Allais 在1947 年的工作，从存货角度研究纸币最优保有量的模型，后来该模型被称为 Baumol-Tobin 模型（Allais，1947；Baumol，1952；Tobin，1956）。模型中考虑了纸币的取出成本，获得了纸币保有量与利率之间的关系，最优纸币持有量公式堪称存货理论的奠基性工作。就投机性货币需求而言，凯恩斯经济学一贯强调流动性偏好，后续学者将凯恩斯的这一思想倾向最终模型化（Tobin，1958；Hicks，1962）。

交易性需求和投机性需求都是可预计的支出流，但经济生活中还有一类无法预计的支出需要货币的介入，被称为预防性货币需求。在研究了出于预防需求的最优纸币保有量后（Whalen，1966），有学者继续将 Baumol-Tobin 模型扩展到一般均衡框架下并很好地刻画了纸币的交易需求（Romer，1986）。研究聚焦于"在不确定支付流下，以现金平衡为目标"时最优货币持有量的动态调整过程，给出了短期的货币需求概率函数（Milbourne et al.，1983）。借鉴上述假设，最终有学者将 Baumol-Tobin 模型扩展到动态情形，给出了货币动态需求函数（Smith，1986）。

第二节　交易性需求

一　简单模型：交易性需求

假设第 i 个消费者的货币持有量为 M_i^T，其中传统货币持有量为 L_i^c，数字货币持有量为 L_i^d；假设货币需求为 L_i。Baumol-Tobin 模型定义如下等式：

$$M_i^T = L_i^c + L_i^d + D_i$$

假设每一期期初消费者收入流为 W_i，同时收入流以存款形式存入银行会有存款回报率 r；假设数字货币有一个或正或负的回报率 r^d，为了应对支付需求，消费者需要酌情将存款转为有现金支付职能的凭证，可以是实物货币也可以是数字货币；假设消费者每次都以固定比重取出两种货币，因此就伴随着固定的成本，分别为 τ^c 和 τ^d；假设现金与数字货币间有一个转换成本 τ^{dc}，同时期末其收入流恰好耗尽，从期初财富到期末支付完成财富耗尽构成一个完整的支付周期。假设市场中消费者都是同质的，总货币持有量由单个消费者加总而来，后文将分析市场中代表性主体的行为选择。社会总货币需求可写作：$M^T = L^c + L^d + D$。假设时间跨度 $T = 1$，则平均财富可以写成：

$$\overline{W} = \int_0^T W \frac{T-t}{T} dt = \frac{W}{2}$$

第四章命题4.3证明数字货币和传统货币并存时，存在至少一组二者比率恰好使得局部价格均衡与全局价格均衡被兼顾。这些比率的集合，本书称之为"合意比率"的集合 Ω。传统货币与数字货币至少存在一个适当的比率 $f \in \Omega$，使得货币体系既能维持内部价格稳定又能维持整体价格稳定，本书假设消费者每一次取出的数字货币与传统货币的比值恰好符合宏观货币体系中的两种币种的比率。假设消费者在当期需要以"平均存款"的形式获取收入流来应对当期支出，那么消费者就面临最优货币持有量的决策问题。取出的纸币和数字货币之间要满足无套利条件，即"存款转纸币，存款转数字货币，存款转其他两种资产"，这三种取款策略的最大化效用是等价的，即消费者优化行为后其最优效用是等价的。

（一）货币体系中全部为传统货币的情形

当货币体系中全是纸币时，假设消费者取款次数为 m，期初财富为 W，期末财富归零，则均匀支出的情形下平均财富 $\overline{W}$ 为：

$$\overline{W} = \int_0^T W\frac{T-t}{T}dt = \frac{W}{2}$$

类似的平均货币持有数量 $\overline{L^c}$：

$$\overline{L^c} = \overline{W}/m = \frac{W}{2m}$$

则平均存款持有量 $\overline{D}$ 为：

$$\overline{D} = \frac{W}{2} - \frac{W}{2m}$$

消费者最大化其效用目标，其优化问题：

$$\pi_1 = \underset{m}{\text{Max}}\{\overline{D}r - m\tau^c\} \tag{5-1}$$

对效用函数相对 m 使用一阶必要条件：

$$\frac{\partial \pi_1}{\partial m} = \frac{Wr}{2m^2} - \tau^c = 0 \tag{5-2}$$

最优取款次数 $m^* = \sqrt{\dfrac{Wr}{2\tau^c}}$，相应的最优货币平均持有量 $\overline{L^{c*}} = \sqrt{\dfrac{\tau^c W}{2r}}$，因此每一次提取的最优货币量 $L^{c*} = \sqrt{\dfrac{2\tau^c W}{r}}$，此时消费者效用 $\pi_1^* = \dfrac{Wr}{2} - \sqrt{2\tau^c Wr}$。

（二）货币体系中全部为数字货币的情形

当货币体系中全是数字货币时，假设消费者取款次数为 n，期初财富为 W，期末财富归零，均匀支出的情形下平均财富 $\overline{W}$ 为：

$$\overline{W} = \int_0^T W\frac{T-t}{T}dt = \frac{W}{2}$$

类似的平均货币持有数量 $\overline{L^d}$ 为：

$$\overline{L^d} = \overline{W}/n = \frac{W}{2n}$$

则平均存款持有量 $\overline{D}$ 为：

$$\overline{D} = \frac{W}{2} - \frac{W}{2n} = \frac{(n-1)W}{2n}$$

消费者最大化其效用目标，其优化问题：

$$\pi_2 = \underset{n}{\text{Max}} \{ \overline{D}r + \overline{L^d} r^d - n\tau^d \} \quad (5-3)$$

效用函数相对 n 使用一阶必要条件：

$$\frac{\partial \pi_2}{\partial n} = \frac{W(r - r^d)}{2n^2} - \tau^d = 0 \quad (5-4)$$

最优取款次数 $n^* = \sqrt{\dfrac{W(r - r^d)}{2\tau^d}}$，相应的最优货币平均持有量

$\overline{L^{d*}} = \sqrt{\dfrac{\tau^d W}{2(r - r^d)}}$，因此每一次提取的数字货币最优货币量 $L^{d*} = \sqrt{\dfrac{2\tau^d W}{r - r^d}}$，此时消费者效用 $\pi_2^* = \dfrac{Wr}{2} - \sqrt{2\tau^d W(r - r^d)}$。

数字货币体系的构建中必须要考虑边界条件时数字货币所具有的特征，下面考虑三种特殊情形。

第一，央行数字货币零付息（比如数字人民币设计之初，要求其为不计息的现金支付凭证）。零付息对应 $r^d \to 0$ 的情形，此时数字货币最优取款次数 $\underset{r^d \to 0}{\lim} n^* = \sqrt{\dfrac{Wr}{2\tau^d}}$，类似于传统货币形式。

第二，央行数字货币付息率与存款利息率相同。央行数字货币作为公众在央行的直接存款，如果数字货币利息率直接等同于存款利率，即 $r^d \to r$，此时消费者效用函数 $\pi_2 = \dfrac{Wr}{2} - n\tau^d$，取款次数与消费者效用函数完全是线性负相关的，考虑到必须应对支付需求的设定，此时最优取款次数 $n^* = 1$。

第三，央行数字货币取款成本为零。此时消费者效用 $\pi_2 = \dfrac{Wr}{2} + \dfrac{W}{2n}(r^d - r)$，最大化效用函数，对于 n 使用一阶必要条件：

$$\frac{\partial \pi_2}{\partial n} = \frac{W(r-r^d)}{2n^2} = 0$$

当 $r^d > r$ 时，显然取款次数越大效用越小，因此为应对支出要求最优取款次数为 1 次。

当 $r^d = r$ 时，消费者效用为一个常数 $\frac{Wr}{2}$，取款次数与效用函数无关，任意次数都是可行的。

当 $r^d < r$ 时，显然取款次数越大效用越大，因此最优取款次数 $n^* \to \infty$，此时消费者效用趋于 $\frac{Wr}{2}$。这意味着虽然央行数字货币利息不如存款利息，但消费者可以通过每一次提取尽可能少的央行数字货币达到最大化效用的目的。随着取款次数趋近于无穷，最优数字货币存量也趋于零。

(三) 货币体系中数字货币和传统货币并存的情形

第四章证明数字货币和传统货币并存时，存在至少一组二者比率恰好使得局部价格均衡与全局价格均衡被兼顾，这些比率的集合，本书称之为"合意比率"的集合 Ω。考虑到本书消费者为代表性主体，由于市场上满足支付需求的两种货币恰好处于兼顾均衡的比率中，本书假设消费者每次取款时恰好以一组兼顾局部与全局均衡的比率分别提取传统货币和数字货币，这种比率的提取方式使得消费者能够较为从容地匹配市场上的支付场景。假设最终存款数字货币总的提取数额与传统货币总数额之比为 f，这意味着在每一个支付周期，财富最终以两种不同的货币形式完成支付需求，两种货币支付需求的总量比值为"合意比率"集合的真子集，即 $f \in \Omega$。

当货币体系中数字货币与纸币并存时，由于期初财富为 W、期末财富归零，这些财富将由 $\frac{f}{1+f}W$ 最终转化为数字货币形式以行使支付职能，有 $\frac{1}{1+f}W$ 最终转化为传统货币形式以行使支付职能。均匀支出的情形下，平均财富 $\overline{W}$ 为：

$$\overline{W} = \int_0^T W\frac{T-t}{T}dt = \frac{W}{2}$$

其中，假设消费者数字货币取款次数为 n，类似的平均货币持有数量 $\overline{L^d}$ 为：

$$\overline{L^d} = \frac{f}{1+f}\overline{W}/n = \frac{f}{1+f}\frac{W}{2n}$$

假设消费者数字货币取款次数为 m，平均货币持有数量 $\overline{L^c}$ 为：

$$\overline{L^c} = \frac{1}{1+f}\overline{W}/m = \frac{1}{1+f}\frac{W}{2m}$$

则平均存款持有量 $\overline{D}$ 为：

$$\overline{D} = \frac{W}{2} - \frac{f}{1+f}\frac{W}{2n} - \frac{1}{1+f}\frac{W}{2m}$$

消费者最大化其效用目标，其优化问题为：

$$\pi_3 = \underset{n,m}{Max}\left\{\left(\frac{W}{2} - \frac{f}{1+f}\frac{W}{2n} - \frac{1}{1+f}\frac{W}{2m}\right)r + \frac{f}{1+f}\frac{W}{2n}r^d - n\tau^d - m\tau^c\right\}$$

$$(5-5)$$

效用函数分别相对 n、m 使用一阶必要条件：

$$\frac{\partial \pi_3}{\partial n} = \frac{f}{1+f}\frac{W(r-r^d)}{2n^2} - \tau^d = 0 \qquad (5-6)$$

$$\frac{\partial \pi_3}{\partial m} = \frac{1}{1+f}\frac{Wr}{2n^2} - \tau^c = 0 \qquad (5-7)$$

则数字货币最优取款次数 $n^* = \sqrt{\frac{f}{1+f}\frac{W(r-r^d)}{2\tau^d}}$，传统货币的最优取款次数 $m^* = \sqrt{\frac{1}{1+f}\frac{Wr}{2\tau^c}}$，相应的数字货币最优平均持有量

$\overline{L^{d*}} = \sqrt{\dfrac{f}{1+f}\dfrac{\tau^d W}{2(r-r^d)}}$,因此每一次提取的最优数字货币量 $L^{d*} = \sqrt{\dfrac{f}{1+f}\dfrac{2\tau^d W}{r-r^d}}$,传统货币的最优平均持有量 $\overline{L^{c*}} = \sqrt{\dfrac{1}{1+f}\dfrac{\tau^c W}{2r}}$,因此每一次提取的最优传统货币量 $L^{c*} = \sqrt{\dfrac{1}{1+f}\dfrac{2\tau^c W}{r}}$,此时消费者效用 $\pi_3^* = \dfrac{Wr}{2} - \sqrt{\dfrac{2}{1+f}\tau^c Wr} - \sqrt{\dfrac{2f}{1+f}\tau^d W(r-r^d)}$。数字货币体系下的货币最优存货模型显示,"数字货币的平均存货数量"随着"存款利率与数字货币利间的利差"($r-r^d$)的扩大而减小,"数字货币的平均存货数量"随着"数字货币比重"的增加而增加。数字货币体系中需要满足局部与全局同时均衡的 f 越大,消费者越有动力保有更多的数字货币存货;同时,单位的数字货币提取成本越高,数字货币存货需求越高。

综上,得到三种情形下的流动性货币需求如表 5-1 所示。

表 5-1　　最优存货理论下的交易性需求

	全部传统货币	全部数字货币	数字货币和传统货币并存
最优传统货币平均持有量	$\overline{L^{c*}} = \sqrt{\dfrac{\tau^c W}{2r}}$	—	$\overline{L^{c*}} = \sqrt{\dfrac{1}{1+f}\dfrac{\tau^c W}{2r}}$
最优数字货币平均持有量	—	$\overline{L^{d*}} = \sqrt{\dfrac{\tau^d W}{2(r-r^d)}}$	$\overline{L^{d*}} = \sqrt{\dfrac{f}{1+f}\dfrac{\tau^d W}{2(r-r^d)}}$
最优效用	$\pi_1^* = \dfrac{Wr}{2} - \sqrt{2\tau^c Wr}$	$\pi_2^* = \dfrac{Wr}{2} - \sqrt{2\tau^d W(r-r^d)}$	$\pi_3^* = \dfrac{Wr}{2} - \sqrt{\dfrac{2}{1+f}\tau^c Wr} - \sqrt{\dfrac{2f}{1+f}\tau^d W(r-r^d)}$

(四) 货币体系反脆弱条件：简单形式

数字货币体系要顺利承袭传统货币体系，意味着消费者无论是纯粹提取数字货币，还是混合提取两种法定现金支付凭证，其最大化后的目标利润都应该与纯粹的传统货币情形下一致，唯有如此才能保证传统货币体系向数字货币的顺利过渡。预先尝试的消费者也许在某个特定的场景下支付会变得便利，但总的来看，其先发优势将是较为平凡的，先发优势不足以改变目标函数的极值情形，这样后发群体的福利受货币体系改变的影响才会足够小。预期利润无差别，数字货币体系避免"先发套利"，这不仅是货币体系本身反脆弱的需要，对数字货币消除数字鸿沟也是极为必要的。数字货币的引入扩展了传统货币体系下普通人的支付便利性（比如数字资产的买卖、数字经济的参与度以及消除数字鸿沟的可能），但这种扩展性是增量性质的，数字货币体系本身在传统货币发挥作用的应用场景下二者应当是等价的。

基于前文的分析，数字货币体系下的反脆弱条件第一条，笔者定义为"无先发套利条件"，即：

$$\pi_3^* = \pi_1^*$$

$$\frac{Wr}{2} - \sqrt{\frac{2}{1+f}\tau^c Wr} - \sqrt{\frac{2f}{1+f}\tau^d W(r-r^d)} = \frac{Wr}{2} - \sqrt{2\tau^c Wr}$$

最终可以得到数字货币体系下的"无先发套利"条件：

$$\frac{r^d}{r} = 1 - \frac{(\sqrt{1+f}-1)^2 \tau^c}{f\tau^d} \qquad (5-8)$$

"无先发套利"条件显示，数字货币提取手续费越低，需要数字货币赋予更高的利息收益才能满足，数字货币体系下的传统提款策略与传统货币体系下的最优利润是等价的。

当 $\dfrac{r^d}{r} < 1 - \dfrac{(\sqrt{1+f}-1)^2 \tau^c}{f\tau^d}$ 时，数字货币体系下混合提取数

字货币和传统货币的策略将使得,最优化后的消费者利润目标小于传统货币体系下的提取策略,消费者的理性选择显然是完全保有纸币。

当 $\dfrac{r^d}{r} > 1 - \dfrac{\left(\sqrt{1+f}-1\right)^2 \tau^c}{f\tau^d}$ 时,消费者倾向于在数字货币体系中混合持有数字货币和传统货币以充当现金使用。

命题5.1 (货币交易需求"无先发套利条件") 数字货币和传统货币并存时,命题4.3证明存在至少一组二者比率恰好使得局部价格均衡与全局价格均衡被兼顾,这些比率的集合,本书称之为"合意比率"的集合 Ω。出于数字货币体系反脆弱性考虑,当数字货币引入货币体系后,在简单模型形式下,当数字货币与传统货币比率 f 处于稳定局部与全局价格水平均衡的合意比例区间($f \in \Omega$),假设数字货币有一个或正或负的回报率 r^d,存入银行会有存款利率为 r,假设消费者每次取出两种货币,其对应的固定成本分别为 τ^c 和 τ^d,最终两种货币的取出比重达到合意比率 f。为保证货币体系中消费者兑换数字货币无先发优势,可以得到数字货币体系下的"无先发套利"条件:

$$\dfrac{r^d}{r} = 1 - \dfrac{\left(\sqrt{1+f}-1\right)^2 \tau^c}{f\tau^d}$$

二 复杂模型:交易性需求

(一) 取款策略一:传统货币转数字货币

考虑到传统货币与数字货币互相转换时会有一定的成本,同时由于现实场景下支付需求的复杂性,多元支付形式下,无论是数字货币还是传统货币,皆各擅胜场,因此支出的顺序将产生不同的取款策略。假设消费者将存款先转换成传统货币,然后依据使用场景,将手中的传统货币又转换成数字货币。假设消费者已经取得传统货币最优存货数量，然后根据支付需求将手中的传统货币有序地换成数字货币并承担转换成本。传统货币兑换数字货币的成本函数 C^{cd} 既可以是从量的（按照兑换量），也可以是固定的（按照兑换次数），抑或是从价的（涉及外汇牌价），或者是三种形式的任意组合。当我们不考虑国际支付问题时，传统货币转换为数字货币的成本函数表示为 $C^{cd}(\overline{L^d}, n)$，即转换成本与平均数字化货币的兑换数量 $\overline{L^d}$ 和数字货币兑换的次数 n 有关。假设将成本函数的具体形式设置为 $C^{cd}(\overline{L^d}, n) = a_1 \overline{L^d} + b_1 n$ 的线性形式，其成本函数则由从量的手续费与每次的固定手续费两部分组成。当然转换成本函数具体形式也可以设计成非线性的方式，但无论如何，转换成本函数需要体现一定的普遍原则。

$$\frac{\partial C^{cd}}{\partial n} = -a_1 \left(\frac{f}{1+f} \frac{W}{2mn^2} \right) + b_1$$

此时消费者面临如下优化目标：

$$\pi_4 = \underset{n,m}{\text{Max}} \left(\frac{W}{2} - \frac{W}{2m} \right) r - m\tau^c + \frac{f}{1+f} \frac{W}{2mn} r^d - C^{cd}(\overline{L^d}, n) \quad (5-9)$$

$$\text{s. t. } m > 0, n > 0$$

其中，$\overline{L^d} = \dfrac{f}{1+f} \dfrac{W}{2mn}$。

对利润函数使用一阶条件：

$$\frac{\partial \pi_4}{\partial m} = \frac{Wr}{2m^2} - \frac{f}{1+f} \frac{Wr^d}{2nm^2} - \tau^c = 0 \quad (5-10)$$

$$\frac{\partial \pi_4}{\partial n} = \frac{f}{1+f} \frac{W(-r^d)}{2mn^2} - \frac{\partial C^{cd}}{\partial n} = 0 \quad (5-11)$$

由上述边际条件可知，$\dfrac{\partial C^{cd}}{\partial n} < 0$，这意味着当传统货币转换成数字货币的成本函数具体形式设置为 $C^{cd}(\overline{L^d}, n) = a\overline{L^d} + bn$ 的线性形式时：

$$\frac{\partial C^{cd}}{\partial n} = -a\left(\frac{f}{1+f}\frac{W}{2mn^2}\right) + b < 0 \qquad (5-12)$$

边际成本从量部分的绝对值大于单次固定手续部分，即 $|-a\left(\frac{f}{1+f}\frac{W}{2mn^2}\right)| > b$，这意味着线性转换成本函数从量部分需要满足条件：$a\left(\frac{f}{1+f}\frac{W}{2mn^2}\right) > b$。

求解上述边际条件可以得到：

$$m^4 - \frac{Wr}{\tau^c} m^2 - \left(\left(\frac{f}{1+f}Wr^d\right)^2\right)\frac{1}{4K(\tau^c)^2}m + \frac{(Wr)^2}{4(\tau^c)^2} = 0 \quad (5-13)$$

其中，$K = \dfrac{-\frac{f}{1+f}Wr^d}{2\frac{\partial C^{cd}}{\partial n}}$，求解式（5-13）获得大于 0 的解集合 m^{*s}，相应地求出大于 0 的解的集合 $n^{*s} = \sqrt{\dfrac{f}{1+f}\dfrac{Wr^d}{2\frac{\partial C^{cd}}{\partial n}m^{*s}}}$，通过任意一组大于 0 的 (m^{*s}, n^{*s})，可以获得消费者效用最大化期望值 π_4^*。

（二）取款策略二：数字货币转传统货币

假设消费者将存款先转换成数字货币，然后依据使用场景，将手中的数字货币又转换成传统货币。假设消费者已经取得数字货币最优存货数量，然后根据支付需求将手中的数字货币有序地换成传统货币并承担转换成本。数字货币兑换传统货币的成本函数 C^{dc}，既可以是从量的（按照兑换量），也可以是固定的（按照兑换次数），抑或是从价的（涉及外汇牌价），或者是三种形式的任意组合。当我们不考虑国际支付问题时，数字货币转换为纸币的成本函数表示为 $C^{dc}(\overline{L^c}, m)$，即转换成本与平均传统货币的兑换数量 $\overline{L^c}$ 和传统货币兑换的次数 m 有关。假设将成本函数设置为 $C^{dc}(\overline{L^c}, m) =$

$a_2 \overline{L^c} + b_2 m$ 的线性形式,其成本函数由从量的手续费与每次的固定手续费两部分组成。当然转换成本函数也可以是非线性的方式,但无论如何,转换成本函数都需要体现一定的普遍原则。数字货币与传统货币成本函数的设定体现了不同的数字货币设计理念,因此 $C^{dc}(\overline{L^c}, m)$ 与 $C^{cd}(\overline{L^d}, n)$ 的性质把握是数字货币体系设计中一个重要的中心议题,后文将逐步探讨。

由于 $\overline{L^c} = \frac{1}{1+f} \frac{W}{2mn}$,则:

$$\frac{\partial C^{dc}}{\partial m} = -a_2 \left(\frac{1}{1+f} \frac{W}{2nm^2}\right) + b_2$$

$$\frac{\partial C^{dc}}{\partial n} = -a_2 \left(\frac{1}{1+f} \frac{W}{2mn^2}\right)$$

此时消费者面临如下优化目标:

$$\pi_5 = \underset{n,m}{\text{Max}} \left(\frac{W}{2} - \frac{W}{2n}\right) r - n \tau^d + \frac{f}{1+f} \frac{W}{2mn} r^d - C^{dc}(\overline{L^c}, m) \tag{5-14}$$

s.t.:$m > 0, n > 0$

其中,$\overline{L^c} = \frac{1}{1+f} \frac{W}{2mn}$。

对利润函数使用一阶条件:

$$\frac{\partial \pi_5}{\partial m} = \frac{f}{1+f} \frac{W(-r^d)}{2nm^2} - \frac{\partial C^{dc}}{\partial m} = 0 \tag{5-15}$$

$$\frac{\partial \pi_5}{\partial n} = \frac{Wr}{2n^2} - \frac{f}{1+f} \frac{Wr^d}{2mn^2} - \tau^d - \frac{\partial C^{dc}}{\partial n} = 0 \tag{5-16}$$

由上述边际条件可知,$\frac{\partial C^{dc}}{\partial m} < 0$,这意味着当数字货币转换成传统货币的成本函数设置为 $C^{dc}(\overline{L^c}, m) = a_2 \overline{L^c} + b_2 m$ 的线性形式时:

$$\frac{\partial C^{dc}}{\partial m} = -a_2 \left(\frac{1}{1+f} \frac{W}{2nm^2}\right) + b_2 < 0 \tag{5-17}$$

边际成本从量部分的绝对值大于单次的固定手续部分，即 $|-a_2\left(\frac{1}{1+f}\frac{W}{2nm^2}\right)| > b_2$，这意味着线性转换成本函数从量部分需要满足条件：$a_2\left(\frac{1}{1+f}\frac{W}{2nm^2}\right) > b_2$。当数字货币转换成传统货币成本转换函数为包括非线性形式的一般形式时，成本函数需要满足边际转换成本随着取款次数的增加而变小，即 $\frac{C^{dc}}{\partial m} < 0$。

求解上述边际条件可以得到：

$$m^4 - \left(\frac{a_2}{(1+f)r} - \frac{fr^d}{(1+f)r}\right)m^3 - \frac{\tau^d\left(\frac{a_2}{(1+f)r} - \frac{fr^d}{(1+f)r}\right)^2}{2r(b_2)^2} = 0 \quad (5-18)$$

令 $-\left(\frac{a_2}{(1+f)r} - \frac{fr^d}{(1+f)r}\right) = E$，$-\frac{\tau^d\left(\frac{a_2}{(1+f)r} - \frac{fr^d}{(1+f)r}\right)^2}{2r(b_2)^2} = F$，式（5-18）有解的条件为：

$$27E^4F^2 - 256F^3 > 0$$

求解式（5-18）获得大于 0 的解集合 m^{*s}，相应地求出大于 0 的解的集合 $n^{*s} = \sqrt{\frac{1}{1+f}\frac{a_2W - fWr^d}{2b_2(m^{*s})^2}}$，通过任意一组大于 0 的 (m^{*s}, n^{*s})，可以获得消费者效用最大化期望值 $\pi_5^*(m^{*s}, n^{*s})$。

（三）货币体系反脆弱条件：复杂形式

在数字货币体系下，个体基于优化目标的取款策略应该是等价的，消费者不应该因为不同的取款策略而产生本质差异的最大化利润，即 $\pi_4^*(m^{*l}, n^{*l}) = \pi_5^*(m^{*s}, n^{*s})$，因此成本函数需要围绕这个目标展开设计。上述条件，本书称为取款策略无套利条件。只有数字货币体系中的市场主体的利润函数最大化目标不敏感于取款策略，所有的法币才能够发挥充当市场一般等价物的传统职能，针对不同取款策略的"无套利原则"应该是构建稳健的数字货币体系的一块重要基石。国际清算银行（BIS）联合七国中央银行发布的报告《中央银行数字货币：基本原理和核心特征》（"Central Bank Digital Currencies: Foundational Principles and Core Features"）指出，CBDC要致力于向公众无差别提供无风险的央行货币以保证公众对货币的信心。

观察 $\pi_4^*(m^{*l}, n^{*l}) = \left(\dfrac{W}{2} - \dfrac{W}{2m^{*l}}\right)r - m^{*l}\tau^c + \dfrac{f}{1+f}\dfrac{W}{2m^{*l}n^{*l}}r^d - C^{cd}\left(\dfrac{f}{1+f}\dfrac{W}{2m^{*l}n^{*l}}, n^{*l}\right)$，传统货币转数字货币最优利润是期初财富 W、存款收益 r、最优货币比率 f、数字货币本息收益 r^d 的增函数，同时随着转换次数 n^{*l} 的增加，利润函数也越大，因此数字货币体系下鼓励数额较小的多次提取。这意味着数字货币体系需要很高的结算效率，对整个金融体系基础设施提出较高要求。数字货币体系下传统货币与数字货币转换的高效率固然要求金融设施具有高性能、高稳定性和低成本特性，同时也意味着数字货币体系下大额货币转换是不经济的，天然具有了抗挤兑的特性。

由 $\pi_4^*(m^{*l}, n^{*l}) = \pi_5^*(m^{*s}, n^{*s})$，可以得到：

$$\left(\dfrac{W}{2m^{*l}}\right)r - m^{*l}\tau^c + \dfrac{f}{1+f}\dfrac{W}{2m^{*l}n^{*l}}r^d - C^{cd}\left(\dfrac{f}{1+f}\dfrac{W}{2m^{*l}n^{*l}}, n^{*l}\right)$$

$$= \left(\dfrac{W}{2n^{*s}}\right)r - n^{*s}\tau^d + \dfrac{f}{1+f}\dfrac{W}{2m^{*s}n^{*s}}r^d$$

$$- C^{dc}\left(\dfrac{1}{1+f}\dfrac{W}{2m^{*s}n^{*s}}, m^{*s}\right)$$

当 $C^{cd}(\cdot)$ 与 $C^{dc}(\cdot)$ 都为线性形式时，其中 m^{*l}、n^{*l}、m^{*s}、n^{*s} 分别为两个一元四次方程的解。不难看出，哪怕在简单的成本函数形式下，无套利条件也是较为复杂的。单纯从数字货币体系反脆弱的条件出发，要满足转换成本条件 $\frac{\partial C^{dc}}{\partial n}<0, \frac{\partial C^{dc}}{\partial m}<0$，随着提取次数增加成本变小以及两种形式法定货币最优比率 f 等条件，在数字货币币值设计时就要考虑与该条件的协同。

货币当局在货币机制设计时仍然需要遵循一定的原则，"经济性"与"指导性"就是两条很好的数字货币体系设计原则："经济性"意味着货币当局设计时要充分考虑到未来货币流通中一系列衍生的管理成本，比如货币相关信息获取成本、货币政策实施成本和货币政策效果评估成本；"指导性"，顾名思义，指示和引导，意味着要尽可能迅速地将大部分市场主体导引到适应数字货币体系的经济行为中，所有人通过足够的数字货币相关公共服务供给（比如数字货币相关信息的及时披露、对数字货币法规的立法程序是主动的、数字货币相关的公共服务供给是主动的和饱和的），应该能够较为"积极的"高效进入数字货币体系的经济生活中（不需要市场主体使用额外硬件和学习成本，数字货币相关的使用指南是默认推送给每一个市场主体的），同时传统货币体系与数字货币体系的切换最好是自然的，全程最好不需要额外信息处理能力的介入。

命题 5.2 （考虑转换成本交易需求"无套利条件"）数字货币和传统货币并存时，命题 4.3 证明存在至少一组二者比率恰好使得局部价格均衡与全局价格均衡被兼顾，这些比率的集合，本书称之为"合意比率"的集合 Ω。假设数字货币与传统货币处于一个满足局部均衡与全局均衡价格水平的合意比率下（$f \in \Omega$）、央行数字货币可计利息，出于数字货币体系反脆弱性考虑，当数字货币引入货币体系后，在考虑转换成本的前提下，当数字货币与传统货币处于合意比例区间，为保证货币体系中消费者兑换形式不影响最优效用，可以得到如下无套利条件：

$$\pi_4^*(m^{*l}, n^{*l}) = \pi_5^*(m^{*s}, n^{*s})$$

$$\left(\frac{W}{2m^{*l}}\right)r - m^{*l}\tau^c + \frac{f}{1+f}\frac{W}{2m^{*l}n^{*l}}r^d - C^{cd}\left(\frac{f}{1+f}\frac{W}{2m^{*l}n^{*l}}, n^{*l}\right)$$

$$= \left(\frac{W}{2n^{*s}}\right)r - n^{*s}\tau^d + \frac{f}{1+f}\frac{W}{2m^{*s}n^{*s}}r^d$$

$$- C^{dc}\left(\frac{1}{1+f}\frac{W}{2m^{*s}n^{*s}}, m^{*s}\right)$$

当 $C^{cd}(\cdot)$ 与 $C^{dc}(\cdot)$ 都为线性形式时，其中 m^{*l}、n^{*l}、m^{*s}、n^{*s} 分别为两个一元四次方程的解。不难看出，哪怕在简单的成本函数形式下，无套利条件也是较为复杂的。此时转换成本条件：$\frac{\partial C^{dc}}{\partial n} < 0$，$\frac{\partial C^{dc}}{\partial m} < 0$，转换成本随着提取次数增加而变小。

考虑到日常使用中，很多普通人是很难感知到数字货币体系下转换成本条件的，因此容易造成不必要的社会经济成本。在不考虑预防性货币需求时，因支付场景随用随取反而比大额提取更加有利于降低数字货币与传统货币的转换成本。类似地，普通人对法定货币最优比率 f 的感知也是不敏感的，因而可以考虑政府通过机制设计，以极为经济的手段（不增加额外的公共财政负担，同时又不给市场主体增加额外的交易成本，这就需要从数字货币相对于传统货币的比较优势中获取收益以覆盖"数字货币体系转型成本"）对市场主体展开引导。考虑到上述问题，本书认为将数字货币体系的数字货币面额与传统货币的面额可以适当拉开，这样就有可能使得货币体系使用"与传统货币面额不同"的数字货币来分层引导和满足货币需求。具体来看，数字货币面额较大，但结算仍然可以通过数字钱包按照实际支取零额；同时，数字货币与传统货币间转换成本相关约束的介入，也有助于数字货币与传统货币流动性需求分层，抑制货币间套利，强化数字货币体系的稳健性。

第三节　投机性需求

流动性资产问题一直是经济学中的重要议题。凯恩斯谈到流动性资产时提出，"票据和通知放款比投资更具有流动性，相较于投资，前两者能在短期内无成本的变现"，同时凯恩斯认为投资又比预付款更具有流动性（Keynes，1936）。就投机性货币需求而言，凯恩斯经济学一贯强调流动性偏好，后续的研究发展了这一思路（Tobin，1958；Hicks，1962）。凯恩斯对流动性的判断标准是一个"比较级"概念，比较的标准是"短期内变现成本更小"。显然，John Hicks 不满足于流动性标准的模糊性，但他认同"短期内无成本变现"是流动性的一个重要标志，同时其认为流动性是"完全可销售"的资产（perfectly marketable asset）才具备的特性（显然预付款不具备完全可销售的特性）。流动性资产的流动性恰恰体现于该资产的出售价格对变现的时间长度不敏感，这种敏感性是流动性资产"无成本的随时变现"特性体现的（Hicks，1962）。进一步地，John Hicks 认为"厌恶意外的亏损"相比于"偏好超预期的收益"更加强烈，意外的亏损可能带来对资产流动性的巨大伤害，上述担忧构成确定性偏好的背后动力，"无成本的变现"描述占据了资产流动性定义的核心位置。流动性偏好的增加表现为，资产收益"确定性"的估值相对于"期望收益"增加了，市场赋予"确定性"更高估值，恰恰说明交易主体对这种流动性偏好的上升。就测度来看，流动性偏好是指为了减少整个投资组合的波动率（预期方差）而愿意牺牲期望收益（比如均值）的意愿。流动性偏好决定了资本在货币与有价证券（比如股票、债券等）之间的分配方式，流动性偏好决定了凯恩斯宏观经济学框架中的货币流动性需求。金本位制度下，各国货币以固定比率换成黄金，因此国际国内货币流动性几乎并无差别，信用货币体系下国内具有流动性的货币，其国际流动性将变得与金本位下有所差异。

在虚拟经济尤其是数字经济快速发展的背景下，使用何种货币参与数字经济活动日益成为市场主体需要考量的重要因素。随着数字资产概念的兴起，数字货币不仅需要与传统的证券（比如股票、债券）和其他数字资产展开竞争，同时央行数字货币还需要与其他非传统货币展开货币（这其中既有其他国家的央行数字货币，也包括其他私人加密货币）竞争，争夺在数字经济领域的份额。当将一切可投资资产视作市场主体的投机目标，数字货币体系下货币的投机动机呈现出更加复杂的特性。

市场价格信号传导较为复杂，其间还掺杂了很多行为心理因素，比如"货币幻觉"，引入数字货币的货币体系有可能将过去很难直接观测的货币实际价值显性化。具体的机制设计可从两个方面着手：其一，央行数字货币可通过计息锚定住某个特定的价格指数（比如反映通胀率的居民消费价格指数、固定资产投资价格指数），这种价格指数务必反映出全社会虚拟经济、实体经济乃至数字经济的真实水平，这样就实现了数字货币利息率同步于全社会普遍的实际利率；其二，数字货币兑换传统货币时，可以设置必要的摩擦成本以反映传统货币真实的发行成本，这部分成本过去往往以沉没成本计入国家管理成本中。通过以上安排，全社会价格体系将会在数字货币的加入后变得更加公开透明，有助于市场迅速形成稳定预期，大大降低政策当局稳定价格水平的成本。当然，这将可能使得政府收取铸币税的自由度部分降低，但同时也能使全社会市场主体形成稳定的制衡结构，将全社会信贷稳定在经济体潜在增长率的承受限度内。

传统货币体系下，货币当局稳定价格水平的做法无外乎三种模式：数量管理、价格管理和量价混合管理，辅之以财政支出的松紧，根据当局对经济局势的控制做出刺激或抑制消费、投资的决策。现实中，各国货币当局决策中对货币存量和货币流量各有侧重，因而其货币政策的宽严也不尽相同。政府决策行为的传导路径依赖于经济体系的价格形成机制和经济体本身的特性，因此财货政策如何发挥作用（乃至是否发挥作用）是一件见仁见智的事情，其中制约因素过多无法先验地测度，但普遍共识在于建立多层次的价格信号体系，通过股票、债券乃至汇率联合稳定全社会预期，是一个能够凝聚各市场主体的通行做法。因此，中国一度致力于推行利率市场化改造，希望全社会基础价格体系是基于市场供需来决定的。利率市场化是一个需要条件的经济制度安排，这其中牵涉到市场主体的软硬件设施（立法、财税和信息披露）的同步完善，因此实施过程中不免会出现短期的混乱，普遍的利率市场化涉及市场全部主体的利益重塑，因此平等进入权利是基础，这就涉及市场主体的信息获取，公开透明的供需信息是关键，接着就是信息的处理能力，这依赖于信息主体间不同的信息禀赋。赋予公众和法人机构公平的公共知识学习获取能力，政府应赋予所有主体公平的受教育权，即专业知识的获取，能让每一个有意愿的市场主体通过政府的公共服务无障碍不受限地摄取；掌握了公共信息之后，这就涉及市场主体的市场准入问题：市场主体应当能够无歧视地依赖自身专业知识进行交易，这类交易应当作为一种普遍服务，能够在市场公开购买，这种服务可以是公共服务也可以是私人机构的服务，但总归是可以购买的。至此，利率市场化才具有了理论可行性。通过上述分析可见，每一步的实施都仰赖对现有利益相关方的重新安排，这将会带来很多不必要的社会成本。经济学不光考虑"应然"问题，也需要考虑"实然"问题。有鉴于上述担忧，数字货币体系的建立将是一个很好的契机。数字经济天然具有透明特性，参与各方可能通过各种公共网络管道表达诉求，因此政府只要维持数字经济中公共平台的客观公平。信息透明是数字经济乃至数字货币体系的默认特性，可以无成本地实现信息的融通共享，政府需要做的是定期清理虚假信息、打通线下资源和线上资源的认证程序，通过法治手段清除不实信息对经济活动的破坏。数字货币体系是一个新生的规则，因此这使得市场主体在传统货币体系下的"先发优势"（比如许可证壁垒）得到一定程度的缓解，政府有可能平衡多方诉求，在数字货币体系设计之初就设置部分制衡策略，以平抑或者调节超额利润。举例来看，各国对知识产权的保护视作经济未来活力的重要保证，但无限期的知识产权保护又可能培植出抑制创新或者干扰技术路线的利益团体。数字货币体系下，通过实时同步保护数字资产的相关技术，有可能完成对技术全生命周期经济活动的完整画像，这将使得知识产权保护的立法模型有了贴合现实的可能。数字货币体系中可以轻易地判别货币的状态，因此货币当局可以低成本地辨别货币存量和实际处于流通中的货币乃至信贷状况，这样货币流动性分布的实时监控有助于货币当局制定更加精准的货币政策，统筹全局和局部流动性的平衡，为国民经济的平稳运行保驾护航。

央行数字货币由于技术上可以实现传统纸币的名义利率不为零，理论上讲，可以将其利率设计成一个趋于实际利率的值，这无疑是稳定价格水平最简单直接的方式。若将央行数字货币设计成抗通胀属性，这将使得市场主体在投机过程中有了更多的选择，市场交易各方对基础价格的生产机制将更加畅达，不再受制于对市场通胀冷热不均的"盲人摸象"，因而投资理论中期望收益与风险的代偿机制将会建立在更稳固的基础之上。再者，从一般均衡理论出发，瓦尔拉斯拍卖者也需要市场明确的价格信号作为决策依据，一个内蕴"通胀率"测度的体系无疑是极为有价值的，传统货币与央行数字货币体系将使提供这种公允的"通胀率"测度成为可能。过去对通胀率的测度，需要官方和私人机构通过采样整理，然后调整发布，公众还需要专业分析人员的解读才能大致把握，这其中存在的时间滞后伴随粗糙的数据，几乎让结论很难支撑普通人的投资决策。国际市场还有部分国家推出了抗通胀国债（比如美国），但投资准入门槛尚高，数字货币体系下普通人将有可能获得一种经济高效的抗通胀货币。这将大大降低投资成本，使得投机行为本身驱动的货币需求处于一个可预测的状态。既有利于市场理性投资，又有利于货币当局管控货币的投机需求规模。这两种特性协同提升了市场价格生成机制的"效率与公平"，是一个公共制度意义上的帕累托改进。

一 理论模型

假设市场代表性主体由于投机需求需要在 n 个资产间权衡，期初总资本为 K，在期初市场主体选择将总资产分配到 n 个资产，假设 x 是一个代表总资本投资于不同资产的列向量，因此有 $\sum_{i=1}^{n} x_i = K$，其中 x_k 为投资于 k 资产中的资本数量。考虑到这类资产都伴随风险，持有到期末会遇到各种互斥的偶然事件，假设所有偶然事件是可以投射到 $[1,m]$ 的自然数，每一个偶然事件的概率设置为 $prob(Eventi) = p_i$，其中 $i \in [1,m]$，因此 $\sum_{i=1}^{m} p_i = 1$，偶然事件无法事前观测，但其分布是市场主体能够大致感知的。期初市场主体会有一个基于偶然事件的不同资产的期望本息回报矩阵，事件 i 发生时，投资 k 资产的回报率的观测值可以写作 $Ob(return of asset k | Eventi) = a_{ik}$，同时每一个偶然事件是由正交的 τ 个维度的独立时间"是/否"二值序列全排列而来，因此 $m = 2^{\tau}$。假设对于任意 $k \in [1,n]$，资产 k 的本息回报率 a_{ik} 与投资的规模 x_k 是不相干的，即"回报率与规模无关"。

假设市场主体组合连本带息的期望回报为：

$$\mu_p = \sum_{i=1}^{m} \sum_{j=1}^{n} p_i a_{ij} x_j, \forall i,j \in [1,n]$$

市场组合期望回报 μ_p 代表了平均概率下市场主体所持有组合的单位投资平均回报。令不确定性条件下 k 资产回报率的期望值为 $mean(a_{\cdot k}) = \sum_{i=1}^{m} p_i a_{ik} = \mu_k$。令不确定性条件下 k 资产回报率的波动率表示为 $std(a_{\cdot k}) = \sigma_k$，同时，对于任意 $i,j \in [1,n]$，i 资产回报率和 j 资产回报率的相关性系数表示为 $r_{ij} = \dfrac{cov(a_{\cdot i}, a_{\cdot j})}{\sigma_i \sigma_j}$。

相应地，组合回报的风险用二阶矩刻画为：

$$(\sigma_p)^2 = \sum_{i=1}^{n} \sum_{j=1}^{n} cov(a_{\cdot i}, a_{\cdot j}) x_i x_j$$

$$= \sum_{i=1}^{m} \sum_{j=1}^{n} \sigma_i \sigma_j r_{ij} x_i x_j, \forall i,j \in [1,n]$$

为了简便，笔者将市场所有资产都拆分为互不相关的抽象资产，因此可以得到：

$$r_{ij} = \dfrac{cov(a_{\cdot i}, a_{\cdot j})}{\sigma_i \sigma_j} = 0, \forall i \neq j, i,j \in [1,n]$$

此时组合方差大大简化，$(\sigma_p)^2 = \sum_{i=1}^{n} (\sigma_i)^2 (x_i)^2$，假设市场主体效用为期望收益的增函数，为标准差的增函数，则效用函数可表示为：

$$U = U(\mu_p, \sigma_p)$$

$$\begin{cases} \dfrac{\partial U}{\partial \mu_p} > 0 \\ \dfrac{\partial U}{\partial \sigma_p} < 0 \end{cases}$$

因此，市场主体面临如下利润最大化问题：

$$\pi_S = \underset{x_i}{\text{Max}} \{ U(\mu_p, \sigma_p) \} \tag{5-19}$$

约束条件：$\sum_{i=1}^{n} x_i = K$。

建立拉格朗日函数：

$$L = U + \lambda (K - \sum_{i=1}^{n} x_i)$$

得到所有 i 资产的优化必要一阶条件：

$$\frac{\partial U}{\partial x_i} = \frac{\partial U}{\partial \mu_p} \frac{\partial \mu_p}{\partial x_i} + \frac{\partial U}{\partial \sigma_p} \frac{\partial \sigma_p}{\partial x_i} - \lambda = 0, \quad \forall i \in [1, n] \tag{5-20}$$

$$\frac{\partial U}{\partial \lambda} = \sum_{i=1}^{n} x_i - K = 0 \tag{5-21}$$

令 $W = -\frac{\partial \mu_p}{\partial x_i} / \frac{\partial U}{\partial \mu_p}$ 为 U 对 σ_p 与 μ_p 的边际替代率，W 体现了风险和收益的代偿关系：

$$\frac{\partial \sigma_p}{\partial x_i} = \frac{\partial (\sum_{i=1}^{n} (\sigma_i)^2 (x_i)^2)^{1/2}}{\partial x_i}$$

$$= \frac{x_i (\sigma_i)^2}{(\sum_{i=1}^{n} (\sigma_i)^2 (x_i)^2)^{1/2}}$$

$$= \frac{x_i (\sigma_i)^2}{\sigma_p},$$

则有：

$$\frac{\partial U}{\partial \mu_p} \frac{\partial \mu_p}{\partial x_i} + \frac{\partial U}{\partial \sigma_p} \frac{x_i (\sigma_i)^2}{\sigma_p} = \lambda, \quad \forall i \in [1, n]$$

即：

$$\frac{\partial \mu_p}{\partial x_i} - W \frac{x_i (\sigma_i)^2}{\sigma_p} = \lambda / \frac{\partial U}{\partial \mu_p}, \quad \forall i \in [1, n]$$

$$x_i = \frac{(\frac{\partial \mu_p}{\partial x_i} - \lambda / \frac{\partial U}{\partial \mu_p})}{(\sigma_i)^2} \frac{\sigma_p}{W}, \quad \forall i \in [1, n] \tag{5-22}$$

对于任意资产，$\lambda / \dfrac{\partial U}{\partial \mu_p}$ 是相同的部分，其中 $\dfrac{\partial \mu_p}{\partial x_i} = \dfrac{\partial \sum\limits_{j=1}^{m} \sum\limits_{i=1}^{n} p_j a_{ji} x_i}{\partial x_i}$

$= \sum\limits_{j=1}^{m} p_j a_{ji} = \mu_i$，因此有：

$$x_i = \dfrac{(\mu_i - \lambda / \dfrac{\partial U}{\partial \mu_p})}{(\sigma_i)^2} \dfrac{\sigma_p}{W}, \quad \forall i \in [1, n]$$

其中 λ 为期初资本的影子价格，即每增加单位资本 K 所能带来的边际的利润改进程度，也可以视作资本的边际机会收益，这对于每一个资产是一个常数。

二 传统货币情形

当市场上全部是名义利率为 0 的传统货币时，假设传统货币下标编号为 ¥，则：

$$\mu_¥ - W \dfrac{x_i (\sigma_¥)^2}{\sigma_p} = \lambda \dfrac{\partial U}{\partial \mu_p}$$

其中 $\mu_¥ = 1$，即期初投资 1 单位传统货币，期末回报也为 1 单位传统货币，名义利率为 0，同时其波动率 $(\sigma_¥)^2 = 0$，$\lambda \dfrac{\partial U}{\partial \mu_p} = \mu_¥ = 1$，因此对于任意非货币资产可以得到：$\mu_i - W \dfrac{x_i (\sigma_i)^2}{\sigma_p} = 1$，$\forall i \neq ¥, i \in [1, n]$。整理得到，对于任意非货币资产 i，$x_i = \dfrac{(\mu_i - 1)}{(\sigma_i)^2} \dfrac{\sigma_p}{W}$，其资产的份额正比于"其期望收益率（$\mu_i - 1$）和方差（$(\sigma_i)^2$）之比"。其中组合的标准差 σ_p 与边际替代率 W 是已知的，因此 i 资产的份额 x_i 与 $\dfrac{(\mu_i - 1)}{(\sigma_i)^2}$ 呈现线性关系。

三 纯粹数字货币情形

当市场上全部是名义利率不为 0 的央行数字货币（非一般性假设名义利率大于 0）。通过前文对肇始于丁伯根时代现代宏观政策目标的探讨（Tinbergen，1956；Arrow，1958），为了使得央行数字货币在信用货币时代更好地维持其自身价格水平的稳定（即通胀率），假设数字货币锚定实际收入水平，即数字货币锚定了市场实际利率，实际利率代表的价格水平是市场组合收益率的体现，即 $\mu_{\#}(\cdot)$ 是市场组合收益率 μ_p 的函数。如果数字货币跟踪市场组合的精度足够高，可以有 $\mu_{\#}(\mu_p) = \mu_p$，正常情形 $\mu_{\#}(\mu_p) = \mu_p + risidual_{\#}$，其中 $risidual_{\#}$ 为一个体现追踪误差的随机变量，当央行数字货币具有全量追踪的特性时，作为货币其波动率（波动率表示为：$std(risidual_{\#}) = \sigma_{\#}$）随着时间 t 的推移和追踪次数的增多应该趋于 0（即 $\lim\limits_{t\to\infty, n\to\infty} std(risidual_{\#,t,n}) = 0$）。不可否认，该假设略强，其实际暗示货币当局具备不迟于市场发现"市场组合收益率"的政策制定能力，这几乎是不可能任务，甚至于会触及"卢卡斯批判"这类传统难题。当然也不必过于悲观，实际操作中，货币当局可能需要放弃锚定实际收入水平的企图心以维持法定货币波动率的稳定。考虑到市场交易涉及的品类如此繁杂，如果在所有价格水平市场交易都足够活跃，更加宽泛的"价格水平"区间有可能达成市场出清，这将使得市场收益率集合能够捕捉到货币收益率，并以此组织全社会的经济活动。以此为前提，笔者认为，如果货币追踪市场组合的误差足够小，根据大数定律，市场运行应当有足够容错率使得该假设不影响结论之可靠性。假设数字货币收益率标准差为 0（$\sigma_{\#} = 0$），假设传统货币下标编号为 #，则 $\mu_{\#} - W\dfrac{x_i(\sigma_{\#})^2}{\sigma_p} = \lambda\dfrac{\partial U}{\partial \mu_p}$。数字货币名义利率为正时，其中 $\mu_\# = \mu_p > 1$，同时作为货币，其波动率 $(\sigma_\#)^2 = 0$，对于任意资产，$\lambda / \dfrac{\partial U}{\partial \mu_p}$ 是相同的部分，因此可知数字货币存在时，可得：

$$\mu_\# - W \dfrac{x_\#(0)^2}{\sigma_p} = \lambda \dfrac{\partial U}{\partial \mu_p}$$

此时 $\lambda \dfrac{\partial U}{\partial \mu_p} = \mu_p$，因此对于任意资产，可以得到其份额决定式为 $\mu_i - W \dfrac{x_i(\sigma_i)^2}{\sigma_p} = \mu_\#$，进一步化简得：

$$x_i = \dfrac{(\mu_i - \mu_\#)}{(\sigma_i)^2} \dfrac{\sigma_p}{W} = \dfrac{(\mu_i - \mu_p)}{(\sigma_i)^2} \dfrac{\sigma_p}{W}$$

由此可知，在全是数字货币的情形下，i 资产的份额 x_i 与 $\dfrac{(\mu_i - \mu_\#)}{(\sigma_i)^2}$ 呈线性关系，与资产波动率呈反向变化，与资产相对于数字货币利息率的溢价呈正向关系。

当数字货币名义利率大于 0 时，对于同一个资产 j，此时配置份额为 $\dfrac{(\mu_j - \mu_\#)}{(\sigma_j)^2} \dfrac{\sigma_p}{W}$。与之对应，在传统货币体系下，其配置份额为 $\dfrac{(\mu_j - 1)}{(\sigma_j)^2} \dfrac{\sigma_p}{W}$，不难得出：

$$\dfrac{(\mu_j - 1)}{(\sigma_j)^2} \dfrac{\sigma_p}{W} > \dfrac{(\mu_j - \mu_\#)}{(\sigma_j)^2} \dfrac{\sigma_p}{W} \qquad (5-23)$$

同样资产份额在数字货币体系下比传统货币体系下配置得更少了，在纯粹数字货币作为法定货币的数字货币体系下，数字货币本身对其他资产呈现出一定的"挤出效应"。

类似地，当数字货币执行负的名义利率时（此时不一定需要挂钩市场组合的收益率，这将可能牺牲掉货币的稳定特性），此时市场参与各主体有动力持有更多的其他资产。货币突破零利率限制

(Zero Low Bound)后,将使得市场流动性得到增强,更好地应对类似于"流动性陷阱"类的危机(Agarwal,Kimball,2015)。

四 传统货币与央行数字货币并存的情形

此时市场上存在名义利率为0(即$\mu_¥ = 1$)的传统货币与名义利率不为0的央行数字货币(继续不失一般性,假设名义利率大于0,即$\mu_\# > 1$),此时市场至少存在两个波动率为0的资产($\sigma_¥ = \sigma_\# = 0$),即传统货币与央行数字货币。就单一市场主体来看,二者皆为法币,任意市场主体使用任意货币开展市场行为不会受到限制。从宏观经济层面来看,情况将会发生变化。诚如第四章证明的那样,数字货币和传统货币并存时,存在至少一组二者比率恰好使得内部价格均衡与外部价格均衡被兼顾。这些比率的集合,笔者称之为"合意比率"的集合Ω。假设宏观层面数字货币总的使用数额与传统货币总数额之比为$f_{\#¥}$,这意味着在每一个支付周期,财富最终以两种不同的货币形式完成了支付需求,两种货币支付需求的总量比值为"合意比率"集合的真子集,即$f_{\#¥} \in \Omega$。此时,抽象地看两种货币,可以等价地视作两个波动率为0的货币,按照比例构造出一个混合货币$\mu_{\#¥}$在执行货币职能,其收益率为两种货币按照最终使用比率复合而成:

$$\mu_{\#¥} = \frac{1}{1+f_{\#¥}}\mu_¥ + \frac{f_{\#¥}}{1+f_{\#¥}}\mu_\# = \frac{1}{1+f_{\#¥}} + \frac{f_{\#¥}}{1+f_{\#¥}}\mu_\# \quad (5-24)$$

相应地,其波动率为$\sigma_{\#¥} = 0$,同上可得:

$$\mu_{\#¥} - W\frac{x_i(\sigma_{\#¥})^2}{\sigma_p} = \lambda\frac{\partial U}{\partial \mu_p}$$

因此有:

$$\lambda\frac{\partial U}{\partial \mu_p} = \frac{1}{1+f_{\#¥}} + \frac{f_{\#¥}}{1+f_{\#¥}}\mu_\#$$

对于任意资产，$\lambda / \frac{\partial U}{\partial \mu_p}$ 是相同的部分，因此混合货币存在时，任意资产可以得到其份额决定式为：

$$\mu_i - W \frac{x_i (\sigma_i)^2}{\sigma_p} = \frac{1}{1+f_{\#¥}} + \frac{f_{\#¥}}{1+f_{\#¥}} \mu_\#$$

进一步化简可得：

$$x_i = \frac{(\mu_i - \mu_{\#¥}) \sigma_p}{(\sigma_i)^2 W} = \frac{(\mu_i - \frac{1}{1+f_{\#¥}} - \frac{f_{\#¥}}{1+f_{\#¥}} \mu_\#)}{(\sigma_i)^2} \frac{\sigma_p}{W}$$

此时，i 资产的份额 x_i 与 $\dfrac{(\mu_i - \frac{1}{1+f_{\#¥}} - \frac{f_{\#¥}}{1+f_{\#¥}} \mu_\#)}{(\sigma_i)^2}$ 呈线性关系，与资产波动率呈反向变化，与资产和复合货币利息率的溢价呈正向关系。

当数字货币名义利率大于 0 时，对于同一个资产 j，此时配置份额为 $\dfrac{(\mu_i - \frac{1}{1+f_{\#¥}} - \frac{f_{\#¥}}{1+f_{\#¥}} \mu_\#)}{(\sigma_i)^2} \dfrac{\sigma_p}{W}$；与之对应，在传统货币体系下其配置份额为 $\dfrac{(\mu_j - 1)}{(\sigma_j)^2} \dfrac{\sigma_p}{W}$，纯粹由数字货币构成的货币体系下配置份额为 $\dfrac{(\mu_j - \mu_\#)}{(\sigma_j)^2} \dfrac{\sigma_p}{W}$，不难得出：

$$\frac{(\mu_j - 1)}{(\sigma_j)^2} \frac{\sigma_p}{W} > \frac{(\mu_i - \frac{1}{1+f_{\#¥}} - \frac{f_{\#¥}}{1+f_{\#¥}} \mu_\#)}{(\sigma_i)^2} \frac{\sigma_p}{W} > \frac{(\mu_j - \mu_\#)}{(\sigma_j)^2} \frac{\sigma_p}{W}$$

$$(5-25)$$

同样，资产份额在数字货币体系下比传统货币体系下配置得略少了。在数字货币与传统货币共存的数字货币体系下，数字货币本身对其他资产呈现出一定的"挤出效应"；同样资产份额在数字货币体系下比纯粹数字货币构成的货币体系下配置得略多了，在数字货币与传统货币同时充当法定货币的数字货币体系下，上述"挤出效应"又略弱于纯粹数字货币构成货币体系的情形。

类似地，当数字货币执行负的名义利率时（此时不一定需要挂钩市场组合的收益率，这可能牺牲掉货币的稳定特性），一方面混合数字货币体系能稳定局部与全局价格水平；另一方面，货币突破零利率限制（Zero Low Bound）后，市场主体将有动力追逐其他资产以为市场提供更多流动性，数字货币体系的稳定性大大增强。由此可得到命题5.3。

命题5.3 （数字货币框架下投机性需求挤出效应和流动性支持条件）当数字货币引入货币体系后，在考虑数字货币利息条件下，当数字货币与传统货币处于命题4.3证明的合意比例区间，有如下结论。

（1）当数字货币有正的利息，同样资产份额在数字货币体系下比传统货币体系下配置得略少了。在数字货币与传统货币共存的数字货币体系下，数字货币本身对其他资产呈现出一定的"挤出效应"。

（2）当数字货币有负的利息，一方面混合数字货币体系能稳定局部与全局价格水平；另一方面，货币突破零利率限制（Zero Low Bound）后，市场主体将有动力追逐其他资产以为市场提供更多流动性，数字货币体系的稳定性大大增强。

第四节　预防性需求

交易性需求和投机性需求都是可预计的支出流，但经济生活中还有一类无法预计的支出需要货币的介入，这被称为预防性货币需求。货币需求包括交易性需求、投机性需求和预防性需求

(Keynes，1936)，因此找出预防性需求的最优纸币保有量是一个重要议题（Whalen，1966）。在凯恩斯的原始定义中，货币预防性需求是为了应对突发事件导致的突发的货币持有需求，这种突发事件可以对货币持有者产生至少三种影响：（1）突发的支出；（2）不可事先预见的购买机遇；（3）所持有资产意外地衍生债务责任。这三种影响是不可预见的，并不像交易性需求或者流动性需求那样可以实时把握，因此实际上多大份额的预防性货币需求都不足够多，货币持有者唯一能做的是在不影响其他货币需求的前提下，尽可能留下预防性需求支出。预防性需求的发生机制最难以把握，反而使得其应对方式可以简单化处理，这种简单化往往是符合个体决策现实的。

一　理论模型

Edward Whalen 认为，预防性货币需求成本由机会成本和遭遇突发事件带来的预期损失两部分组成（Whalen，1966），本书的模型亦遵循这个思路。在传统货币体系下，假设第 i 个消费者预防性货币持有量为 $M_{P,i}$，机会成本为预防性货币存入银行的存款收益，银行存款利率为 r，带来流动性危机的市场风险事件为随机的，一旦发生将产生的亏损为 Δ，市场风险事件发生概率为 P，预防性货币预计成本为：

$$\pi_P = M_P \cdot r + P \cdot \Delta \qquad (5-26)$$

由于货币预防性需求是为了应对突发事件导致的突发的货币持有需求，而突发事件发生的概率无法事前获得，突发事件 X 的发生概率分布无法事先描述，倘若突发事件存在有限的期望值与有限的标准差，即期望值 μ_X 与标准差 σ_X 为有限值，根据切比雪夫不等式可知：存在 $\forall \varepsilon$，使得 $Prob(|X - \mu_X| \geq \varepsilon) \leq \dfrac{\sigma_X^2}{\varepsilon^2}$。假设突发事件

偏离均值 k 个 σ_X，则有 $Prob(|X-\mu_X| \geq k\sigma_X) \leq \dfrac{1}{k^2}$。

为使得预防性货币需求的持有成本最小化，预防货币需求目标效用函数为：

$$\pi = \underset{M}{Min}\{M_P \cdot r + Prob(|X-\mu_X| \geq k\sigma_X) \cdot \Delta\}$$

约束条件：

$$Prob(|X-\mu_X| \geq k\sigma_X) \leq \dfrac{1}{k^2}$$

传统文献设定突发事件期望收益率 μ_X 为 0（Whalen，1966），而 k 可恰好设计成 $k\sigma_X = M_P$，即突发事件造成的亏损恰好亏光了所有的预防性货币，即 $|X-\mu_X| = M_P$。因此这就构成一个"嵌套式定义"，货币预防性持有的需求恰恰是为了预防那些概率达到"恰好亏光了预防性货币持有量 M"的突发事件。这种定义方式是权宜之计，此类突发事件无法在分布层面准确把握，恰好使用切比雪夫大数定律能很好地将"偏离均值 k 个标准差"加以刻画，借此货币预防性需求 M_P 得以被良好定义，这种定义范式不可谓不精妙。

此时 $k = \dfrac{M_P}{\sigma_X}$，预防性货币需求目标效用函数变为：

$$\pi = \underset{M}{Min}\{M_P \cdot r + Prob(|X-\mu_X| \geq M) \cdot \Delta\} \quad (5-27)$$

约束条件：

$$Prob(|X-\mu_X| \geq k\sigma_X) \leq \dfrac{\sigma_X^2}{M_P^2}$$

对效用函数相对 M 使用一阶必要条件：

$$\dfrac{\partial \pi}{\partial M} = r - \dfrac{2\sigma_X^2}{M_P^3}\Delta = 0$$

因此最优预防性货币需求为：

$$M_P^* = \sqrt[3]{\dfrac{2\sigma_X^2}{r}\Delta} \quad (5-28)$$

这意味着最优预防性货币需求随着存款利率的增加而减小，随着突发事件风险的增加而增加。

二 扩展到数字货币情形

在数字货币体系下，假设全社会预防性货币持有量为 M_P，其中传统货币持有量为 L^c，数字货币持有量为 L^D，假设银行存款利率为 r，同时假设数字货币有一个或正或负的收益率 r^d，为了应对支付需求，同时假设现金与数字货币间有一个转换成本 τ^{dc}，假设全社会所有形式的货币加总的机会收益率 r^o 为三者的函数，即 $r^o(r, r^d, \tau^{dc})$。考虑到两种货币形式都能无差别地履行货币预防性需求功能，预防性货币持有量可写为：

$$M_P = L^c + L^D$$

就机会性成本来看，预防性货币预计成本为：

$$\pi_P = M_P \cdot r^o(r, r^d, \tau^{dc}) + P \cdot \Delta$$

约束条件：

$$Prob(|X - \mu_X| \geq k\sigma_X) \leq \frac{\sigma_X^2}{M_P^2}$$

进一步设定 $M_P \cdot r^o = L^c r + L^D r^d - \min(L^c, L^D)\tau^{dc}$，则有：

$$\pi = L^c r + L^D r^d - \min(L^c, L^D)\tau^{dc} + P \cdot \Delta \quad (5-29)$$

当 $L^c > L^D$，$\pi = L^c r + L^D r^d - L^D \tau^{dc} + P \cdot \Delta$，对效用函数相对 L^c 使用一阶必要条件：

$$\frac{\partial \pi}{\partial L^c} = r - \frac{2\sigma_X^2}{M^3}\Delta = 0$$

即：

$$M_P^* = \sqrt[3]{\frac{2\sigma_X^2}{r}\Delta} \quad (5-30)$$

对效用函数相对 L^D 使用一阶必要条件：

$$\frac{\partial \pi}{\partial L^D} = r^d - \tau^{dc} - \frac{2\sigma_X^2}{M^3}\Delta = 0$$

即：

$$M_P^* = \sqrt[3]{\frac{2\sigma_X^2}{r^d - \tau^{dc}}\Delta} \qquad (5-31)$$

因此可知 $r^d - \tau^{dc} = r$，即当 $L^c > L^D$，$r^o(r^d, \tau^{dc}, \tau^{dc}) = [L^c r + L^D r^d - \min(L^c, L^D)\tau^{dc}]/M_P$ 时，数字货币体系为保持预防性需求无差异情形，需要维持数字货币利息率减去转换成本等于存款利息率。

当 $L^c < L^D$，$\pi = L^c r + L^D r^d - L^c \tau^{dc} + P \cdot \Delta$，对效用函数相对 L^c 使用一阶必要条件：

$$\frac{\partial \pi}{\partial L^c} = r - \tau^{dc} - \frac{2\sigma_X^2}{M^3}\Delta = 0$$

即：

$$M_P^* = \sqrt[3]{\frac{2\sigma_X^2}{r - \tau^{dc}}\Delta} \qquad (5-32)$$

对效用函数相对 L^D 使用一阶必要条件：

$$\frac{\partial \pi}{\partial L^D} = r^d - \frac{2\sigma_X^2}{M^3}\Delta = 0$$

即：

$$M_P^* = \sqrt[3]{\frac{2\sigma_X^2}{r^d}\Delta} \qquad (5-33)$$

因此可知 $r - \tau^{dc} = r^d$，即当 $L^c < L^D$，$r^o(r^d, \tau^{dc}, \tau^{dc}) = [L^c r + L^D r^d - \min(L^c, L^D)\tau^{dc}]/M$ 时，数字货币体系为保持预防性需求无差异情形，需要维持存款利息率减去转换成本等于数字货币利息率。

合并上述两种情形可知，当假设全社会所有形式的货币总量的加总的机会收益率 r^o 为三者的函数，即 $r^o(r^d, \tau^{dc}, \tau^{dc})$，具体形式

为 $r^o(r^d, \tau^{dc}, \tau^{dc}) = \dfrac{L^c r + L^D r^d - \min(L^c, L^D)\tau^{dc}}{L^c + L^D}$，则数字货币体系维持稳健特性的一个无套利条件为：

$$\tau^{dc} = |r - r^d| \qquad (5-34)$$

这能保证为了预防性需求保有的最优货币数量是一致的，市场主体在两种货币间进行套利是无利可图的，这将是维系数字货币体系反脆弱性的重要条件。

命题 5.4 （数字货币框架下预防性需求无套利条件）当数字货币引入货币体系后，考虑数字货币利息情形，当数字货币与传统货币处于合意比例区间，数字货币体系为保持预防性需求无差异情形，需要维持转换成本等于存款回报率减去数字货币回报率绝对值，即：

$$\tau^{dc} = |r - r^d|$$

这能保证为了预防性动机保有的最优货币数量是一致的，市场主体在数字货币与传统货币间进行套利是无利可图的。

第五节　若干结论

随着金融创新的持续发展，虚拟经济、虚拟资产的兴起，数字货币需求将变得更加多元和琐碎。随着智能合约等新技术的加持，央行数字货币将具有应对更加复杂应用场景的能力。当前我们尚难以脱离实际使用的未来可能场景单独地展开对其具体特性的合理建模，但我们相信维系数字货币体系稳固的关键不在事无巨细的监督，而恰恰在于其对传统货币需求职能的贯彻程度。数字货币越趋近于"货币中性"，数字货币体系在学理层面将越稳固。此外，数字货币与传统货币间基于无套利原则的货币需求分层，有助于增强数字货币体系的稳健性。

就货币流动性需求而言，根据最优存货理论，数字货币体系下要维系数字货币体系的稳健性，需要保证市场主体不因为其支付媒介的差异而出现套利机会。无论是先取出数字货币然后转换成传统货币，还是先取出传统货币然后用传统货币转换成数字货币，两种路径其最大化利润应该是等价的。

就投机需求而言，数字货币或正或负的收益率有助于调节市场流动性，有助于货币体系的"反脆弱性"。当数字货币名义利率大于零时，在纯粹数字货币作为法定货币的数字货币体系下，数字货币本身对其他资产呈现出一定的"挤出效应"。在数字货币与传统货币同时充当法定货币的数字货币体系下，上述"挤出效应"又略弱于纯粹的数字货币构成的货币体系，同时能够获得"局部与全局价格均衡的特性"。当数字货币名义利率小于 0 时，货币突破零利率限制（Zero Low Bound）后，市场主体基于货币投机需求，将有动力追逐其他资产以为市场提供更多流动性。数字货币体系在"流动性陷阱"这类极端情形下，也能维系货币体系的稳定性。

就预防性需求而言，为了维持数字货币体系下两种货币间最优需求货币量一致，市场主体预防性需求持有的货币量的最优效用是一致的。笔者发现在一定假设条件下，央行数字货币需要满足：在数字货币占比高的体系下，需要维持存款利息率减去转换成本等于数字货币利息率；在传统货币占比高的货币体系下，需要维持数字货币利息率减去转换成本等于存款利息率。此时，数字货币体系下，基于预防性需求保有的货币量才有可能不损害货币体系本身的稳健性，否则套利将使得市场主体无法找到稳定的最优预防性货币持有量。

第 六 章

央行数字货币与金融中介：存款合约视角

第一节 引言

金融中介是当前货币体系下信贷创造的重要一环，数字货币体系下金融中介问题也将面临变革，本章从存款合约角度研究数字货币框架下的信贷，探讨央行数字货币进入货币体系后金融中介与央行如何展开博弈，这种博弈最终有可能塑造怎样的信贷结构？传统现代货币体系下，货币供应量中现金占比极低，大多数市场主体以银行存款的形式持有大部分资金，而在中国，各类互联网金融平台以货币基金的形式又从银行存款中吸纳了相当数量的资金，传统银行体系与各类互联网金融平台共同构成了现代意义上的金融中介。政府一般通过影响借贷利率对经济体施加影响，货币当局通过设定准备金利率、贴现窗口利率和公开市场操作来引导或改变银行间同业借贷利率，这些行为最终可以影响市场基础价格水平。央行数字货币主导的数字货币体系具有改变金融体系的潜力，银行和互联网金融为代表的金融中介的作用有可能被重构。

从金融中介、存款合约和反脆弱视角研究信贷，在传统经济理论中并不鲜见。费雪在"大萧条"之后一度提出银行准备金应该达到夸张的100%（芝加哥计划），他认为经济周期的根源在于需求存款的不稳定性，而100%的现金储备将让不稳定的存款与银行贷款完全绑定（Fisher，1936）。自"大萧条"之后，各国也逐步完善起存款保险金制度，以期望加固整个银行体系。但显然，信贷的扩张远远高于货币的需求增长。长期以来，学者们都在试图搞清楚为何银行合同比其他金融合同更加脆弱。Douglas Diamond 和 Philip Dybvig 在1983年从预期角度来研究银行挤兑，在他们的模型中，银行的作用在于将非流动资产转化为流动负债，银行的这种"转化服务"正是银行脆弱性的源头（Diamond，Dybvig，1983）。无担保的活期存款能够为全社会提供流动性，但同时也让银行更加容易受到挤兑。银行通过发行活期存款，可以为消费时间不固定的消费者分担风险，从而保证市场竞争活力。但是必须要注意到，银行挤兑依然是一个均衡状态，状态良好的银行也可能陷入这种均衡状态。提供活期存款保险，可以一定程度上扮演央行"最后贷款人"的角色以抵御挤兑。银行能够通过提供不同于非流动性资产的更平稳的回报模式来转换非流动性资产，这类转换契约具有多重均衡性。如果保持信心，就可以进行有效的风险分担。因为在这种情况下，存款人应在最佳风险分担下取款。如果投资人恐慌，就会出现银行挤兑，激励机制就会扭曲。活期存款合同向公众提供流动性的同时，也使得这类合约的履行易于导致银行挤兑的发生，进而金融风险的外部性特性将不可避免地冲击货币体系。存款保险制度有利于降低银行挤兑风险，有助于金融系统的稳定。

通过研究一个包含金融部门的宏观模型，有文献澄清了一个观点：虽然风险是中性的，但风险溢价是时变的。研究发现，在远离稳态的情况下，波动性效应和出于预防动机的一系列行为产生明显的非线性效应。低外生风险环境反而促进了系统性风险的进一步累积，这被称为"波动率悖论"，无论外生风险如何小，都伴随内生的"风险承担"行为，整个金融系统有可能进入远离均衡的不稳定状态。相对于外生风险，金融摩擦引发的内生风险放大了经济波动。研究同时发现，内生的风险承担、衍生物对冲和证券化等其他形式的金融创新行为，会加剧金融系统的不稳定性（Brunnermeier, Sannikov, 2014）。

长期以来，银行是作为"可贷资金中介"（The Intermediation of Loanable Funds, ILF）的形式纳入宏观经济模型的。有文献观点认为，现实中银行通过贷款既提供了融资，又创造了具有购买力的货币，银行既是借款人也是贷款人（Jakab, Kumhof, 2015）。这就将银行视作基本的货币机构，这套观点也被称为"通过货币创造来融资"（Financing through Money Creation, FMC）。银行几乎凭空地在房贷行为中创造了自己的资金、存款，不依赖任何媒介。如果易地而处，对于一个从事借贷业务的第三方非银机构，该机构几乎不可能指望其他市场主体能接受其出具的所谓第三方存款（注意与银行存款区别开来），因为其无法保证这类三分存款能够在市场采购到商品和服务，更无法保证为大众所接受。过去研究认为，投资来源于储蓄，但实际上银行放出去的贷款如果用于实物投资，这种借款就触发了投资行为，即储蓄是银行借款的结果，而非原因，否则容易混淆资源（储蓄）和债务货币（融资）的概念。首次将"创造观"纳入动态随机一般均衡模型中，发现这种设定更加符合"典型事实"（Stylised Facts）。从一个侧面验证"货币创造观"比"中介观"更具有现实解释力（比如银行资产负债表规模不受已有储蓄规模限制、银行杠杆率是顺周期的以及经济衰退中信贷数量配给比信贷价格配给更重要）。注意"中介观"下的 DSGE 模型里，金融冲击主要导致银行进行"信贷价格配给"，而"创造观"下银行倾向于"信贷数量配给"为主。

在脱欧潮危机中，有研究注意到，欧元区金融一体化逐渐走向崩溃，银行 CDS 利差和主权 CDS 利差开始步调一致，主权债务脆弱性波及银行业，而这种恶性循环又通过银行困境反过来加速恶化公共财政和主权债务稳定性。国内对银行业的救助与国外对欧元区国家的债务豁免几乎交织在一起，他们称作"双重救市"，二者几乎耦合在一起，国家和银行业的命运交织一处。为此，Emmanuel Farhi 和 Jean Tirole 认为，一方面银行可以设立"救市看跌期权"来完善银行业激励机制；另一方面国家应该放松对银行业的管制，允许银行增持国内债务，同时积极争取外国的国际债务豁免（Farhi, Tirole, 2018）。

考察政府直接使用数字货币（研究设想了一个完全的电子货币体系）发放信贷的前景。研究认为，现代信贷体系下政府通过征税权本身可以创造信贷，政府创造的货币可以用来偿还政府欠款。当政府直接创造信贷时，若新增信贷以电子货币形式发放，政府监管能力大大增强，这更加强化了政府的征税能力（Stiglitz, 2017）。信用货币体系下政府不需要金银资本就能控制商业银行。有研究认为，以账户为基础的 CBDC 将与商业银行竞争存款，而商业银行由于借短还长的业务特点（借入短期存款并贷出款项支持长期项目，承担"Maturity Transformation"角色），数字货币体系下央行最终有可能变成存款垄断者，而擅长长期投资项目的投资银行则不受影响。同时研究发现，在恐慌时期，央行与投资银行的刚性存款合约（实际利率缔约）会抑制对银行体系的存款挤兑，央行比商业银行部门更稳定，上述研究结论可以扩展到考虑了用名义利率缔约时 CBDC 与传统货币政策的关系（Fernández-Villaverdez et al., 2020; 2021）。在名义利率缔结存款合约的情形下，如果 CBDC 替代传统活期存款，在客户面临支出冲击时为其提供流动性，挤兑仍可能存在。这意味着 CBDC 将陷入一个三难问题：效率、金融稳定（无挤兑）以及价格稳定，三者不可兼得，只能最多达成两个目标。处理

CBDC 三难问题是"反脆弱性"的关键（Schilling et al.，2020）。

第二节　数字货币体系下的金融中介

随着互联网金融的兴起，商业银行传统业务日益受到互联网金融平台的影响。就支付工具考量，银行存款乃至信用卡的便利性不再具有比较优势，各大互联网平台都推出了自有的互联网支付平台（以支付宝、微信支付为代表）。通过客户基数较大的国民应用（以淘宝和微信为例），互联网公司构建了一个完整的生态闭环。公众有动力将存款存放于相应的支付平台以应对一些频繁的场景应用（比如网上购物），这类支付平台也相应地因为庞大的用户基数获得了对银行更大的议价权，因此可以获得较为优惠的银行业务手续费，这进一步加速了商业银行传统业务的解体。支付平台的应用场景如今已经渗透入生活的方方面面（小到水电煤气等公共事业的缴费、手机充值和信用卡还贷，大到买车买房等），互联网金融以云计算为代表的海量的虚拟节点对传统商业银行的实体营业部构成了"碾压式"的打击。就金融服务来看，普通公众越来越习惯于使用互联网金融平台购买理财产品，商业银行的理财产品业务也受到侵蚀；同时由于支付平台获得客户互联网金融账户大量的沉淀资金，这些海量资金作为筹码可以向银行获得"大额存款"议价权。就贷款业务来看，以 P2P 为代表的互联网金融让个人可以直接通过平台进行融资，同时各大互联网平台利用自有资金积极开展面向个人的消费贷款业务，各大支付平台都趁势推出了面向个人的消费贷款型金融产品，除了规模以上企业的贷款业务外，商业银行的贷款业务都不同程度地萎缩了。总的来看，互联网金融的兴起加速了商业银行体系的"金融脱媒"进程。

互联网支付时代，传统的银行业务面临挑战，支付宝业务的便利性（比如跨行转账手续费较低，可以方便地购买货币基金等金融服务）曾经引发过"存款大搬家"，以至于这类无银行之名行金融之实的新型金融机构长期处于不受监管的地步，因此自P2P金融纷纷出局后，国家允许几大互联网金融巨头以民营银行的形式取得互联网银行业务的牌照，并适时纳入政策当局监管之下。与之对照，数字货币体系下，随着央行数字货币体系的兴起，互联网支付平台的业务格局也有可能出现一些新的变化。一方面，随着数字人民币的推出，一些新的业务得以开展，各大支付平台的业务有可能拓宽；另一方面，数字人民币作为法定支付工具和安全等级最高的资产，数字人民币以及数字人民币钱包将有可能替代部分互联网支付平台。

数字货币体系下，一切金融中介的信贷创造过程都受到不同程度的影响，央行有可能绕开金融中介直接介入信贷创造过程，分析金融中介与央行的博弈对构建"反脆弱性"的数字货币体系大有裨益且是必要的。考虑到互联网支付平台，其银行业务也以网商银行（控股股东为阿里系）和微众银行（控股股东为腾讯系）等民营银行（类似的还有百信银行、新网银行和亿联银行等互联网银行）的形式纳入监管机构的监管范围。基于此，金融中介机构可以统称为银行，但考虑其存款业务占比很小，因此数字货币体系下存款合约市场的博弈主要在中央银行和商业银行间开展（建模中假设央行可以向其业务模式学习获得长期投资技术）。进一步地，为了建模的便利性，银行分为只有存贷业务的零售银行、只从事投资业务的投资银行以及带有数字经济性质的互联网金融中介（笔者抽象为该主体具有内嵌产业链特性的长期投资能力）。本章以存款合约市场博弈为研究对象，央行数字货币使得央行可以向市场提供存款合约，此处博弈聚焦于能够提供存款合约的主体，即中央银行和商业银行竞相向市场提供存款合约的博弈行为决定了数字货币体系下的金融结构：金融触媒或者金融脱媒。

第三节 原始模型

按照 Douglas Diamond 和 Philip Dybvig 关于挤兑模型的设定（Diamond，Dybvig，1983），本书以市场上金融中介能够提供的标准存款合约模型为标杆模型。假设市场上事前存在相同的消费者，将消费者编号归一化到（0,1）连续统，模型分成三期，分别为 $t = 0,1,2$ 三期，其中在 $t = 0$ 期，每个消费者固有禀赋为 1 单位商品，其中消费者消费量为 $x_i, i = 1,2$。消费者效用 $U(x_1, x_2)$ 定义如下：

$$U(c_1, c_2) = \begin{cases} u(x_1), prob(U = u(x_1)) = \lambda \\ u(x_2), prob(U = u(x_2)) = 1 - \lambda \end{cases}$$

其中，效用函数 $u(\cdot)$ 为增函数，符合 Inada Condition（$\lim_{x \to \infty} u'(x) = 0$，$\lim_{x \to 0} u'(x) = \infty$）；对于任何消费水平 $x > 0$，相对风险厌恶系数 $\frac{-xu''(x)}{u'(x)} > 1$。于是市场上就分成了两种消费者，一种是重视及时行乐的消费者，其效用取决于 1 期消费，占比为 λ；另一种是延迟满足的消费者，其效用取决于 2 期消费，占比为 $1 - \lambda$。

模型假设消费者的类型由 $t = 1$ 期的异质冲击随机决定，同时由于消费者类型属于私人信息，假设金融中介并不能事前知晓消费者到底属于何种类型，事实上金融中介开发的各种"用户画像系统"就旨在对消费者进行分类，消除信息不对称，本设定保证金融中介无法单方面向特定消费者提供差别服务。消费者拥有跨期储存商品的能力，这意味着哪怕是一个"延迟满足型"消费者，其也可以在 $t = 1$ 期从银行提款，以应对 $t = 2$ 期消费。这样的设定使得金融中介难以从提款的期限去判定消费者类型。

假设所有消费者都会按照其类型行事,中央计划者"事先"最大化社会福利,福利函数设置为:

$$W = \underset{y,x_1,x_2}{Max} \lambda u(x_1) + (1-\lambda)u(x_2) \tag{6-1}$$

约束条件:

$$\lambda x_1 \leq 1$$

$$(1-\lambda)x_2 \leq R(1-\lambda x_1)$$

假设通过该优化问题一阶必要条件,求得内点解 (x_1^*, x_2^*) 即为"社会最优存款合约",同时满足下列条件:

$$\frac{\partial u(x)}{\partial x}|(x_1^*) = R\frac{\partial u(x)}{\partial x}|(x_2^*)$$

$$(1-\lambda)x_2^* = R(1-\lambda x_1^*)$$

由于效用函数是凹函数(二阶导小于 0),$R > 1$,因此最优合约条件 $\frac{\partial u(x_1)}{\partial x_1}\bigg|(x_1^*) > \frac{\partial u(x_2)}{\partial x_2}\bigg|(x_2^*)$,这意味着 $x_2^* > x_1^*$,即"延时满足消费者"效用在最优合约的情形下要高于"及时行乐消费者"。

同时,该模型还有一个发人深思的结论,对于合约 $(x_1 = 1, x_2 = R)$,最优合约依然有全局福利改进的空间。

$$Ru'(R) = \int_{x=0}^{1}\frac{\partial [x \cdot u'(x)]}{\partial x}dx + \int_{x=1}^{R}\frac{\partial [x \cdot u'(x)]}{\partial x}dx$$

$$= 1 \times u'(1) - 0 + \int_{x=1}^{R}\frac{\partial [x \cdot u'(x)]}{\partial x}dx$$

因为 $\int_{x=1}^{R}\frac{\partial [x \cdot u'(x)]}{\partial x}dx = \int_{x=1}^{R}x \cdot u''(x) + u'(x)dx$,由于相对风险厌恶系数大于 1,$\int_{x=1}^{R}\frac{\partial [x \cdot u'(x)]}{\partial x}dx < 0$,得:$Ru'(R) < u'(1)$。这意味着最优合约 $(x_1^* > 1, x_2^* < R)$。

第四节 博弈论模型：以实际价格缔约

一 模型主体部分

通过介绍 Jesús Fernández-Villaverdez 等在 2021 年搭建的以实际价格缔结合约的模型（Fernández-Villaverdez et al. , 2021），并在其模型框架下进行扩展与改造，笔者分析数字货币体系下金融中介与央行博弈，并探讨由此引发的数字货币体系反脆弱性问题。

（一）消费者

假设市场上事前存在相同的消费者，将消费者编号归一化到 (0,1) 的实数区间，模型分成三期，分别为 $t = 0,1,2$ 三期，其中在 $t = 0$ 期，每个消费者固有禀赋为 1 单位商品，消费者消费量为 c_i，$i = 1,2$。消费者效用 $U(c_1, c_2)$ 定义如下：

$$U(c_1, c_2) = \begin{cases} u(c_1), prob(U = u(c_1)) = \lambda \\ u(c_2), prob(U = u(c_2)) = 1 - \lambda \end{cases}$$

其中效用函数 $u(\cdot)$ 符合 Inada Condition（$\lim_{x \to \infty} u'(x) = 0$，$\lim_{x \to 0} u'(x) = \infty$）；对于任何消费水平 $x > 0$，相对风险厌恶系数 $\frac{-xu''(x)}{u'(x)} > 1$。于是市场上就分成了两种消费者，一种是重视及时行乐的消费者，其效用取决于 1 期消费，占比为 λ；另一种是延迟满足的消费者，其效用取决于 2 期消费，占比为 $1 - \lambda$。

（二）银行

市场上存在大量银行为消费者投资需求服务。假设银行提供两种服务：一种称作短期资产服务，另一种为长期资产服务。短期资产服务对应着银行的短期投资技术，持续 1 期，规模报酬不变，名义收益跨期恒为 0，这可以类比于各大银行的保险库业务。长期资产服务对应银行的长期投资技术，持续2期，规模报酬不变，但跨期收益为 $R-1$，其中 $R>1$。长期资产服务虽然持续2期，但在 $t=1$ 期可以被提前清偿，此时商业银行提前变卖长期资产获得的单位投资本息收益为 κ，其中 $\kappa \in (0,1)$。

银行分为三个类型。第一种为商业银行，亦被称为零售银行，由商业银行家拥有并管理。第二种被称为投资银行，由投资银行家拥有并管理。顾名思义，投资银行家主要关注长期资产投资技术，不提供存款合约，不参与存款合约市场博弈，因此其有很强动机使得 $t=2$ 期利润最大化。投资银行家只专注于在 $t=0$ 期提供长期投资合约（投资银行无法向消费者提供短期存款业务），在合约中规定在 $t=2$ 期向投行客户提供正的收益，投行客户是央行部门。笔者设定的投资银行不光涉及惯常理解的各大券商、私募或者公募基金，同时也包括了国内四大政策性银行乃至亚洲基础设施投资银行那样的专业机构。第三种被称为互联网金融平台，指背后有流量平台支撑的银行。这类银行为数字经济时代重要的中介节点（比如网络银行），由于其拥有的数字场景，裹挟了大量的黏性客户，深入嵌入国民经济中供给与需求的方方面面。因此，其兼具零售和投资两大功能，并具有特殊投资技术，长期投资能获得更高收益。此类长期投资技术之所以获得更高收益，得益于互联网平台相较于传统金融中介更低成本的金融服务能力，互联网平台可以提高其长期投资技术回报率；平台积累的海量交互数据降低了金融目标用户的"用户画像"成本，精准的金融业务推送让互联网金融展业事半功倍；由于互联网金融相关法律法规的局限，随着互联网金融创新业务的开展，传统金融机构森严的许可证壁垒对互联网金融平台不构成成本压力；考虑到互联网产业的规模效应，互联网金融服务人均定制成本随着服务人群边际递减；互联网平台本身业务就涉及巨大的访问流量，巨大的流量入口具备获客便利性；立法与司法实践的滞后，互联网金融与形成中的监管法规可以同步博弈相互促进，内部人参与的行业法规建设进一步降低了展业成本；互联网平台作为产业链中各类业务数据集散地，深入供应链的产业控制力是其面向全产业链开发全生命周期金融产品的基础。虽然互联网金融中介长期回报较其他两类银行为高，假设互联网金融中介整合的都是规模以下中小企业的业态，因此其绝对份额很小（这类似于网络银行的设定，网络银行大多服务于低于500万元存款的中小商户，同时其吸纳存款能力较弱），对市场冲击较小，但影响力在货币体系下也较小，数字货币体系下此类金融中介可以由央行加以整合。假设数字货币体系下央行采购其长期投资技术，其份额限制可取消。

（三）商业银行存款合约

假设消费者在 $t=0$ 期与商业银行签订一个存款合约，合约规定若消费者在 $t=0$ 期存入 1 单位商品，银行随即将 y 单位商品用于短期投资，$1-y$ 单位商品用于长期投资，长期投资将带来正的收益，银行净值因此得已增长。银行若在 $t=1$ 期要求被偿付，则需要支付 $\hat{c}_1$ 给消费者；银行若在 $t=2$ 期要求被偿付，则需要支付 $min(\hat{c}_2,$ 银行每户平均净值）给消费者，合约记为 $(\hat{c}_1,\hat{c}_2)$。银行将 $t=1$ 期偿付消费者剩余后的全部净值都用于短期投资。因此，$t=1$ 期，银行每户平均净值为 y；$t=2$ 期，银行每户平均净值为 $R(1-y)+y-\lambda c_1$。

假设银行家消费为正，其关心 $t=2$ 期每笔合约的消费最大化；同时假设商业银行面对寡头竞争市场，根据 Bertrand 模型，商业银行长期利润为 0，这是商业银行的"零利润条件"。此时消费者优化，可同步确定最优合约：

$$\underset{y,c_1,c_2}{\text{Max}} \lambda u(c_1) + (1-\lambda)u(c_2) \qquad (6-2)$$

约束条件：

$$0 \leq y \leq 1$$

$$\lambda c_1 \leq y$$

$$(1-\lambda) c_2 \leq R(1-y) + y - \lambda c_1$$

优化函数一阶必要条件，可得社会最优存款合约（c_1^*, c_2^*）：

$$c_1^* = \frac{y^*}{\lambda}$$

$$c_2^* = \frac{R(1-y^*)}{1-\lambda}$$

$$\frac{\partial u(c)}{\partial c} \big| (c = c_1^*) = R \frac{\partial u(c)}{\partial c} \big| (c = c_2^*)$$

（四）中央银行

假定中央银行仅仅具有短期资产管理技术，央行长期资产管理依赖于投资银行缔结合约间接完成。为简化起见，假设中央银行无法获得财政补贴支持，无法向商业银行征收铸币税。中央银行的资金来源现定于在 $t = 0$ 期吸纳的消费者商品、短期投资所得以及来自投资银行的收益。假设消费者在 $t = 0$ 期与中央银行签订一个存款合约，合约规定若消费者在 $t = 0$ 期存入 1 单位商品，央行承诺消费者可以在接下来的任意 1 期要求偿付。若消费者选择在 $t = 1$ 期要求偿付，将获得 d_1；若消费者选择在 $t = 2$ 期要求偿付，将获得 d_2，合约记为（d_1, d_2）。

在 $t = 0$ 期，中央银行与商业银行竞争消费者存款，央行将吸纳的存款中 x 单位商品用于短期投资，$1 - x$ 单位商品交给投资银行用于长期投资。在 $t = 0$ 期，投资银行与央行签订合约，规定投资银行对央行长期资产的负债。假设将投行最终支付给央行的本息设定为一个"相对于从央行收到的单位商品的比重"，表示为 l_2。在 $t = 2$ 期，投资银行获得单位收益 R，同时向中央银行偿付约定本

息 l_2，其中：

$$l_2 \leq R$$

假设 $t = 0$ 期，f 比例的消费者在中央银行缔结存款合约，$f \in [0,1]$。由于每个消费者可存一单位商品，因此有 f 单位的商品存在中央银行。令 $\alpha \in [0,1]$ 为在 $t = 1$ 期要求偿付的消费者比例。

$t = 1$ 期，中央银行面临的约束条件为：

$$\alpha d_1 \leq x$$

$t = 2$ 期，中央银行面临的约束条件为：

$$(1 - \alpha)d_2 \leq l_2(1 - x) + x - \alpha d_1$$

则消费者最优化问题变为：

$$\underset{y,d_1,d_2}{\text{Max}} \lambda u(d_1) + (1 - \lambda)u(d_2) \qquad (6-3)$$

约束条件：

$$\alpha d_1 \leq x$$

$$(1 - \alpha)d_2 \leq l_2(1 - x) + x - \alpha d_1$$

$$l_2 \leq R$$

（五）互联网金融中介存款合约

假设消费者在 $t = 0$ 期与互联网金融中介签订一个存款合约，合约规定若消费者在 $t = 0$ 期存入 1 单位商品，中介随即将 z 单位商品用于短期投资，$1 - z$ 单位商品用于长期投资，长期投资将带来正的收益 R_l。由于互联网金融中介的业务和数据采集能力内嵌入数字经济市场场景的方方面面，以及自有的金融云计算平台（这些互联网平台主业使用到的软硬件技术资源可以迁移应用到互联网金融业务中）等高新技术赋予的低廉运营成本，其投资收益高于传统投行收益：$R_l \geq R$。

互联网金融中介净值因此得以增长，若在 $t = 1$ 期要求被偿付，则需要支付 $\hat{e}_1$ 给消费者；互联网金融中介若在 $t = 2$ 期要求被偿付，

则需要支付 $min(\widehat{e_2})$（互联网金融中介每户平均净值）给消费者，合约记为 $(\widehat{e_1},\widehat{e_2})$。互联网金融中介将 $t=1$ 期偿付消费者剩余后的全部净值都用于短期投资。令 $\beta \in [0,1]$ 为在 $t=1$ 期要求偿付的消费者比例。因此，$t=1$ 期，互联网金融中介每户平均净值为 z；$t=2$ 期，中介每户平均净值为 $R_l(1-z)+z-\beta e_1$。

假设"互联网金融中介银行家"消费为正，其关心 $t=2$ 期每笔合约的消费最大化；同时假设互联网金融中介面对寡头竞争市场，根据 Bertrand 模型，互联网金融中介长期利润为 0，这是互联网金融中介"零利润条件"。

此时消费者优化，可同步确定最优合约问题：

$$\underset{y,e_1,e_2}{\text{Max}} \beta u(e_1) + (1-\beta) u(e_2) \qquad (6-4)$$

约束条件：

$$0 \leqslant z \leqslant 1$$

$$\beta e_1 \leqslant z$$

$$(1-\beta) e_2 \leqslant R_l(1-z) + z - \lambda e_1$$

优化函数一阶必要条件，可得社会最优存款合约 (e_1^*, e_2^*)：

$$e_1^* = \frac{z^*}{\beta}$$

$$e_2^* = \frac{R_l(1-z^*)}{1-\beta}$$

$$\frac{\partial u(c)}{\partial c}\bigg|(c=e_1^*) = R_l \frac{\partial u(c)}{\partial c}\bigg|(c=e_2^*)$$

（六）均衡

假设消费者在 $t=0$ 期面临将存款存入商业银行或者中央银行的权衡。将消费者编号归一化到 $(0,1)$ 的实数区间，假设对于第 i 个消费者，$i \in [0,1]$，其存款决策记为 h_i，若其存入商业银行，则 $h_i=0$；若存入中央银行，则 $h_i=1$。消费者 i 的提款策略记为

σ_i,若在 $t=1$ 期提款,则 $\sigma_i=1$;若在 $t=2$ 期提款,则 $\sigma_i=2$。同时令 σ_{-i} 代表除了消费者 i 的其他消费者的提款策略。

均衡条件由符合若干条件的合约族构成,这些合约包括央行与投资银行签订的长期资产管理合约 l_2、商业银行与消费者签订的活期存款合约 $(\hat{c}_1, \hat{c}_2)$ 以及中央银行与消费者签订的活期存款合约 (d_1, d_2)。在 $t=0$ 期,存款决策空间 $h \in (0,1)$,f 比例的消费者在中央银行缔结存款合约,$f \in [0,1]$,消费者提款时间选择空间为 $\sigma \in (1,2)$;在 $t=1$ 期,选择提取存款的消费者比例 $\alpha \in [0,1]$。均衡时,三个合约满足以下条件。

(1)在 $t=0$ 期,给定合约 $(\hat{c}_1, \hat{c}_2)$ 和 (d_1, d_2),消费者基于效用最大化原则选择合约。在 $t=1$ 期,消费者选择中途提款时间策略 σ,提款策略是一个纳什均衡博弈。

(2)给定 (d_1, d_2) 的情况下,商业银行为了最大化 $t=2$ 期的效用,选择最优合约 $(\hat{c}_1, \hat{c}_2)$。

(3)在 $t=2$ 期,投资银行获得单位收益 R 向中央银行偿付 l_2,其中:$l_2 \leq R$。

(4)给定消费者选择中途提款时间策略 σ 的情形下,$t=1$ 期,中央银行面临的约束条件为:$\alpha d_1 \leq x$;$t=2$ 期,中央银行面临的约束条件为:$(1-\alpha)d_2 \leq l_2(1-x) + x - \alpha d_1$。

(5)在 $t=1$ 期,提款的消费者比例 $\alpha = 1 - \int_{i,\sigma_i=2} di$,即剔除 $t=2$ 期提款的人数总和。

(6)$t=0$,消费者在中央银行缔结存款合约的比率 $f = \int h_i di$。

假设本书将不存在中央银行和互联网金融中介的条件下,商业银行与消费者达成的合约称为"社会最优存款合约"(c_1^*, c_2^*),Jesús Fernández-Villaverde 等的研究证明通过央行与投资银行缔约的方式，央行也能复制"社会最优存款合约"。央行通过一系列设定来复制最优合约，设定短期投资比例 $x = y^*$，设定 $d_1 = \dfrac{y^*}{\lambda}$，设定 $d_2 = \dfrac{R(1 - y^*)}{1 - \lambda}$，这些设定将会使 $l_2 = R$，这意味着投资银行获得零利润，此时 $\alpha = \lambda$。最优合约意味着消费者效用最大化时，银行都将获得零利润。

最优合约可以由商业银行与中央银行同时提供，若只有一家提供时，另一家存储业务份额自动为 0；若两家同时提供最优合约，则消费者选择任意比率分别存入两类银行都是系统的均衡状态。考虑所有商业银行向消费者提供最优合约获得"零利润"的情形。假设商业银行利润设置为 τ，考虑此时消费者最大化效用将变成 τ 的函数，消费者效用最大化问题为：

$$V(\tau) = \underset{y,c_1,c_2}{\text{Max}} \lambda u(c_1) + (1 - \lambda) u(c_2) \qquad (6-5)$$

约束条件：

$$0 \leqslant c_1 \leqslant 1$$

$$\lambda c_1 \leqslant y$$

$$(1 - \lambda) c_2 \leqslant R(1 - y) + y - \lambda c_1 - \tau$$

将问题的解记作 $(y(\tau), c_1(\tau), c_2(\tau))$，则有：

$$\dfrac{\partial u(c)}{\partial c} \Big| \left(c = \dfrac{y(\tau)}{\lambda}\right) = R \dfrac{\partial u(c)}{\partial c} \Big| \left(c = \dfrac{R(1 - y(\tau)) - \tau}{1 - \lambda}\right)$$

于是在上述优化问题中，y 由 τ 内生决定，可表示为 $y(\tau)$，同时我们得到 $c_1(\tau) = \dfrac{y(\tau)}{\lambda}$，$c_2(\tau) = \dfrac{R(1 - y(\tau)) - \tau}{1 - \lambda}$。

由包络定理可知，$\tau > 0$，$V(\tau) < 0$。由于消费者都希望效用最大化，他们会优先选择 τ 最小的商业银行，同时当商业银行获得零利润时，恰好商业银行提供的是"社会最优存款合约"，这意

味着：

$$\lim_{\tau \to 0} V(\tau) = V^*(\tau)$$

$$\lim_{\tau \to 0}(y(\tau), c_1(\tau), c_2(\tau)) = (y^*, c_1^*, c_2^*)$$

假设市场上还有 f 比例的消费者在中央银行缔结存款合约，由于央行无法提供比商业银行更好的投资技术，假设中央银行利润为 τ_c，则消费者最优化问题变为：

$$V(\tau_c) = \underset{y,c_1,c_2}{\text{Max}} \lambda u(d_1) + (1-\lambda)u(d_2) \qquad (6-6)$$

约束条件：

$$\alpha d_1 \leq x$$
$$(1-\alpha)d_2 \leq l_2(1-x) + x - \alpha d_1 - \tau_c$$
$$l_2 \leq R$$

当央行利润 τ_c 为 0 时，央行提供的存款合约为社会最优存款合约。此时商业银行为了争取客户复制央行合约，最终也将提供最优合约。于是，f 比例的消费者在中央银行缔结存款合约，$(1-f)$ 比例的消费者在商业银行缔结存款合约，均衡达成。投资银行的行为受到央行与商业银行竞争的约束，若商业银行提供最优合约，而央行无法提供最优合约，此时投资银行将不能获得任何长期投资业务，因为其长期投资业务依赖于央行的存款。

假设央行能够通过互联网金融中介获得比商业银行收益更高的长期投资技术，互联网金融中介需要通过央行才能获得业务份额（业务份额在传统金融中介结构下有规模限制），因此互联网金融中介与央行的合作不具有议价权，互联网金融中介长期利润为 0，央行可以获得 R_l 的长期投资能力。假设中央银行利润为 τ_c，则消费者最优化问题变为：

$$V(\tau_c) = \underset{y,c_1,c_2}{\text{Max}} \lambda u(d_1) + (1-\lambda)u(d_2) \qquad (6-7)$$

约束条件：

$$\alpha d_1 \leq x$$
$$(1-\alpha)d_2 \leq l_2(1-x) + x - \alpha d_1 - \tau_c$$
$$l_2 \leq R_l$$

此时央行除了提供社会最优存款合约，还能获得一个大于 0 的利润，央行通过一系列设定来复制最优合约，设定短期投资比例 $x = y^*$，设定 $d_1 = \dfrac{y^*}{\lambda}$，设定 $d_2 = \dfrac{R(1-y^*)}{1-\lambda}$，这些设定将会使得 $l_2 = R$，$\alpha = \lambda$，此时 $\tau_c = (R_l - R)(1 - y^*)$，因此央行此时提供完最高合约之后尚且有正的利润。

二 商业银行挤兑

商业银行挤兑的定义：商业银行不光清算短期贷款，同时还被迫清算长期贷款合约，这时称为商业银行挤兑。当商业银行需要提前清算长期贷款合约时，假设收益率为 κ，此时在 $t = 1$ 期，要求提款的客户 $\alpha > \lambda$，由于均衡时商业银行提供的是社会最优存款合约，商业银行发生挤兑意味着：

$$\alpha c_1^* > y^* + (1 - y^*)\kappa$$

如果没有足够的流动性清偿，则称为发生商业银行挤兑。在清偿客户中随机选择 $\dfrac{y^* + (1-y^*)\kappa}{\alpha c_1^*}$ 比例的人，在 $t = 1$ 期赔付每个人 c_1^*，显然 $t = 2$ 期要求还本付息的客户将什么都拿不到。

假设未发生商业银行挤兑，哪怕 $t = 1$ 期的提款比例 $\alpha > \lambda$，商业银行也能保证每个人获得支付 c_1^*。商业银行预支了 $\dfrac{(\alpha - \lambda)c_1^*}{\kappa}$ 单位用于长期投资的商品，但依然满足 $\alpha c_1^* < y^* + (1 - y^*)\kappa$。此时商业银行用于长期投资的商品变为 $1 - y^* - \dfrac{(\alpha - \lambda)c_1^*}{\kappa}$，这些商品在 $t = 2$ 期连本带息变为：

$$\left[1 - y^* - \frac{(\alpha - \lambda)c_1^*}{\kappa}\right]R$$

挤兑发生后，消费者要求履约的数量为 α，而银行清偿的数量为 $\frac{y^* + (1-y^*)\kappa}{c_1^*}$。博弈矩阵可以表示消费者的最终效用，如表 6-1 所示。

表 6-1　　　　　　　　　　商业银行挤兑博弈

	$t=1$ 期的提款比例 α	$t=2$ 期提款
无挤兑	$u(c_1^*)$	$u\left(\dfrac{R(1 - y^* - \dfrac{(\alpha-\lambda)c_1^*}{\kappa})}{1-\alpha}\right)$
挤兑	$\dfrac{y^* + (1-y^*)\kappa}{\alpha c_1^*} u(c_1^*)$	0

资料来源：文献（Fernández-Villaverdez et al.，2021）。

分析上述博弈可以发现：当发生挤兑时，"延迟满足型"投资者提前提款是一个均衡点；当不发生挤兑时，"延迟满足型"投资者效用会更大，更一般地，考虑到市场上"及时行乐型"消费者占比为 λ，当 $\alpha = \lambda$ 时恰好取得"社会最优契约"。

三　中央银行挤兑

中央银行由于没有长期投资技术，当发生挤兑时，其只能偿付短期投资部分，它无法像商业银行那样从自身长期投资中提前预支长期资产以应对短期流动性不足，其兑付表现为短期刚性兑付（必须要注意到，中央银行获得大规模投资技术的细节将是一个宏大议题，笔者在本书不做过多拓展）。只要 $t=1$ 期的提款比例 $\alpha > \lambda$，中央银行即发生挤兑。此时，挤兑序列中只有排在队首的 $\frac{\alpha}{\lambda}$ 能够

获得 c_1^*，队列中其他人员将获得 0。若央行采取公平对待所有提款者的策略，挤兑时，此时对于一个排在队尾的消费者，如果他是"及时行乐型"消费者，那么央行将视作其将短期存款自动转成了长期合约；如果他是"延迟满足型"消费者，那么央行将按照原有合同继续履约，因此这实际代表中央银行刚性偿付了部分的短期投资合约，并没有因为消费者类型而区别对待，超出部分的挤兑人群默认都将在中央银行持有一个长期合约，在 $t=2$ 期剩余人群都将得到清偿。此时，"延迟满足型"消费者在 $t=1$ 期也没有动力提前清偿，因为如果排在队列首位，他的预期收益会受损；如果排在队列末尾，他还是要静候长期合约到期。博弈矩阵可以表示消费者的最终效用，如表6－2所示。

表6－2　　　　　　　　　　中央银行挤兑博弈

	$t=1$ 期的提款比例 α	$t=2$ 期提款
无挤兑	$u(c_1^*)$	$u\left(\dfrac{R(1-\gamma^*)}{1-\lambda}\right)$
挤兑	$\dfrac{\lambda}{\alpha} u(c_1^*) + \dfrac{\alpha-\lambda}{\alpha} \times u\left(\dfrac{R(1-\gamma^*)}{1-\lambda}\right)$	$u\left(\dfrac{R(1-\gamma^*)}{1-\lambda}\right)$

资料来源：文献（Fernández-Villaverdez et al.，2021）。

消费者在中央银行合约退出时机的选择博弈中，在具有"公平对待机制"的条件下，"延迟满足型"消费者没有动力提前退出，最终均衡时恰有 $\alpha = \lambda$ 的"及时行乐型"消费者提前取款，挤兑并未发生，消费者达成"社会最优存款合约"情形。

四　获得长期投资技术的中央银行

当央行通过发行央行数字货币，利用央行数字货币低成本优势以及无远弗界的监管能力和偿付能力，央行可以批量复制互联网金融中介的经验，在获得长期投资技术后，同时由于国家中央银行"超然"的法律地位，央行不再受限于业务规模（如本章假设互联网金融中介的长期投资业务规模是受限的）。此外，央行提供全社会最优存款合约的前提下依然具有非0的利润 $\tau_c = (R_l - R)(1 - y^*)$，央行此时不仅具有了刚性兑付短期投资部分的能力，同时强制要求"超出兑换队列的挤兑人员"分情况接受如下兑换策略：对于队列后 $\frac{\alpha}{\lambda}$ 中的短期合约持有者，强制要求其持有长期合约；对于队列后 $\frac{\alpha}{\lambda}$ 的长期合约持有者，要求其长期合约不变；同时将利润拨付给那些面临挤兑风险而可能受损的长期合约持有者，对于按约定持有长期合约到期的消费者，使用央行自有利润给予额外奖励。具体支付矩阵如表6-3所示。

表6-3　　　　　　长期投资技术情形下中央银行挤兑博弈

	$t=1$ 期的提款比例 α	$t=2$ 期提款
无挤兑	$u(c_1^*)$	$u\left(\dfrac{R(1-y^*)}{1-\lambda}\right)$
挤兑	$\dfrac{\lambda}{\alpha}u(c_1^*) + \dfrac{\alpha-\lambda}{\alpha} \times u\left(\dfrac{R(1-y^*)}{1-\lambda}\right)$	$u\left(\dfrac{R_l(1-y^*)}{1-\lambda}\right)$

资料来源：笔者自制。

由于 $\dfrac{R_l(1-y^*)}{1-\lambda} > \dfrac{R(1-y^*)}{1-\lambda} > c_1^*$，显然有：

$$\frac{\lambda}{\alpha}u(c_1^*) + \frac{\alpha-\lambda}{\alpha} \times u\left(\frac{R(1-y^*)}{1-\lambda}\right) > u(c_1^*)$$

$$u(\frac{R_l(1-y^*)}{1-\lambda}) > u(\frac{R(1-y^*)}{1-\lambda})$$

针对队列中"超出兑换队列的挤兑人员",由于中央银行强制实施未偿付短期合约转换为长期合约的兑换政策,以及对原有长期合约投资者的额外奖励,当挤兑发生时,长期合约持有者中,无论是"延迟满足型"消费者还是"及时行乐型"消费者,都无动力取出长期合约,央行的利润额外地在非常时期提供了一个改变公众预期的"资金安全垫",因此央行发生挤兑的概率大大降低。这一特性将彻底挤出商业银行提供的最优合约,这意味着数字货币体系下金融结构中传统金融中介的地位将大打折扣,使得金融脱媒在数字货币体系下成为可能。

第五节 若干结论

当消费者在存款前考量了上述博弈后,发现哪怕商业银行与中央银行同时提供了最优合约,但中央银行无论在何种机制下都不会发生挤兑,而商业银行哪怕提供了"最优合约",也难免会发生挤兑的风险。"中央银行存款垄断",只要中央银行提供社会"最优合约",商业银行就无法获得存款,最终市场上的存款合约都将由中央银行垄断。

当央行通过互联网金融中介获得直接参与信贷创造的过程时,央行在提供给消费者最优合约时,可以保有一个大于 0 的企业利润。央行货币当局事实上的垄断地位,使得互联网金融中介原有份额较小的长期投资能从商业银行信贷供给结构中获得更高份额。央行可事先设计出适当的针对非常事件(比如挤兑)合约的履约政策,以自有利润作为安全垫资金保证长期合约持有者没有动力参加挤兑。因而在央行数字货币情形下,央行有能力通过制度安排应对过去金融中介层面的挤兑风险传染。此外，在央行数字货币介入货币体系的情形下，存款合约市场博弈背景下的金融脱媒过程可能使得基于"乘数论"的货币供给理论的解释力大大削弱。

当央行能够通过央行数字货币的低成本大批量地复制互联网金融中介的投资技术时，通过这种收益率超过传统商业银行的投资回报能力，央行在保有利润的同时获得最优合约，同时拥有领先于商业银行的挤兑应对策略，这将全面挤压商业银行的存款合约业务。央行数字货币框架下，央行最终有可能在金融中介业务中优于商业银行，直接参与信贷创造过程。

第七章

央行数字货币与信贷：一般均衡框架下贷款合约视角

第一节 引言

2020年暴发的新冠疫情对全球经济造成沉重打击，企业迎来破产潮。美国法律服务企业Epiq公司公布的数据显示，截至2020年6月30日，美国已有超3600家企业申请破产保护，同比增长26%。根据中国企业破产重整信息网数据，2020年中国全年破产案有83541件，较2019年增长98%。疫情下企业破产隐含机制并非单一，疫情对企业冲击存在多种途径和机制。作为应对疫情冲击的政策之一，美联储在2020年12月底宣布将联邦基金利率目标区间维持在0到0.25%的低位，这将使得其长期平均通胀预期锚定在2%的目标。在企业破产潮中，多个主要国家普遍采取了以降息为手段的应对性货币政策，对冲疫情冲击。中国货币当局也面对这样一系列问题：疫情冲击对企业主体和宏观经济有何影响？若采取国际通行宽松货币政策，其效果会如何？政策成本如何？

新冠疫情大流行具有不可预见性，统计学意义上可以视作一种极小概率事件或者风险冲击。① 在动态宏观建模中，新冠疫情可视为一种罕见的风险冲击加以刻画。当新冠疫情被识别为一种风险冲击时，在宏观建模角度至少具有三种冲击传导途径。第一，新冠疫情作用于企业家的风险承受能力。现实中，面临疫情冲击，往往家庭部门尚可通过政府的转移支付平滑其消费。但是，在疫情冲击下，企业家近乎完全暴露于风险中，冲击影响到企业的项目收益预期、投融资结构，企业家项目风险溢价提高，收益率实现不及预期，信贷合约大量违约，企业在信贷市场的议价能力进一步下降，最终信贷市场中的委托代理成本提高，企业家内外部融资进一步恶化，陷入恶性循环。而这些在信贷市场的摩擦中都有体现。因此，新冠疫情冲击的一个传导途径是影响企业家的项目风险溢价和信贷市场摩擦。企业面临的新冠疫情冲击与正常的风险冲击比较，最大区别体现在概率规模上。本书使用芝加哥期权交易所波动率指数（VIX）作为代理变量测度疫情的发生概率，结果显示，新冠疫情是一个罕见程度堪比"2008年国际金融危机"的小概率事件，是一个偏离期望值3.21个标准差、换算成概率为0.1%量级的风险冲击。第二，新冠疫情还通过企业部门技术冲击途径发挥作用。技术冲击一般被分解为"纯技术引致冲击"和"管理引致冲击"。没有证据显示，生产技术在疫情冲击下发生本质变化。但是，疫情冲击会通过影响生产组织（比如在家办公和电商）等管理形式而发挥作用，"管理引致冲击"仍可能是一条传导途径。第三，新冠疫情冲击同时也通过影响家庭收入和消费习惯发挥作用。

多数研究会侧重于从技术冲击角度分析新冠疫情的影响，而本书将从企业家风险冲击和信贷摩擦角度研究新冠疫情的影响，理由

---

① 在世界卫生组织（WHO）宣布过的"全球大流行"（pandemic）疫情中，新冠疫情波及的人口最多、地区最广。

如下。技术冲击一般都作为外生冲击处理，很难基于概率进行测度，而风险冲击相对来说可以基于概率进行测度，并应用动态宏观模型进行分析。本书将在传统货币体系与数字货币体系两大体系框架下，分别探讨信贷市场层面和宏观产出层面在冲击下的可能影响以及相关应对。通过问题的深入，本书将以系统性反脆弱为目标，从"功能性数字货币"角度给出未来央行数字货币在新的场景下可能具备的特点。遵循这些特点，央行数字货币有可能作为一种重要的政策工具载体参与宏观经济管理，这将为数字货币体系的逐步完善奠定理论基础。

第二节　理论梳理

一　金融摩擦理论

金融摩擦的理论基础源于信息不对称性和道德风险（Stiglitz et al.，1981）。有学者建立了一个从人力资本角度处理信息结构不对称情形下债务合同问题的债务模型，该模型事实上给出了不完全信息条件下的最优合约雏形（Hart，Moore，1994）。进一步研究发现，现实中外部冲击即使是暂时的，也可能会产生持久的影响（Bernanke，Gertler，1989；Carlstrom，Fuerst，1997），学术界开始意识到需要将金融摩擦纳入动态宏观经济模型。Ben Bernanke 等建立金融加速器模型，将信贷市场摩擦引入一个动态的新凯恩斯主义框架中（Bernanke et al.，1999）。随后有学者继续以此框架分析风险冲击对经济周期的影响，此后，风险冲击作为经济周期的重要驱动因素渐成共识（Christiano et al.，2014）。亦有学者用金融加速器框架分析发展中国家的金融加速器效应（Fernández et al.，2015）。如何在动态宏观模型框架内量化新冠疫情冲击及其对企业和宏观经济的影响是一个难题，症结在于如何测度新冠疫情作为一种风险冲击的概率并设置合适的传导途径。金融危机后，有研究建立了一个研究系统性风险的宏观框架，再现 2008 年国际金融危机中"系统风险状态"和"普通状态"的转换，这为结合计量模型和结构模型建立风险测度体系提供了有益的尝试（He, Krishnamurthy, 2019）。至于宽松货币政策，即使不依赖于金融摩擦机制、价格刚性、零利率下限、流动性陷阱等宏观机制，从企业谋求市场势力的博弈角度来看，在利率足够低的情形下，仍可能因为垄断者追逐垄断利润导致投资下降和生产率下降的现象（Liu et al., 2020）。通过研究降低利率政策的影响，发现降低利率有可能提高信贷市场的风险感知水平，市场主体负面的风险感知效应可能抵消低利率的刺激效果（Stiglitz, 2016）。考虑到利率与实体经济活动之间的联系具有复杂性，关注利率的同时需要关注信贷可用性和贷款利率的变化。货币政策的执行效果离不开货币当局对信贷风险的感知，信贷与宏观经济的稳定性也是有条件的，货币当局若试图有效管理宏观经济，便需要更好地引导信贷用途。完全电子货币体系能够加强政府对市场的感知能力，政府通过控制货币供应量直接干预信贷创造将比利率管理更有前景（Stiglitz, 2017）。当经济体遭遇流动性陷阱时，国家"或有"信贷资源将能够弥补传统货币政策限制（通过利率影响市场跨期价格间接促进经济恢复），政府的直接信贷支持能够解决信贷市场"过度风险识别"问题，最终提高资本市场效率，促进经济恢复充分就业。

针对新冠疫情，Scott Baker 等从股市波动率角度分析了新冠疫情冲击对股票市场的影响（Baker et al., 2020a）。此外，结合股市波动率，围绕"政策不确定性"相关新闻文本挖掘和调查问卷数据，评估了疫情冲击对美国经济未来几年的影响（Baker et al., 2020b）。在异质性模型框架下，有研究使用家庭部门的微观数据，分析了美国应对疫情的相关刺激政策（比如一揽子财政刺激政策）

导致的福利分配与大众健康之间的代偿（trade-off）关系（Kaplan et al.，2020）。

综合上述文献，现有关于疫情影响及其政策成本的研究有如下局限。其一，很多关于新冠疫情的实证研究缺乏经济机制角度的分析，需要一个结合实证与机理的模型兼顾现象和本质。其二，在异质性框架下，研究发现美国新冠肺炎患者死亡率较高，政策当局需要在死亡率与经济政策成本间寻求平衡（Kaplan et al.，2020）。而截至2021年4月中旬，中国国内疫情已经得到控制。因此，中国政策重点应在企业活力与经济政策成本间做权衡。本书主要探讨新冠疫情冲击时，在金融加速器效应下，针对疫情的宽松货币政策在宏观经济影响与企业信贷之间的取舍。简而言之，美国学者多在"异质性主体"框架下从异质性家庭部门入手评估疫情下财政政策的个体分配影响，本书则将在"代表性主体"框架下从企业主体入手评估货币政策的企业信贷影响。本书从新冠疫情影响信贷的传导途径角度着手，其中冲击规模的测度是本书的一个着力点。具体而言，使用中国股票指数波动率估计风险冲击函数，以美国芝加哥期权交易所波动率指数（VIX）为代理变量测度新冠疫情作为一种风险冲击发生的概率。

二 引入央行数字货币的情形

随着CBDC的发展，有研究引入CBDC建立了一个包含银行业不完全竞争的DSGE模型。CBDC作为家庭部门在存款外的额外选项，具有限制金融中介市场势力的作用。模型校准美国经济数据后发现，CBDC与存款围绕利息率展开的竞争可以提高金融中介效率。当CBDC付息率控制在0.05%到1.79%的范围，全社会贷款最多可增加3.55个百分点，产出最多可增加0.5个百分点（Chiu et. al.，2019）。CBDC的引入使得家庭部门能够更加便利地将自有资金注入投资市场，不再受制于传统金融中介市场势力的制约，无形中提升全社会金融中介效率，降低信贷市场委托代理成本。当然 CBDC 的信贷创造能力并非没有限制的，研究发现，当 CBDC 利息率超过 1.79%，作为回应，银行将提高贷款利率以补偿家庭部门的超高存款利息，这将使得全社会信贷出现萎缩的迹象。国际清算银行（BIS）联合七国中央银行发布的报告《中央银行数字货币：基本原理和核心特征》（"Central Bank Digital Currencies: Foundational Principles and Core Features"）中认为，央行数字货币至少要具备三种特性。（1）无害。不妨害货币当局现存的货币政策的实施，至少不损害政策当局货币稳定和金融稳定的目标。（2）共存。与现有货币体系中的传统货币（现金、准备金和结算账户、银行存款）共存。（3）创新和效率。现有货币体系支付生态由公有部门（央行）和私有部门（商业银行和支付服务提供商）组成，央行数字货币应该保持足够的创新性以遏制公众使用不太安全的私人货币或工具等支付手段。有研究通过将"央行数字货币"纳入一个美国金融危机前数据校准后的 DSGE 模型，发现数字货币能降低货币交易成本，降低实际成本以及降低扭曲性的税收，最终在相同的国债规模下，央行数字货币发行达到 GDP 的 30% 可以永久性提高 GDP 约 3 个百分点。同时反周期的"央行数字货币"政策可以提供传统货币政策的替代选择，更好地稳定产出波动（Barrdear, Kumhof, 2021）。

模型中数字货币的特性体现为两点。其一，央行数字货币的介入使得全社会代表性主体决策效率提高，资金融通速度加快，因此常规情形下投资滞后期为一个季度，在数字货币体系下投资无滞后，基本本季度投资都在本季度决策，此时模拟央行数字货币单纯作为不计息的现金支付凭证情形。其二，数字货币体系下央行数字货币的可付息特性使得货币当局具有新的货币政策操作锚点，可从量和价两个维度利用好数字货币体系下的货币政策工具。基于第六章关于数字货币体系下金融脱媒的可能前景，本书创新性地引入一个央行通过央行数字货币直接从央行信贷账户向企业提供信贷支持的全新机制。从信贷反脆弱角度来看，数字货币体系下，研究与央行数字货币的可付息特性相关的货币政策前景将是一个重要的议题。论及传统货币政策的局限性，研究发现，盯住"通胀"或"产出缺口"的"类泰勒型规则"（Taylor，1999）货币政策依然无法超越"丁伯根法则"（Tinbergen's Rule）（Tinbergen，1952），央行数字货币政策能否补强传统货币政策的副作用，统筹兼顾多政策目标将是一个更有价值的问题（Michl，2008）。

第三节 模型主体

本书基于 Ben Bernanke 等提出的包含金融加速器的模型（简称 BGG 模型）和 Lawrence Christiano 等提出的包含风险冲击的模型（简称 CMR 模型）构建了中国的动态宏观模型（Bernanke et al.，1999；Christiano et al.，2014），框架如图 7-1 所示。特别地，本书对传统金融加速器模型（Bernanke et al.，1999）中的局部静态信贷合约做了动态化拓展；不同于文献（Christiano et al.，2014）从企业家净值角度校准 DSGE 模型，本书动态宏观模型的估计通过建立风险测度体系采取了不同的技术路线，通过股票市场指数波动率直接构建项目风险测度体系来估计项目风险冲击序列，从而基于项目风险收益率直接进行模型校准，简化了模型校准的同时，内在机制也更趋合理。

模型包括两类劳动力：家庭和企业家，同时包括可以执行货币政策的政府部门，经济系统中包含以下几类公司：金融中介公司、资本品厂商、中间品厂商、最终消费品厂商。其中企业家拥有中间品厂商、家庭拥有最终消费品厂商的全部股份。

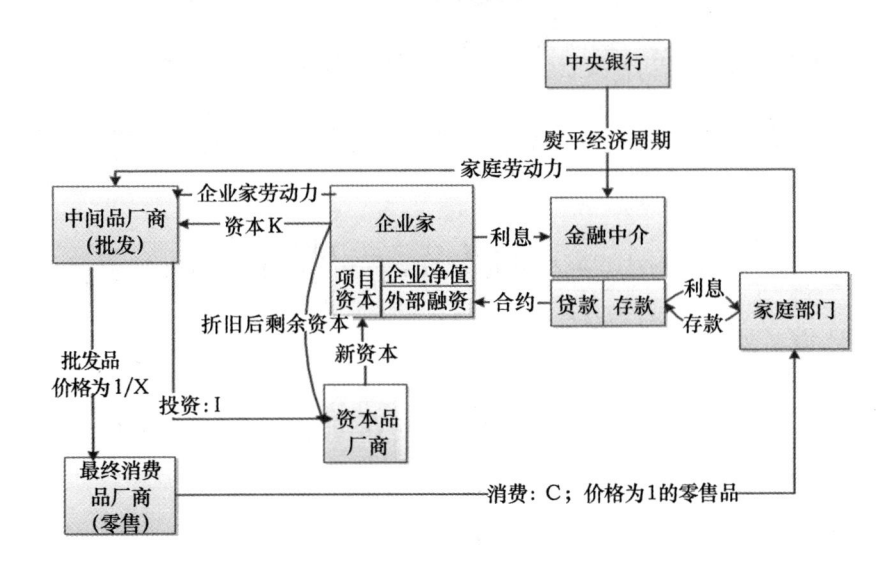

第七章 央行数字货币与信贷:一般均衡框架下贷款合约视角 / 159

图 7-1 动态宏观模型框架

资料来源:笔者根据文献(Bernanke et al.,1999;Christiano et al.,2014)制作。

一 家庭部门

假设家庭部门是永生的,其效用函数为"包含货币的效用函数"(简称 MIU)形式,代表性家庭面对如下优化问题:

$$max\ E_t \sum_{k=0}^{\infty} \beta^k [lnC_{t+k} + \zeta ln\left(\frac{M_{t+k}}{P_{t+k}}\right) + \xi ln(1 - H_{t+k})]$$

约束条件为:

$$W_{t+k} H_{t+k} + R_{t+k} D_{t+k} + \Pi_{t+k}^d = C_{t+k} + D_{t+k+1} + T_{t+k} + \frac{M_t + k - M_{t+k-1}}{P_{t+k}}$$

其中,C_t 为 t 期消费,$\frac{M_t}{P_t}$ 为 t 期实际货币存量,H_t 为家庭部门劳动力工作时间。W_t 为工资,Π_t^d 为从最终消费品厂商获得的分红，R_t 为 $t-1$ 期到 t 期新增存款对应的无风险利率，[①] D_t 为 $t-1$ 期到 t 期新增存款，$\dfrac{M_t - M_{t-1}}{P_t}$ 为铸币税，T_t 为政府税收。

当考虑付息性的央行数字货币时，消费者面临的优化问题变为：

$$\max E_t \sum_{k=0}^{\infty} \beta^k \left[lnC_{t+k} + \zeta^¥ ln\left(\frac{M_{t+k}}{P_{t+k}}\right) + \zeta^e ln\left(\frac{M^e_{t+k}}{P_{t+k}}\right) + \xi ln(1 - H_{t+k}) \right]$$

约束条件为：

$$W_{t+k} H_{t+k} + R_t D_{t+k} + \Pi^d_{t+k} + \frac{M_{t+k-1}}{P_{t+k}} + R^e_{t+k} \frac{M^e_{t+k-1}}{P_{t+k}} = C_{t+k} + D_{t+k+1}$$

$$+ T_{t+k} + \frac{M_{t+k}}{P_{t+k}} + \frac{M^e_{t+k}}{P_{t+k}}$$

其中，C_t 为 t 期消费，$\dfrac{M_t}{P_t}$ 为 t 期实际货币存量，H_t 为家庭部门劳动力工作时间。W_t 为工资，Π^d_t 为从最终消费品厂商获得的分红，R_t 为 $t-1$ 期到 t 期新增存款对应的无风险利率，D_t 为 $t-1$ 期到 t 期新增存款，$\dfrac{M_t - M_{t-1}}{P_t}$ 为铸币税，T_t 为政府税收（见表 7-1）。

表 7-1　　　　　　　　　　家庭部门收支情况

来源		使用	
工资	$W_t H_t$	存款	D_t
存款利息	$R_t D_t$	货币	M_t
上期货币存量	M_{t-1}	数字货币	M^e_t
分红	Π^d_t	消费	C_t
上期数字货币存量	$R^e_t M^e_{t-1}$		

[①] 按照文献（Bernanke et al., 1999），传统 R_t 减去 1 才是惯常理解的无风险利率。为简便起见，所有收益率类变量如未作说明均遵循此项传统。

求解上述优化问题得欧拉方程：

$$R_{t+1} = \frac{1}{\beta} E_t \left(\frac{C_{t+1}}{C_t} \right) \qquad (7-1)$$

$$\frac{M_t}{P_t} = \zeta \, C_t \left(1 - \frac{1}{\pi_{t+1} R_{t+1}} \right)^{-1}$$

$$\frac{M_t^e}{P_t} = \zeta^e \, C_t \left(1 - \frac{R_{t+1}^e}{\pi_{t+1} R_{t+1}} \right)^{-1}$$

其中通胀率定义为：

$$\pi_{t+1} = \frac{P_{t+1}}{P_t}$$

名义利率与实际利率关系定义为：

$$R_{t+1}^n = R_{t+1} \left(\frac{P_{t+1}}{P_t} \right)$$

此时市场上同时存在两种无风险收益率：存款利率 R_t 与央行数字货币利息 R_t^e，假设市场上总资本为 K，其中有 k 的份额对应传统货币体系下的货币需求（资产表现形式为银行存款），这样 $1-k$ 份额的资本以央行数字货币形式进行投资和交易。由第四章命题 4.3 可知，数字货币和传统货币并存时，存在至少一组二者比率恰好使得局部价格均衡与全局价格均衡被兼顾，本书称这些比率的集合为"合意比率"的集合 Ω。此处设定 k 为一组兼顾局部均衡和全局均衡价格水平的合意比率，即 $k \in \Omega$。因此无风险收益率 R_t^y 是由 R_t 与 R_t^e 线性合成而来：

$$R_t^y = k R_t + (1-k) R_t^e \qquad (7-2)$$

二 最优合约：局部静态合约到一般动态合约

BGG 模型中的合约为局部静态合约。为纳入风险冲击，此处参照文献（Christiano et al., 2014），将合约进行动态化处理。

(一) 局部静态最优合约

信贷市场摩擦的根源在于借款方和贷款方之间的信息不对称，进而产生代理成本。最优合约的本质在于最小化代理成本，其对偶问题就是最大化贷款方收益。假设信贷市场借贷双方均匿名进行一次性博弈。

假设企业家项目风险收益率为 R^k [①]，项目需要资本数量为 K，资本价格为 Q，企业家净值为 N，资金缺口即外部融资额为 $QK - N$，项目受到异质性的外部冲击，项目单位资本实际收益为 ωR^k。其中，$E(\omega) = 1, \omega \in (0, \infty)$，定义 ω 的累积概率分布函数为 $F(x)$，概率密度函数为 $f(x)$。

$$F(x) = Prob(\omega < x) = \int_0^x \omega f(\omega) d\omega$$

由于 ω 的存在，以及贷出方无法掌握项目完成后实际的企业经营状况，这就引出最优合约的两个组成部分："清算破产率"和"状态审查成本"(Costly State Verification, CSV) (Townsend, 1979)。

双方约定一个阈值锁定贷款方的预期收益，这个阈值用 $\bar{\omega}$ 来控制。若 ω 大于 $\bar{\omega}$，企业正常履约继续存续；若 ω 小于 $\bar{\omega}$，企业家项目收益实现值 $\omega R^k QK$ 无法覆盖信贷合约事前约定的外部融资成本 $\bar{\omega} R^K QK$，企业依照合约进入破产清算流程，清算破产率为：

$$F(\bar{\omega}) = \int_0^{\bar{\omega}} \omega f(\omega) d\omega$$

当 $\omega < \bar{\omega}$ 时，贷出方付出状态审查成本 $\mu \omega R^k QK$，获得贷出方份额为 $(1-\mu)\omega R^k QK, \mu \in (0,1)$。其中 μ 为状态审查成本参数。

[①] 本息和除以投资额，减去 1 才是惯常理解的投资回报率，本书对收益率类变量的设定皆是如此。

令 $\Gamma(\bar{\omega}) \equiv \bar{\omega}\int_{\bar{\omega}}^{\infty}f(\omega)d\omega + \int_{0}^{\bar{\omega}}\omega f(\omega)d\omega$，假设 $\Gamma(\bar{\omega}) \in (0,1)$，$\Gamma'(\bar{\omega}) = 1 - F(\bar{\omega}) > 0, \Gamma''(\bar{\omega}) < 0$。令 $G(\bar{\omega}) \equiv \int_{0}^{\bar{\omega}}\omega f(\omega)d\omega$，$\Gamma'(\bar{\omega}) = \bar{\omega}f(\bar{\omega}) > 0$，"状态审查成本"占项目收益的份额为 $\mu G(\bar{\omega})$，由于这部分主要涉及破产清算的审计成本，此处后续称 $\mu G(\bar{\omega})$ 为审计成本比率（简称 CSV Ratio）。相应地，信贷合约中约定的状态审查成本变为 $\mu G(\bar{\omega})R^k QK$。显然，审计成本比率攀升，状态审查成本将同步攀升，二者体现了缔约双方应对信息不对称所要承担的交易成本。

当企业项目实现值高于外部融资成本，贷出方获得 $\bar{\omega}R^k QK$，企业家获得 $(\omega - \bar{\omega})R^k QK$；反之，贷出方付出审查清算成本后，拿走企业清算后的余值 $(1-\mu)\omega R^k QK$。最优合约下，按照期望，企业家份额为 $1 - \Gamma(\bar{\omega})$，贷出者份额为 $\Gamma(\bar{\omega}) - \mu G(\bar{\omega})$，审计成本比率为 $\mu G(\bar{\omega})$。

假设金融中介完全竞争，最大化利润为0，得到"贷出方零利润约束条件"：

$$(\Gamma(\bar{\omega}) - \mu G(\bar{\omega}))R^k QK - R(QK - N) = 0 \quad (7-3)$$

最优合约问题的本质是最小化委托代理成本，其对偶问题是在贷出方"零利润约束条件"下使企业收益最大化。合约中企业家份额代表信贷市场上企业家议价能力；而审计成本比率代表整个社会为信贷市场在信息不对称条件下付出的成本，审计成本比率越小，信贷市场越有效率。

内部融资的机会成本为 R，外部融资的成本与 R^k 相关，外部

融资成本溢价为 $s = \dfrac{R^k}{R}$；相应地，令"资本—净值比率"[①]为 $k = \dfrac{QK}{N}$。最优合约问题为：

$$\underset{K,\bar{\omega}}{\text{Max}}(1 - \Gamma(\bar{\omega}))s\frac{1}{1 - (\Gamma(\bar{\omega}) - \mu G(\bar{\omega}))s}$$

约束条件：

$$(\Gamma(\bar{\omega}) - \mu G(\bar{\omega}))R^k QK - R(QK - N) = 0$$

最优合约一阶必要条件：

$$\frac{1 - F(\bar{\omega})}{1 - \Gamma(\bar{\omega})} = \frac{s(1 - F(\bar{\omega}) - \mu \bar{\omega} f(\bar{\omega}))}{1 - (\Gamma(\bar{\omega}) - \mu G(\bar{\omega}))s} \tag{7-4}$$

最优合约决定 $\bar{\omega}$，进而也决定 $F(\bar{\omega})$。ω 为异质风险，假设企业家承担加总冲击，ω 代表项目实施中可能遭遇的一切导致实际收益偏离预期风险收益的冲击，后文也称其为异质风险。

（二）一般动态合约

为纳入风险冲击，此处参照文献（Christiano et al.，2014）的做法，将合约进行动态化扩展。具体而言，将动态化的风险冲击 σ 引入，从而使得异质风险 ω 的分布随时间变化；相应地，$G(\bar{\omega})$ 变为 $G(\bar{\omega},\sigma)$，$\Gamma(\bar{\omega})$ 变为 $\Gamma(\bar{\omega},\sigma)$。

令 $\ln(\omega) \sim N(-\dfrac{1}{2}\sigma^2,\sigma^2)$，$X_1 = \dfrac{\ln(\omega) + 0.5\sigma^2}{\sigma}$，则：

$$\omega = e^{\sigma X_1 - 0.5\sigma^2}$$

令 $G(\bar{\omega},\sigma) = \int_0^{\bar{\omega}} \omega \dfrac{1}{\omega\sqrt{2\pi}\sigma} e^{\frac{-X_1^2}{2}} d\omega$，则：

[①] 注意与"杠杆率"（$\dfrac{1}{k} = \dfrac{N}{QK}$）区分开来。

$$G(\bar{\omega},\sigma) = \int_{-\infty}^{\frac{\ln(\bar{\omega})+0.5\sigma^2}{\sigma}} \frac{1}{\sqrt{2\pi}} e^{-\frac{(X_1-\sigma)^2}{2}} dX_1 = \Phi(z-\sigma)$$

类似地，$\Gamma(\bar{\omega})$ 变为 $\Gamma(\bar{\omega},\sigma) = G(\bar{\omega},\sigma) + \bar{\omega}(1-\Phi(z))$。

动态最优合约相应的"最优合约一阶条件"变为：

$$\frac{1-F(\bar{\omega}_t,\sigma_t)}{1-\Gamma(\bar{\omega}_t,\sigma_t)} = \frac{\frac{R_t^k}{R_t}(1-F(\bar{\omega}_t,\sigma_t)-\mu\bar{\omega}_t f(\bar{\omega}_t,\sigma_t))}{1-(\Gamma(\bar{\omega}_t,\sigma_t)-\mu G(\bar{\omega}_t,\sigma_t))\frac{R_t^k}{R_t}}$$

异质风险 ω 直接关系到项目单位资本收益。企业仅知道其期望值为 1，意味着一切正常时项目风险收益率能收敛到期望值，这为双方缔约奠定基础；但是，企业无从事前感知 σ 变化引起的 ω 分布变化，而 σ 关系到风险对数 $\log(\omega)$ 的标准差，可以导出异质风险的波动率的度量。

事实上，ω 的方差 $Var(\omega) = e^{\sigma^2} - 1$，其标准差是 σ 的递增函数。当风险波动加剧时，风险分布将发生变化。如图 7-2 所示，若风险的众数变小，期望值为 1 也意味着左偏肥尾。此时，以过去风险分布为缔约基础推定的阈值 $\bar{\omega}$ 将变得难以实现，项目的预期收益大概率不能实现，企业破产概率加大，往往企业对这种变化的感知是滞后的。

关于风险冲击 σ 的动态化决定式，定义为 $AR(1)$ 过程（Christiano et al.，2014）：

$$\tilde{\sigma}_{t+1} = \rho_\sigma \tilde{\sigma}_t + \varepsilon_t^{\tilde{\sigma}} \tag{7-5}$$

$$\tilde{\sigma}_t = \frac{\sigma_t}{\sigma_{ss}} - 1$$

其中，$\varepsilon_t^{\tilde{\sigma}}$ 代表均值为 0 的正态分布白噪声过程，σ_{ss} 为 σ 的稳

态值，$\tilde{\sigma}_{t+1}$ 为 σ_{t+1} 偏离其稳态 σ_{ss} 的百分比。[①]

三 资本品生产商问题

资本品厂商从企业家处获得生产折旧后的资本 $(1-\delta)K_t$，从最终消费品厂商处获得投资 I_t，最终生产出新资本 $\Phi\left(\frac{I_t}{K_t}\right)K_t$ 并卖给企业家。实物资本折旧率 $\delta \in (0,1)$，资本积累动态方程为：

$$K_{t+1} = \Phi\left(\frac{I_t}{K_t}\right)K_t + (1-\delta)K_t \qquad (7-6)$$

稳态时，$\Phi\left(\frac{I}{K}\right) = \delta, \Phi'\left(\frac{I}{K}\right) = 1$。遵从文献（Iacoviello, 2005）中资本重置成本的设定，资本生产函数中的 $\Phi\left(\frac{I}{K}\right)$ 具体设定形式：

$$\Phi\left(\frac{I_t}{K_t}\right) = \frac{I_t}{K_t} - \frac{\varphi}{2\delta}\left(\frac{I_t}{K_t} - \delta\right)^2$$

资本品厂商利润最大化问题可以写成：

$$\underset{K_{t+1},I_t}{\text{Max}} E_0 \sum_{t=0}^{\infty} \beta^k (K_{t+1}Q_t - I_t - (1-\delta)K_tQ_t)$$

对 I_t 求一阶导，"资本价格的决定方程"为：

$$Q_t = \frac{1}{1 - \frac{\varphi}{\delta}\left(\frac{I_t}{K_t} - \delta\right)} \qquad (7-7)$$

φ 为单位资本价格相对于 $\frac{I_t}{K_t}$ 的弹性。

现实中资本品厂商安排投资预算有所滞后，假设滞后期为 lag，得到新的"资本价格决定方程"：

[①] 变量下标为"ss"，皆表示变量稳态值；变量头部含"~"，皆表示变量对应的对数线性化形式。

第七章 央行数字货币与信贷：一般均衡框架下贷款合约视角 / 167

$$Q_{t+lag} = \frac{1}{1 - \frac{\varphi}{\delta}(\frac{I_{t+lag}}{K_{t+lag}} - \delta)}$$

σ和异质风险ω_t的肥尾现象($E_{t-1}(\omega_t)=1$)

σ=0.1
σ=0.5
σ=0.9
σ=1.3
σ=1.7

ω_t 概率密度函数

σ和异质风险ω_t标准差

$\sigma_\omega = \sqrt{e^{\sigma^2}-1}$

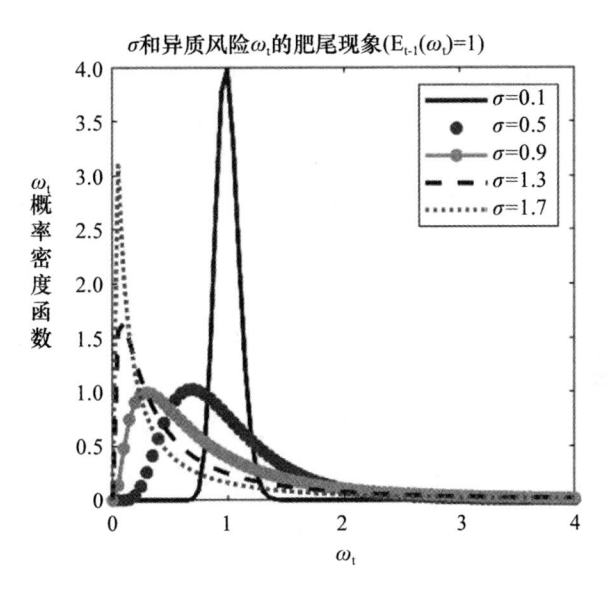

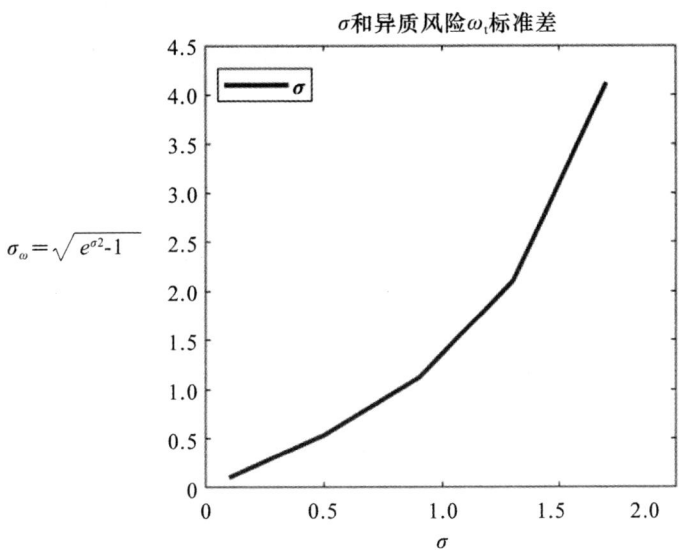

图7-2 "风险冲击"σ与ω分布的左偏肥尾现象

资料来源：笔者模拟得出。

此处"投资滞后宏观模型"中设定正常情形投资滞后一个季度,但由于数字货币体系下市场主体直接在央行设立存款账户,CBDC加速了"金融脱媒"使得投资滞后期变为无滞后。

四 中间品厂商

中间品厂商也叫批发品厂商。一方面,中间品厂商面临完全竞争市场,要将产品卖给具有垄断竞争势力的最终消费品厂商,最终品售价为批发价附上价格加成 X_t;另一方面,中间品厂商利用家庭提供的劳动力和企业家提供的资本进行生产,中间品厂商生产函数假设为:

$$Y_t = A_t K_t^\alpha L_t^{1-\alpha} \qquad (7-8)$$

其中,A代表外生的生产技术水平,L代表劳动力。假设一单位资本从t期到$t+1$期存续,在t期可知项目风险利率为R_{t+1}^k,资本存量的数量为K_{t+1},资本存量价格为Q_t,假设最终消费品零售价格P_t^R为1,t期到$t+1$期生产的消费品批发价格P_t^W为$\frac{1}{X_{t+1}}$,资本边际收益为:

$$\frac{\partial Y_{t+1}}{\partial K_{t+1}} = \frac{\alpha Y_{t+1}}{K_{t+1}}$$

企业家在$t+1$期将折旧资本以Q_{t+1}卖给资本生产商,得"资本事后收益方程":

$$R_{t+1}^k Q_t K_{t+1} = \frac{1}{X_{t+1}} \frac{\alpha Y_{t+1}}{K_{t+1}} K_{t+1} + (1-\delta) K_{t+1} Q_{t+1} \qquad (7-9)$$

新资本供给与需求:

企业家的新资本需求由中间品厂商生产的资本需求,"资本价格决定方程"和"资本事后收益方程"联合决定。新资本的供给由内部融资和外部融资决定,其中外部融资通过信贷市场实现。根据最优合约设定，假设外部融资溢价比是"杠杆倍数"增函数，"外部融资溢价"与"杠杆倍数"的关系方程为：

$$E_t\{R_{t+1}^k\} = \psi\left(\frac{Q_t K_{t+1}}{N_{i,t}}\right) R_{t+1}, \psi' > 0, \psi(1) = 1$$

参照文献（Céspedes et al, 2004）将内外部融资成本比率 $\psi(\cdot)$ 设置为：

$$\psi\left(\frac{Q_t K_{t+1}}{N_{i,t}}\right) = \left(\frac{Q_t K_{t+1}}{N_{i,t}}\right)^\nu \qquad (7-10)$$

其中，ν 代表外部融资溢价对杠杆率（$\frac{N}{QK}$）的弹性。若 $\nu = 0$，不存在金融加速器效应，此时 $\psi = 1$，意味着企业只能依赖于内部融资。

数字货币体系下，由于企业直接在央行开立账户，因此其融资一方面来自商业银行的存款与贷款，另一方面可以从央行账户信贷获得直接融资，数字货币体系下存在合成后的无风险收益率 R_{t+1}^y：

$$E_t\{R_{t+1}^k\} = \psi_1\left(\frac{Q_t K_{t+1}}{N_{i,t}}\right) R_t^y, \psi_1' > 0, \psi_1(1) = 1$$

此时的无风险收益率 R_t^y 由存款收益率 R_t 与央行数字货币利息 R_t^e 合成而来。该机制可以如第六章的设定一样，保证央行通过对"或有信贷"（Stiglitz, 2017）的观测，直接以数字货币角度干预信贷创造过程，央行通过发行数字货币（依然在命题 4.3 合意比率区间）来投放"或有信贷"，信贷投放和央行数字货币供给在此处达成一致。

五　企业家净值

假设企业家作为中间品厂商的所有权人，风险偏好中性，仅具有限视野，每一期企业家不破产的概率为 γ（相应的企业平均寿命为 $\frac{1}{1-\gamma}$）；若企业家破产，则只能消耗自己积累的财富，假设下一期消费为 C_t^e。在 t 期企业家劳动力 H_t^e 和家庭部门劳动力 H_t 合成加总劳动力 L_t，即：

$$L_t = H_t^{\Omega} (H_t^e)^{1-\Omega} \quad (7-11)$$

假设企业家在劳动力中占固定比例，即 H_t 与 H_t^e 成固定比例，可以把 H_t^e 直接视作单位值 1[①]，从而将 H_t 视作 H_t^e 的倍数引入模型。此时，中间品厂商"生产函数"为：

$$Y_t = A_t K_t^{\alpha} H_t^{\Omega(1-\alpha)} (H_t^e)^{(1-\Omega)(1-\alpha)} \quad (7-12)$$

由于完全竞争，企业家边际产出数量乘以价格 $\frac{1}{X_t}$ 等于其工资：

$$W_t^e = (1-\alpha)(1-\Omega)\frac{Y_t}{X_t} \quad (7-13)$$

假设企业家的权益为 V_t，由最优合约保证，t 期企业家的权益为：

$$V_t = R_t^k Q_{t-1} K_t - [R_t(Q_{t-1} K_t - N_t) + \mu G(\overline{\omega}) R_t^k Q_{t-1} K_t]$$
$$(7-14)$$

结合"贷出者零利润条件"可得"企业净值决定方程"：

$$N_{t+1} = \gamma\{[1-\Gamma(\overline{\omega}_t)]R_t^k Q_{t-1} K_t\} + (1-\alpha)(1-\Omega)\frac{Y_t}{X_t} \quad (7-15)$$

若企业家在 $t+1$ 期被淘汰，企业家只能消费自己在上一期的权益，破产的企业家消费为：

$$C_{t+1}^e = (1-\gamma)V_t$$

同时在 t 期企业家工资为：

---

① 企业家 24 小时连轴转，假设家庭部门劳动力实行 8 小时工作制。

$$W_t^e = N_{t+1} - \gamma V_t \tag{7-16}$$

企业家消费变为：

$$C_{t+1}^e = (1 - \gamma)[(1 - \Gamma(\bar{\omega}))]R_t^k Q_{t-1} K_t \tag{7-17}$$

六 最终消费品厂商

假设最终消费品厂商是垄断竞争的，总消费 C_t 是对所有商品 i 的消费 C_{it} 的 CES 加总，将所有最终消费品种类标准化在 [0,1] 连续区间。

$$C_t \equiv \left(\int_0^1 C_t(i)^{\frac{\varepsilon-1}{\varepsilon}} di\right)^{\frac{\varepsilon}{\varepsilon-1}}, \varepsilon > 1$$

其中 t 期所有最终消费品厂商销售商品，以常数替代弹性（Constant Elasticity of Substitution，CES）加总得到消费的最终消费品，总数量为 Y_t^f。零售商 i 卖出的最终消费品记作 $Y_t(i)$，将所有零售品种类标准化在 [0,1] 连续区间。

$$Y_t^f \equiv \left(\int_0^1 Y_t(i)^{\frac{\varepsilon-1}{\varepsilon}} di\right)^{\frac{\varepsilon}{\varepsilon-1}} \tag{7-18}$$

给定家庭支出 $E_t^C = \int_0^1 P_t(i) Y_t(i) di$，$P_{it}$ 为商品 i 的价格，家庭最大化其总消费 C_t：

$$\max_{C_{it}}\left[\left(\int_0^1 Y_t(i)^{\frac{\varepsilon-1}{\varepsilon}} di\right)^{\frac{\varepsilon}{\varepsilon-1}}\right]$$

$$\text{s.t.}: \int_0^1 P_t(i) Y_t(i) di \leq E_t^C$$

得出总价格指数为：

$$P_t = \left(\int_0^1 P_{it}^{1-\varepsilon} di\right)^{\frac{1}{1-\varepsilon}} \tag{7-19}$$

相应的最终消费品厂商面临的总消费需求曲线为：

$$Y_t^f = Y_t(j)\left(\frac{P_t(j)}{P_t}\right)^\varepsilon \qquad (7-20)$$

模型引入概率调价机制产生价格黏性（Calvo，1983），每一期最终消费品厂商只能以 $1-\theta$ 的概率从 P_t 调价到 P_t^*。$S(t) \subset [0,1]$ 表示维持原价格的最终消费品厂商集合，加总价格水平表示为：

$$P_t = \left[\int_{S(t)}(\theta P_{t-1}(i))^{1-\varepsilon}di + (1-\theta)(P_t^*)^{1-\varepsilon}\right]^{\frac{1}{1-\varepsilon}}$$

$$P_t = \left[\theta(P_{t-1})^{1-\varepsilon} + (1-\theta)(P_t^*)^{1-\varepsilon}\right]^{\frac{1}{1-\varepsilon}}$$

令 $\Pi_t \equiv \dfrac{P_t}{P_{t-1}}$ 表示 $t-1$ 期到 t 期的总通胀率，令 $u_t = \dfrac{P_t^*}{P_{t-1}}$，于是：

$$\Pi_t^{1-\varepsilon} = \left[\theta + (1-\theta)(u_t)^{1-\varepsilon}\right]$$

在零通胀的情形下：$\Pi_{ss} = 1$，$P_t^* = P_t = P_{t-1} = P_{ss} = 1$，$u_{ss} = 1$。

令 $\tilde{\pi} = \dfrac{\Pi_t - \Pi_{ss}}{\Pi_{ss}} = \Pi_t - \Pi_{ss}$，利用 Harald Uhlig 对数线性化方法（Uhlig，1995），得到加总的通货膨胀决定方程：

$$\theta\tilde{\pi}_t = (1-\theta)(\tilde{p}_t^* - \tilde{p}_{t-1}) \qquad (7-21)$$

由于调价机制存在，最终消费品厂商设置最优价格使得利润最大化：

$$\underset{P_t^*}{\text{Max}} \sum_{k=0}^{\infty} \theta^k E_t\left[\frac{1}{R_{t+k}}\left(P_t^* - \frac{P_{t+k}}{X_{t+k}}\right)Y_{t+k}^*(j)\right]$$

$$\text{s.t. } Y_{t+k}^*(j) = \left(\frac{P_t^*}{P_{t+k}}\right)^{-\varepsilon} Y_{t+k}$$

其中，k 代表沿用旧价持续的时间，$\dfrac{P_{t+k}}{X_t}$ 为批发价格，P_t^* 为设置的最优价格。求解上述优化问题，得：

$$\frac{P_t^*}{P_{t+k}} = \frac{E}{E-1} \frac{E_t \sum_{k=0}^{\infty} \theta^k \beta^k \left[\frac{1}{X_{t+k}} \left(\frac{P_{t+k}}{P_t}\right)^{1+E}\right]}{E_t \sum_{k=0}^{\infty} \theta^k \beta^k \left[\left(\frac{P_{t+k}}{P_t}\right)^E\right]} \quad (7-22)$$

七 均衡状态

均衡状态时:

$$Y_t^f = C_t + C_t^e + I_t + Gov_t + \mu G(\overline{\omega}) R_t^k Q_{t-1} K_t \quad (7-23)$$

其中,Gov_t 代表政府净支出。

债券市场出清均衡条件:

$$D_t = Q_{t-1} K_t - N_t = B_t \quad (7-24)$$

政府消费来源于铸币税和总量税收 T_t,定义如下:

$$Gov_t = T_t + \frac{M_t - M_{t-1}}{P_t} + \frac{M_{t-1}^e - M_t^e}{P_t} \quad (7-25)$$

第四节 风险冲击测度

一 一般风险冲击测度

本书的动态宏观模型采用的是典型的"代表性主体新凯恩斯模型"(RANK),此类模型大多假设每一期的项目风险收益率并非可直接观测量。风险冲击研究的主流做法,多从企业家净值角度来校准动态宏观模型,比如用人均处理后的 Dow Jones Wilshire 5000 指数作为企业家净值的度量(Christiano et al.,2014)。这些方法未考虑到股票市场指数市值,并不能足够精确地反映企业家净值,其中涉及过多非标准数据[①],缺乏公允的一致性。

借鉴上述思路,选用上证指数的季度数据来计算季度收益波动

---

① 比如人均化处理时涉及的企业家人数、控股比例。

率，以此作为风险度量的代理变量构建风险测度体系。笔者认为股票市场作为风险定价的市场，可以刻画异质风险下的项目实现收益率 $\omega_t R_t^k$，考虑到没有哪种指标比股票指数更能实时地体现社会中企业总体经营状况，因此笔者选用股票指数收益率来构造代表性企业季度收益率实现值。股票市场波动反映外部冲击影响，或有滞后，但终究会有所体现，因而一般认为用指数波动率测度风险是合理的（Baker et al., 2020）。如前文所述，风险 ω_t 的期望值为 1，服从对数正态分布，而每一个季度项目风险收益率 R_t^k 无法直接获取，但其实现值 $\omega_t R_t^k$ 是可观测的；在 t_0 期，代表性企业带着 R_t^k 的项目在信贷市场与贷款方签订最优信贷合约，合约决定基于 $\overline{\omega}_t$ 的事后清偿安排，具体要看 ω 在 t 期的实现值 ω_t。

在笔者设计的风险测度体系中，将项目风险收益率最终实现值 $(\omega_t R_t^k)$ 用股票指数季度收益率 $\dfrac{P_t}{P_{t-1}}$ 来表示。[①] 其中，P_t 为 t 期股票指数。因此，估算异质风险 ω_t 的波动率 σ_{ω_t} 时，需要对 R_t^k 的生成方式施加适当假设。此处构造的风险测度体系基于 R_t^k 的三种生成假设，获得 ω_t 序列，进而依序逐步估计异质风险 ω_t 的波动率 σ_{ω_t}、风险冲击 σ_t、风险冲击稳态 σ_{ss}，最后根据方程（7-5）构造出风险冲击稳态偏离值序列 $\tilde{\sigma}_t$、相关风险冲击持续参数 ρ_σ 和风险冲击标准差 $std(\varepsilon_t^{\tilde{\sigma}})$。

方法一：假设每一期的项目风险收益率是一个常数 R_{ss}^k，项目实现收益率 $\omega_t R_t^k = \dfrac{P_t}{P_{t-1}}$ 的均值则为 R_{ss}^k，从而可以直接获得 ω_t 序列。ω_t 序列衍生自指数收益率，根据金融时间序列测定波动率的做

[①] 本假设的合理之处在于，在以 Black-Scholes Model 为代表的期权定价公式中（Black, Scholes, 1973），金融资产收益率一般假设为对数正态分布的，本书构造的风险收益率序列实证结果支持这个假设。

法，运用 GARCH(1,1) 过程估算了 ω_t 序列的波动率序列 $\sigma_{\omega(t)}$，相应的风险冲击 $\sigma_t = \ln((\sigma_{\omega(t)})^2 + 1)^{0.5}$，进而得到风险冲击稳态偏离值序列 $\tilde{\sigma}_t$（即 $\frac{\sigma_t}{\sigma_{ss}} - 1$），再用 AR(1) 过程估算方程（7-5）中的 ρ_σ、残差序列 $\varepsilon_t^{\tilde{\sigma}}$ 的标准差 $std(\varepsilon_t^{\tilde{\sigma}})$。

方法二：假设每一期的项目风险收益率 R_t^k 的期望值等于前一期实现的收益率 $\omega_{t-1} R_{t-1}^k$，即 $E_t(R_t^k) = \frac{P_t}{P_{t-1}}$，可以得到 ω_t 序列，进而沿袭方法一获得风险冲击相关参数估计值：风险冲击稳态 σ_{ss}、风险冲击持续参数 ρ_σ 和风险冲击标准差 $std(\varepsilon_t^{\tilde{\sigma}})$。

方法二的优势在于给出了动态化的 R_t^k 期望值，即风险收益率依赖于前一期实现收益率，较为符合信贷市场中风险收益率的实际生成过程。不过，现实中贷出者希望项目风险收益率具有反映一定期限内的公允收益率的特性，因此第三种测度方法随之产生。

方法三：假设每一期的项目风险收益率 R_t^k 的期望值是某一时间长度实现收益率的平均值，这个期限假设为企业平均寿命期 T_{life}，即 $E_t(R_t^k) = \frac{1}{T_{life}} \sum_{i=t-T_{life}}^{t-1} \frac{P_i}{P_{i-1}}$。这种设定源自如下事实：在信贷市场尤其是风险投资市场，贷出者的决策依赖于对企业在"平均生命周期"内的"平均项目风险收益率"的有效估计，因此投资者会要求企业主提供若干历史期的财务报表和未来期限的项目风险收益率的预估，方便投资者将目标企业与市场上类似的企业或项目做比较，提高风险投资成功率。构造出 ω_t 序列后，后续处理依据方法一可得出有关参数的估计值。

方法三依赖于对企业平均寿命的估计，早期文献中将企业季度死亡率数据设成 0.0272（Bernanke et al.，1999），对应企业平均寿命为 9.2 年。中国企业平均寿命的估计需要充分考虑中小企业与大企业的占比和相应平均寿命。有研究认为，中国中小企业平均寿命为 2.9 年，企业集团为 7—8 年（毛彬、董文渊，2010）。中国人民银行和中国银行保险监督管理委员会编著的《中国小微企业金融服务报告（2018）》显示，截至 2018 年年末，中国中小企业平均寿命为 3 年左右。国家市场监督管理总局数据显示，截至 2017 年 9 月底，中国中小微企业占全国企业总数的 99.7%。据此假定：中小企业占比为 99%，中小企业平均寿命为 2.9 年，其他企业平均寿命为 7.5 年，加权平均易知中国企业平均寿命为 3 年，最终将企业平均寿命期参数 T_{life} 校准为 12 季度，意味着企业季度死亡率为 0.083，最终将企业生存率参数 γ 校准为 0.917。

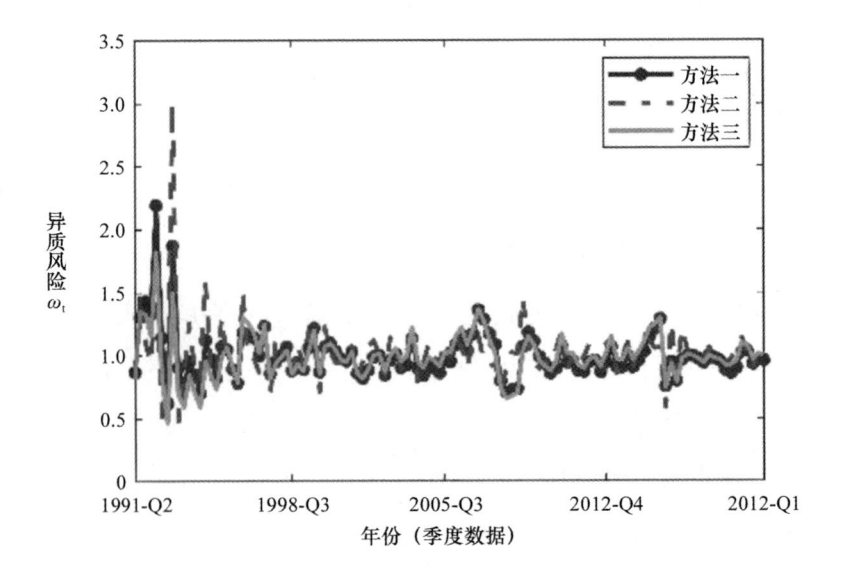

笔者应用三种方法，对上证指数分别构造了其相应的异质风险序列 ω_t、风险冲击序列 σ_t（见图 7-3）；进而对风险冲击相关参数进行了估计，结果如表 7-2 所示。从图 7-3 和表 7-2 可以发现，三者结果高度相似。不过，方法三的假设条件是比较契合信贷市场实际情形的，因而在后续动态宏观模型中将使用方法三估计得到的参数。

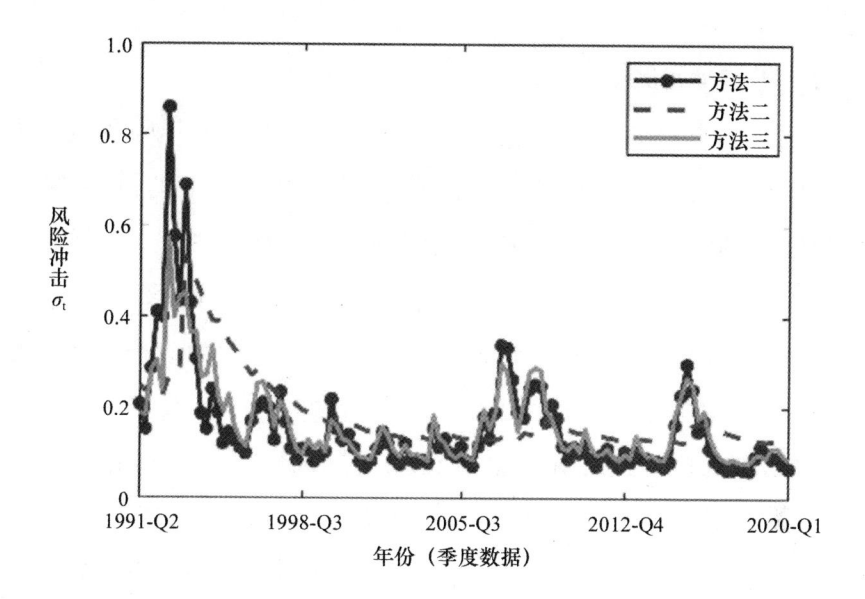

第七章 央行数字货币与信贷：一般均衡框架下贷款合约视角 / 177

图 7-3 上证指数相应的异质风险序列 ω_t 和风险冲击序列 σ_t 的估计结果

资料来源：笔者绘制。

表 7-2　　　　　　　　　　风险冲击参数值

参数	方法一		方法二		方法三	
	未剔除通胀	剔除通胀	未剔除通胀	剔除通胀	未剔除通胀	剔除通胀
R_{ss}^k	1.04	1.03	1.04	1.03	1.05	1.04
σ_{ss}	0.16	0.16	0.18	0.18	0.16	0.16
ρ_σ	0.8025*** (23.6412)	0.8012*** (23.3596)	0.9568*** (18.6420)	0.9554*** (18.2909)	0.8378*** (20.1547)	0.8307*** (19.7560)
$std(\varepsilon_t^{\tilde{\sigma}})$	0.4592*** (19.9911)	0.4606*** (19.7096)	0.1335*** (23.3176)	0.1385*** (23.1593)	0.2995*** (22.4980)	0.3105*** (22.1479)

注：***、**和*分别表示在1%、5%和10%的水平上显著，括号内为t值；笔者用上证指数（1991Q1-2020Q4）数据估计结果。

二 疫情冲击测度

关于疫情冲击，中国目前尚无直接或间接测度其风险程度的方法。[①] 中国暂时无相关权证指数波动率捕捉疫情冲击的概率规模，这需要对风险高度敏感的成熟权证市场才能实现。鉴此，尝试使用芝加哥期权交易所（CBOE）推出的波动率指数（VIX）[②] 作为疫情风险冲击代理变量，测度疫情冲击的概率规模，因为该指数能很好地反映罕见事件对期权市场波动率的冲击影响，从而反推罕见事件发生的概率规模。这样在不需要得知实际风险冲击"数据生成过程"具体形式的情况下，通过"突发事件"中观测 VIX 年化波动率指数，测度其发生的概率，我们也能捕捉到风险冲击事件的概率规模。[③]

早在 1900 年，法国人 L. Bachelier 就开始尝试用几何布朗运动来描述资产收益率，而 Black-Scholes Model 中的一个经典假设是金融资产收益率（即前文的 $\omega_t R_t^k$）服从对数正态分布，其对应的波动率也为对数正态分布。芝加哥期权交易所 1993 年推出的波动率指数又被称为"恐慌指数"，该指数基于标准普尔 500 指数期权的隐含波动率，大致是一个大于 0、服从对数正态分布函数的无量纲指数（Christoffersen et al., 2010；Tegnér, Poulsen, 2018），数值越大风险越高。市场面临各类冲击时，"恐慌指数"VIX 是对代表市场风险的期权隐含波动率的刻画，而根据前文的

[①] 上交所和中证指数公司 2016 年 11 月 28 日正式发布上证 50ETF 波动率指数，类似于 VIX，但 2018 年后已不再更新。

[②] VIX 基于标准普尔 500 指数期权的隐含波动率计算得出。

[③] 其中蕴含的思想极为简明：一个事件的发生概率在同样的分布形式下不依赖于观察者分析问题的框架。VIX 捕捉到的风险事件发生概率，与动态宏观模型下以"一阶自回归数据生成过程"形式下刻画的风险冲击概率，当二者转化成同样分布的情形，两种测度风险的方式应该是等价的，测度概率应该趋同，因为二者都趋向于同一个事件的真实分布。

假定，隐含波动率可转化成更一般的正态分布以测定冲击事件概率量级。一般来说，这种变换是适于动态宏观模型中风险冲击"数据生成过程"形式的。分析1993年以来VIX的动态轨迹，可以注意到：其历史峰值出现在两个季度，即2008年的第四季度与2020年的第一季度，其值分别为89.53与85.47。这两个峰值分别对应两大冲击，即"2008年国际金融危机冲击"、2020年新冠疫情冲击。VIX指数经对数化处理后变为一个均值为3.1、标准差为0.39的正态分布，在该分布上，"2008年国际金融危机"对应的分位数是一个比均值高3.15倍标准差的事件，对应概率为0.13%；相应地，新冠疫情对应的分位数是一个比均值高3.21倍标准差的事件，对应概率为0.11%，二者是同一个概率量级的罕见事件（见图7-4）。

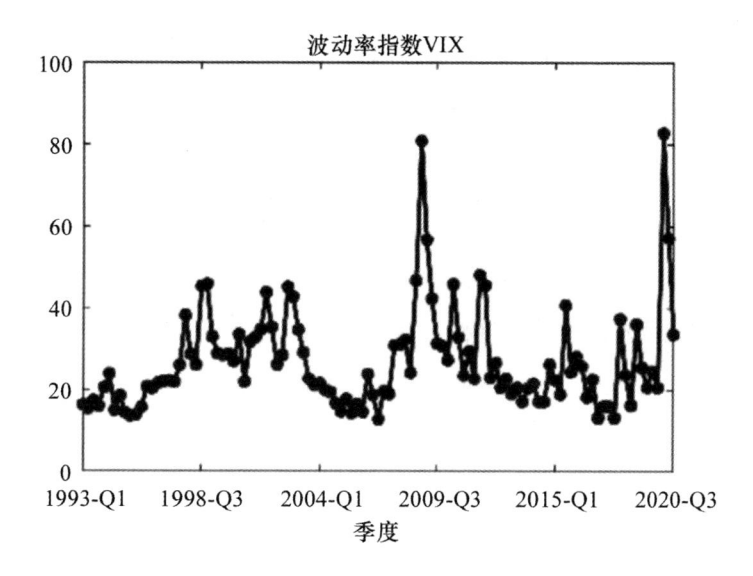

波动率指数VIX

季度

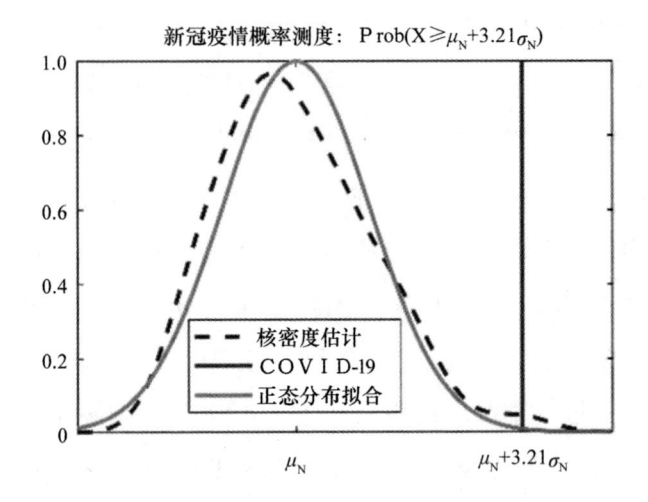

图 7 - 4　波动率指数 VIX 和"新冠疫情概率分位数"

注：μ_N 为正态分布期望值，σ_N 为标准差。

资料来源：数据来自芝加哥期权交易所（CBOE）；本图由笔者绘制。

考虑到风险冲击项 $\varepsilon_t^{\tilde{\sigma}}$ 恰好是一个均值为 0、标准差为 $std(\varepsilon_t^{\tilde{\sigma}})$ 的正态分布，笔者假设全球信贷市场遭遇了概率量级相当的风险冲击，而 VIX 指数很好地捕捉到了风险冲击的概率量级。从而将相应的风险冲击项假设为标准差的 3.21 倍，利用动态宏观模型惯常的 1 倍标准差冲击的"脉冲响应"模式算术放大，即可刻画作为信贷风险冲击的新冠疫情冲击规模。

第五节　稳态、参数校准及估计

一　数据

本书使用 1990 年第一季度至 2020 年第四季度的数据①来计算模

---

① "Chin's Macroeconomy: Time Series Data", https://www.frbatlanta.org/cqer/research/china-macroeconomy.

型稳态值，计算方法参考 Chun Chang 等的研究（Chang et al., 2015）。首先，根据现价 GDP 和 GDP 实际增长率，估算了以 2015 年第三季度为基期的 GDP 平减指数、真实 GDP，利用以 2015 年第三季度为基期的居民消费价格指数计算了真实的居民消费和政府消费。其次，进一步计算了人均不变价的居民消费、政府消费、投资和 GDP。再次，对相关数据进行了季节化调整，具体季节调整处理方法参考 P. Higgins 和 T. Zha 的研究（Higgins，Zha，2015）。最后，对处理后的不变价人均真实季度数据取对数并使用 HP 滤波方法分离了其周期和趋势，由趋势分别计算了不变价基础上居民消费、政府消费和投资占 GDP 的比重。人均真实 GDP 周期项的波动大致稳定在当期趋势项的正负 2 个百分点区间（见图 7-5）。

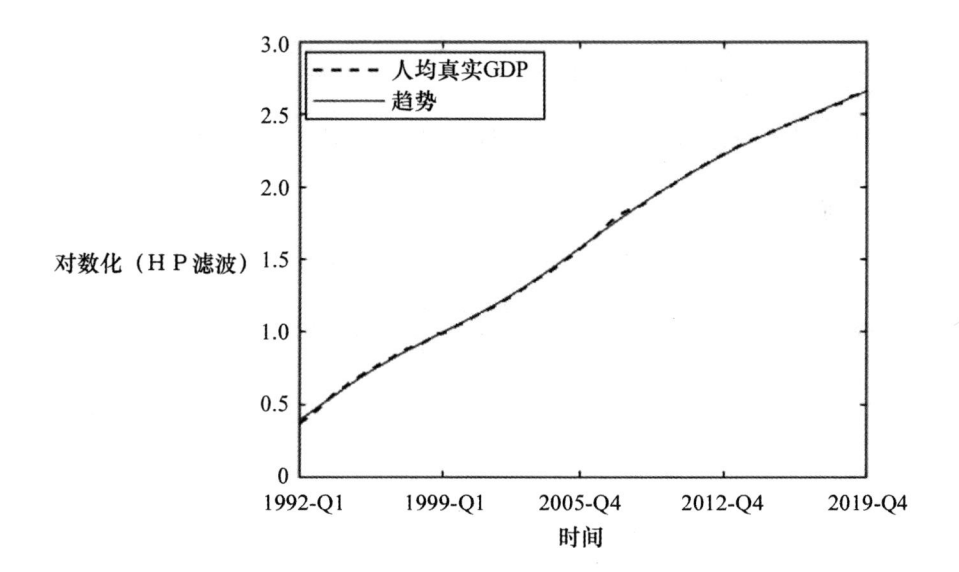

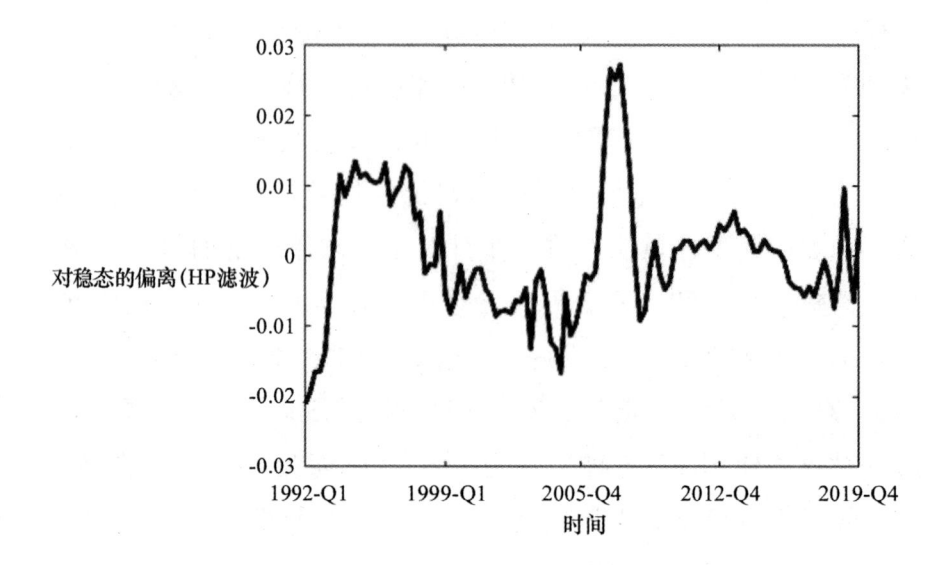

图 7-5 人均真实 GDP 的趋势与周期（对数化）

资料来源：数据来自美联储亚特兰大支行中国宏观数据集：1992Q1-2019Q4；本图由笔者绘制。

二 参数校准及先验估计

模型中相关参数，一部分根据已有文献设定（见表 7-3），另外一部分则需要估计（见表 7-4）。

表 7-3　　　　　　　　　　基准模型参数值

参数	值	描述	说明
Ω	0.99	家庭劳动力占比	文献（Bernanke et al., 1999）
R_{ss}	1.0072	真实无风险利率	Shibor 扣除通胀
β	0.99	折现因子	$\frac{1}{R_{ss}}$
T_{life}	12	企业平均生命周期	文献（毛彬、董文渊，2010）
γ	1 − 0.083	企业"生存率"	数据估算
δ	$1-(1-0.056)^{0.25}$	折旧率	文献（陈昌兵，2014；2020）

资料来源：笔者整理。

表7-4　　　　　　　　　基准模型待估计参数先验值

参数	值	描述	说明
μ	0.12	状态审查成本参数	文献（Bernanke et al., 1999），待估计
ν	0.05	外部融资对杠杆率的弹性	文献（Bernanke et al., 1999），待估计
φ	0.25	资本价格对 $\frac{I}{K}$ 的弹性	文献（Bernanke et al., 1999），待估计
θ	0.75	价格黏性：不调价概率	文献（Bernanke et al., 1999），待估计
ζ	0.15	货币规则参数	计量估计作为先验值
α	0.43	资本份额	文献（仝冰，2017），待估计
ρ	0.88	名义无风险利率相关系数	计量估计作为先验值
ρ_a	0.94	技术水平冲击相关系数	文献（许志伟，2011），待估计
ρ_g	0.56	政府消费冲击相关系数	计量估计作为先验值
ρ_σ	0.83	风险冲击自相关系数	风险冲击测度
$std(\varepsilon_t^{\widetilde{\sigma}})$	0.31	风险冲击标准差	风险冲击测度
$std(\varepsilon_t^{\widetilde{A_t}})$	0.012	技术冲击标准差	计量估计作为先验值
$std(\varepsilon_t^{\widetilde{R_t^n}})$	0.0013	利率冲击标准差	计量估计作为先验值
$std(\varepsilon_t^{\widetilde{Gov_t}})$	0.026	政府消费冲击标准差	计量估计作为先验值

资料来源：笔者整理。

关于表7-3中的参数。此处沿袭 Ben Bernanke 等在1999年的设定，将家庭劳动力在总劳动力中的占比 Ω 设定为0.99。折现因子 β 在稳态时是无风险利率的倒数，无风险利率利用上海银行间同业拆放利率3月期利率（Shibor 3M）和消费价格指数算出剔除通胀的年化收益率，并取其平均数（0.0292）作为年化利率稳态值，进而折算到季度的无风险利率稳态值0.0073，相应的 R_{ss} 值取1.0073，相应的 β 为0.99。中国企业的平均寿命期 T_{life}、企业生存率 γ 前文已给出。折旧率 δ 采用陈昌兵的研究中的结果并进行了季度化处理（陈昌兵，2014；2020）。

关于表7-4中的参数。"状态审查成本参数" μ 是一个不可观测变量，有研究设为 0.12（Bernanke et al.，1999），有研究估计为 0.536（Fernández et al.，2015），亦有研究估算为 0.21（Christiano et al.，2014），本书以 0.12 为先验参数。外部融资溢价对杠杆率的弹性 ν、资本价格对单位资本投资的弹性 φ、价格黏性 θ 的先验值都遵循 Ben Bernanke 等的研究，分别设定为 0.05、0.25、0.75。技术水平冲击相关系数 ρ_a，有针对国外的研究设定为 1，有研究估算为 0.99，有研究估算为 0.81（Bernanke et al.，1999；Fernández et al.，2015；Christiano et al.，2014），有学者估算中国的总量生产函数时估值为 0.94（许志伟等，2011），本书设定为 0.94。对刻画政府消费冲击的"简化式"① $\widetilde{Gov}_t = \rho_g \widetilde{Gov}_{t-1} + \varepsilon_t^{\widetilde{Gov}_t}$，通过计量建模，估算政府消费冲击标准差 $std(\varepsilon_t^{\widetilde{Gov}_t})$ 为 0.026、政府消费相关系数 ρ_g 为 0.56。关于货币政策的"简化式" $\widetilde{R}_t^n = \rho \widetilde{R}_{t-1}^n + \zeta \widetilde{\pi}_{t-1} + \varepsilon_t^{\widetilde{R}_t^n}$，利用 Shibor 数据作为基准名义利率，与 CPI 数据联合估算货币规则参数 ζ，其值为 0.1451，利率冲击标准差为 0.0013，名义无风险利率相关系数 ρ 为 0.8825。

总量生产函数资本份额 α，有研究设定为 0.35，有研究设定为 0.32，亦有学者设定为 0.4，国外学者的估计结果大致落在 0.3 到 0.4 这个区间（Bernanke et al.，1999；Aguiar，2007；Christiano et al.，2014）；利用 1979—2007 年的数据估计中国的总量生产函数，有研究得出资本份额为 0.4475（许志伟等，2011），亦有学者利用 1993—2014 年的中国数据估算为 0.43（仝冰，2017）。综合考虑，本书取 0.43 作为资本份额 α 的先验值。

技术冲击标准差 $std(\varepsilon_t^{\widetilde{A}_t})$，有研究设定为 0.0065，在部分研究中估算为 0.0046，还有研究估算为 0.012（Bernanke et al.，

---

① 简化式模型大部分来源于对动态宏观模型的"对数线性化"处理，下同。

1999；Fernández et al.，2015；Christiano et al.，2014），本书将其设定为 0.012。技术水平冲击相关系数 ρ_a，有研究设定为 1，有研究估算为 0.99，还有研究估算为 0.81（Bernanke et al.，1999；Fernández et al.，2015；Christiano et al.，2014）；而在针对中国的研究中，有研究将中国总量生产函数估计为 0.94（许志伟，2011），本书设定为 0.94。

三 稳态

当经济体达到完全出清时，动态宏观模型各变量将会趋于平稳，经济将沿着最优路径发展，本部分给出主要变量稳态计算方法（见表 7-5）。

其中，由于相关数据都进行了人均处理，遵从文献传统将企业劳动者时间稳态值 H^e_{ss} 设定为 1，家庭部门劳动力稳态值 H_{ss} 设置成 0.33；生产函数中技术稳态值 A_{ss} 设定为 1，资本价格稳态值 Q_{ss} 设置为 1。至此，模型中风险冲击测度部分已经估算出项目风险收益稳态值 R^k_{ss}、风险冲击稳态值 σ_{ss}，考察最优合约一阶条件：

$$\frac{1-F(\overline{\omega}_{ss})}{1-\Gamma(\overline{\omega}_{ss})} = \frac{\frac{R^k_t}{R_t}(1-F(\overline{\omega}_{ss})-\mu\overline{\omega}_{ss}f(\overline{\omega}_{ss}))}{1-(\Gamma(\overline{\omega}_{ss})-\mu G(\overline{\omega}_{ss}))\frac{R^k_t}{R_t}}$$

可以计算出最优合约中风险阈值稳态值 $\overline{\omega}_{ss}$ 的数值解。

由"资本事后收益"方程和生产函数得到资本稳态值 K_{ss}、产出稳态值 Y_{ss}：

$$K_{ss} = \left[(R^k_{ss}-1+\delta)\frac{X_{ss}}{H_{ss}^{(1-\alpha)\Omega}}\right]^{\alpha-1}$$

$$Y_{ss} = A_{ss}K^\alpha_{ss}H_{ss}^{\Omega(1-\alpha)}$$

由贷出者零利润条件得到企业家净值稳态值 N_{ss}：

$$N_{ss} = \gamma\left[\left(1 - \Gamma(\overline{\omega}_{ss}, \sigma_{ss})\right) R_{ss}^k K_{ss}\right] + (1-\alpha)(1-\Omega)\frac{Y_{ss}}{X_{ss}}$$

表7-5 部分稳态值

稳态值	值	描述	来源
$\dfrac{I_{ss}}{Y_{ss}}$	0.41	投资产出比	数据
$\dfrac{Q_{ss}K_{ss}}{N_{ss}}$	$\dfrac{1}{1 - [\Gamma(\overline{\omega}_{ss},\sigma_{ss}) - \mu G(\overline{\omega}_{ss},\sigma_{ss})] * R_{ss}^k / R_{ss}}$	资本净值比	稳态方程
$\dfrac{Gov_{ss}}{Y_{ss}}$	0.15	政府开支产出比	数据
X_{ss}	1.1	价格加成	文献（Bernanke et al., 1999）
H_{ss}	0.33	家庭部门劳动力	8小时工作制
H_{ss}^e	1	企业家	正规化为1
A_{ss}	1	技术	文献（Bernanke et al., 1999）
Q_{ss}	1	资本价格（托宾Q）	文献（Bernanke et al., 1999）
R_{ss}^k	1.05	项目风险收益率	风险冲击测度
σ_{ss}	0.3	风险冲击	风险冲击测度

资料来源：笔者整理。

四 动态宏观模型后验参数估计

针对动态宏观模型的四个外生冲击（风险冲击、货币政策冲击、技术冲击和政府消费冲击），考虑模型闭合中冲击数量与变量数据数量一致的估计原则，笔者利用产出、投资、居民消费和政府消费四个变量的季度数据开展动态宏观模型参数后验估计。其中，先验分布类型选择上，借鉴相关文献设定（Christiano et al., 2014; Fernández et al., 2015），冲击标准差设定为逆Gamma分布，其他参数设置为 Beta 分布。考虑到企业主体投资滞后的影响，本书分别使用"无投资滞后宏观模型"和"有投资滞后宏观模型"进行了后验参数估计和分析。

表7-6　　无投资滞后宏观模型先验参数和后验参数估计

参数描述	参数	先验分布		后验分布	
		分布类型	均值	标准差	均值	标准差
资本份额	α	Beta	0.43	0.01	0.3830	0.0001
状态审查成本参数	μ	Beta	0.12	0.01	0.1294	0.0004
外部融资对杠杆率的弹性	ν	Beta	0.05	0.01	0.0627	0.0006
资本价格对 $\frac{I}{K}$ 的弹性	φ	Beta	0.25	0.01	0.2779	0.0001
不调价概率	θ	Beta	0.75	0.01	0.7323	0.0001
货币规则参数	ζ	Beta	0.15	0.01	0.0943	2.2E-05
风险冲击自相关系数	ρ_σ	Beta	0.83	0.02	0.8302	3.1E-05
名义无风险利率相关系数	ρ	Beta	0.88	0.02	0.9364	2.9E-05
技术水平冲击相关系数	ρ_a	Beta	0.94	0.02	0.9278	0.0024
政府消费冲击相关系数	ρ_g	Beta	0.56	0.02	0.6697	0.0009
风险冲击标准差	$std(\varepsilon_t^{\tilde{\sigma}})$	逆Gamma	0.31	0.01	0.3241	0.0003
技术冲击标准差	$std(\varepsilon_t^{\tilde{A}_t})$	逆Gamma	0.012	0.001	0.0225	0.0001
政府消费冲击标准差	$std(\varepsilon_t^{\widetilde{Gov_t}})$	逆Gamma	0.026	0.001	0.0242	0.0001
利率冲击标准差	$std(\varepsilon_t^{\widetilde{R_t^n}})$	逆Gamma	0.0013	0.0001	0.0023	1.1E-05

资料来源：笔者根据 Metropolis-Hastings 抽样方法，使用 Dynare 软件包计算获得。

表7-6给出"无投资滞后宏观模型"参数估计。从"结构式"模型后验参数估计结果来看，风险冲击自相关系数 ρ_σ、风险冲击标准差参数 $std(\varepsilon_t^{\tilde{\sigma}})$ 的后验值与"简化式"模型相应的先验值差异不大，意味着本书构建的风险测度体系具有很高的稳健性。但是，有些参数的后验估计值与先验值存在明显差异，比如名义无风险利率

相关系数ρ从0.88变成0.94，表明利用中国数据对动态宏观模型进行后验估计是很有必要的，可以使模型更好地拟合中国现实。

进一步分析，"有投资滞后宏观模型"与"无投资滞后宏观模型"的参数后验估计值基本相同，所有参数都在合理范围内，限于篇幅不再单独给出。

第六节 模型模拟分析

从"定性"角度来看，模型使用先验参数与后验参数分别运行动态宏观模型，二者结论一致，这意味着模型结论具有稳健性。进一步地，后验数据可以给出符合现实的"定量"动态描述。笔者分别使用"无投资滞后宏观模型"和"有投资滞后宏观模型"进行模拟分析，模型分析了企业主体和宏观产出面临风险冲击时的影响，同时模型呈现出新冠疫情冲击最终对产出的影响规模和后续动态，随后模拟"疫情反应体系"下货币当局为"熨平"经济周期施行宽松货币政策的效果，最终给出完整的模拟结果。

一 稳健性模拟和分析

本书使用的宏观经济模型包含金融加速器效应，意味着金融加速器加剧了冲击影响的传导、增加了冲击影响的持久性，通过模拟可以证实这一点。接下来，分别针对"投资滞后一期宏观模型"与"无投资滞后宏观模型"，通过比较先验参数和后验参数下的模拟结果检验模型的稳健性。图7-6和图7-7分别给出两种模型采用先验参数的模拟结果，图7-8和图7-9分别给出两种模型采用后验参数的模拟结果。

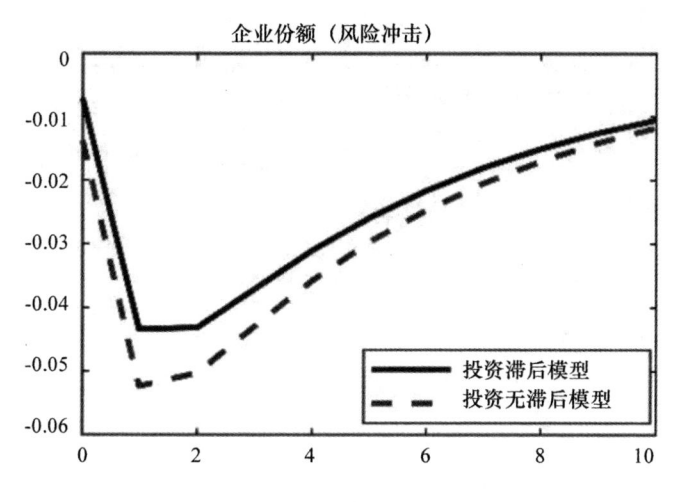

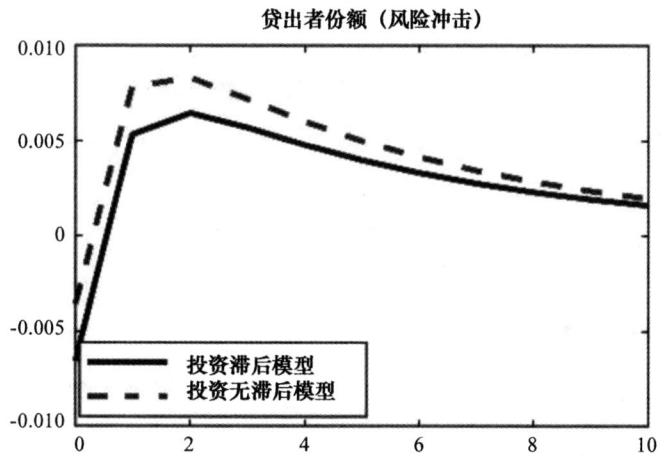

第七章 央行数字货币与信贷:一般均衡框架下贷款合约视角 / 189

企业份额(风险冲击)

贷出者份额(风险冲击)

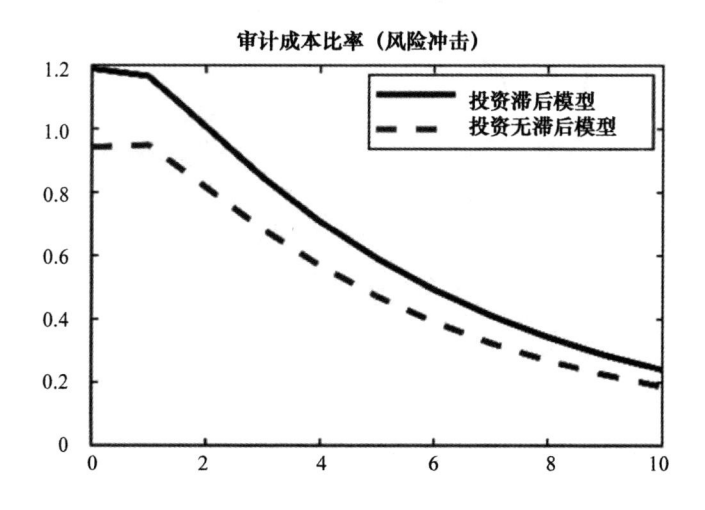

审计成本比率(风险冲击)

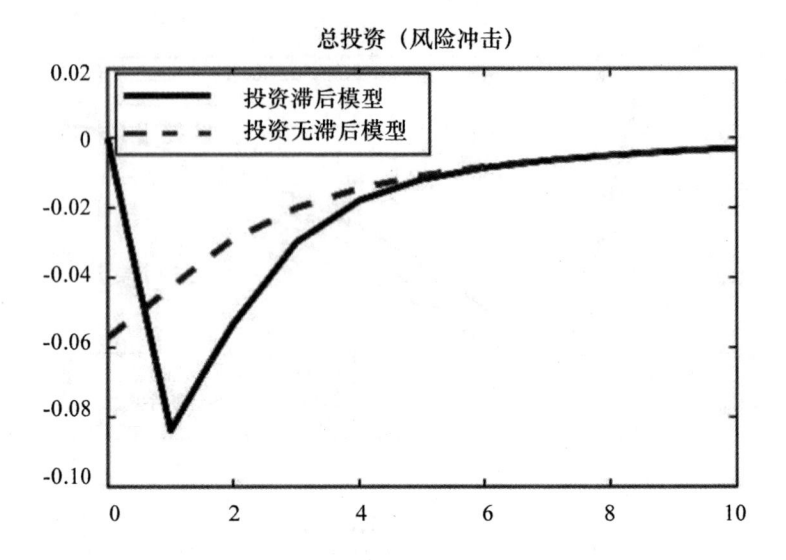

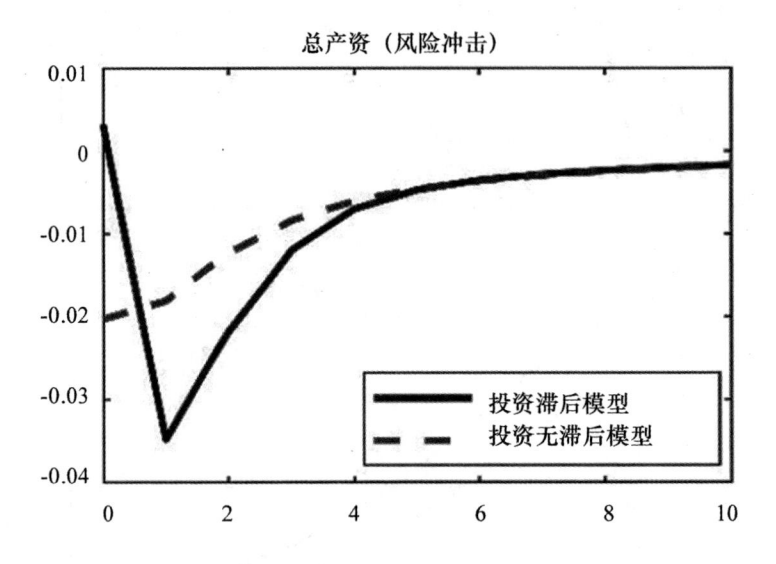

图 7 – 6　先验参数下对风险冲击的脉冲响应

资料来源：笔者绘制。

企业净值（风险冲击）

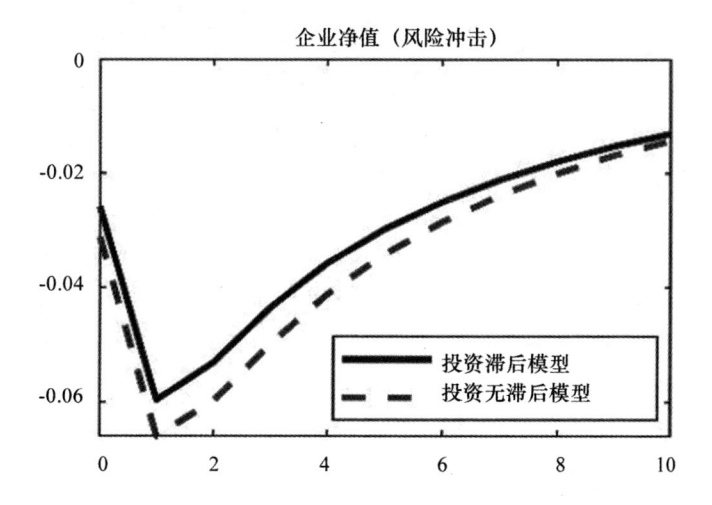

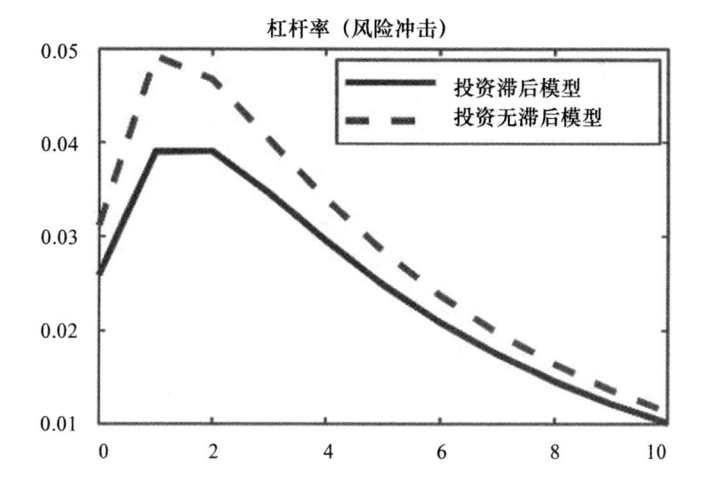

杠杆率（风险冲击）

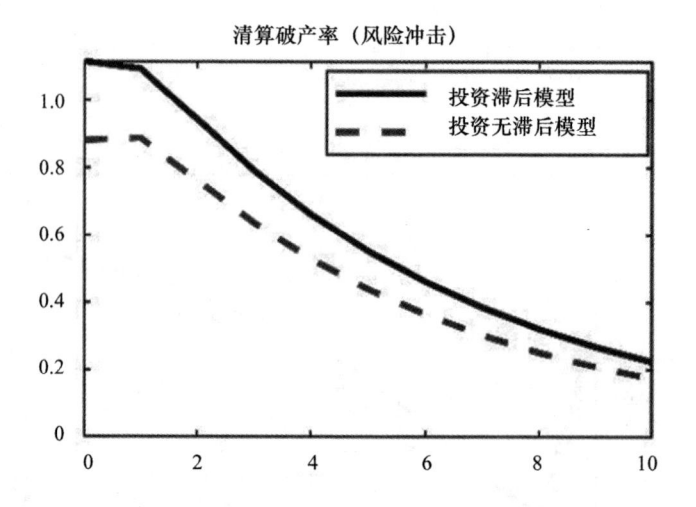

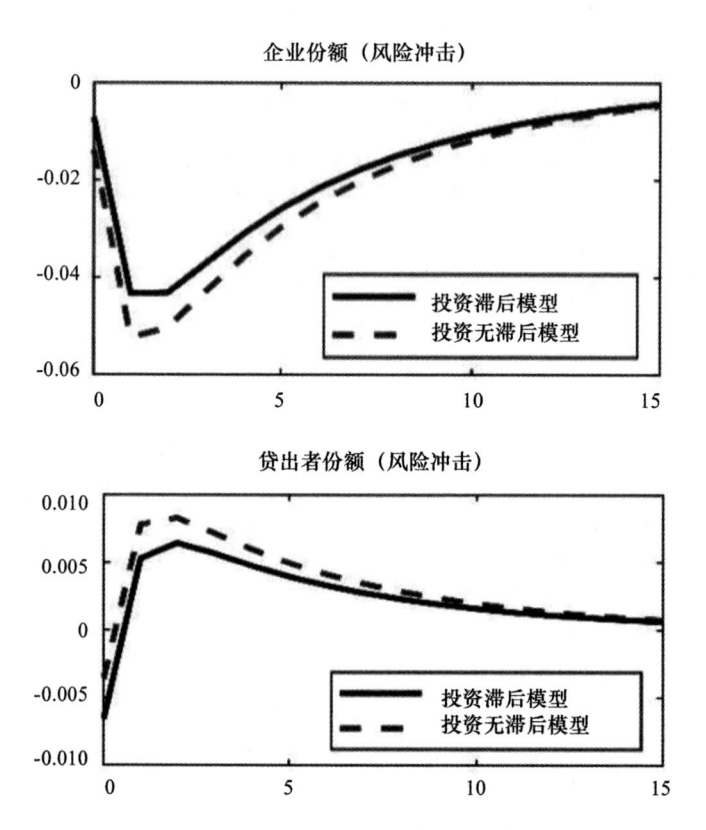

图 7-7　先验参数下对风险冲击的脉冲响应（续）

资料来源：笔者绘制。

审计成本比率（风险冲击）

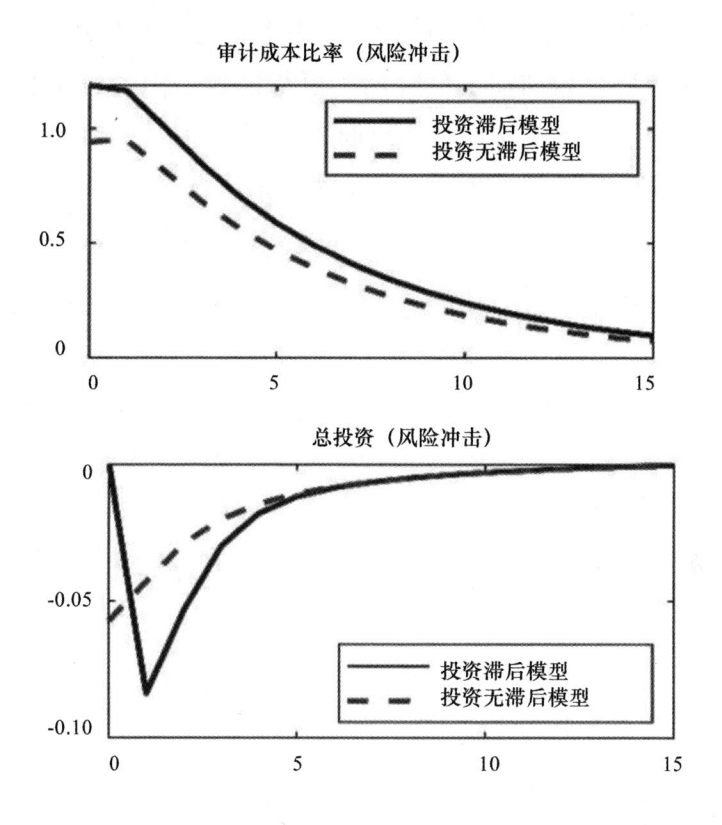

总投资（风险冲击）

图7-8 后验参数下对风险冲击的脉冲响应

资料来源：笔者绘制。

图7-6和图7-8显示，两种模型在先验参数和后验参数下，最优合约中企业份额（$1-\Gamma(\bar{\omega})$）、贷出者份额（$\Gamma(\bar{\omega})-\mu G(\bar{\omega})$）、审计成本比率（$\mu G(\bar{\omega})$）和总投资 I 面对风险冲击的响应模式是一致的，这体现了动态宏观模型对参数的稳健性。

进一步分析风险冲击对信贷市场合约企业份额、审计成本比率和总投资的影响，以图7-8为例。就对企业份额影响而言，当假设投资无滞后时，反映企业在信贷市场议价能力的企业份额在当期迅速下降1.37%，在1期后最低下降到5.23%，然后缓慢衰减，企业获利能力大大受损；如果考虑投资滞后1期，企业份额下降程度略有缓解。就对贷出者份额的影响而言，由于企业承担大量的系统风险，因此无论投资是否滞后，风险冲击对贷出者份额的影响微乎其微。就对审计成本比率影响而言，当假设投资无滞后时，反映信贷市场委托代理成本的审计成本比率大幅度攀升，信贷市场全面恶化，在风险冲击下，审计成本比率当期立即上升94.32%，然后缓慢回落；如果考虑投资滞后1期，审计成本比率当期上升更为剧烈，超过了稳态水平的119.10%，然后缓慢回落。就对总投资影响而言，当假设投资无滞后时，总投资当期下降5.72%，5期后下降不足1%，此后缓慢恢复到稳态；如果考虑投资滞后1期，投资在当期并无反应，但在随后一期下降了8.38%，5期后缓慢恢复到稳态。可以发现，投资是否滞后关乎冲击影响的程度和恢复稳态的路径。

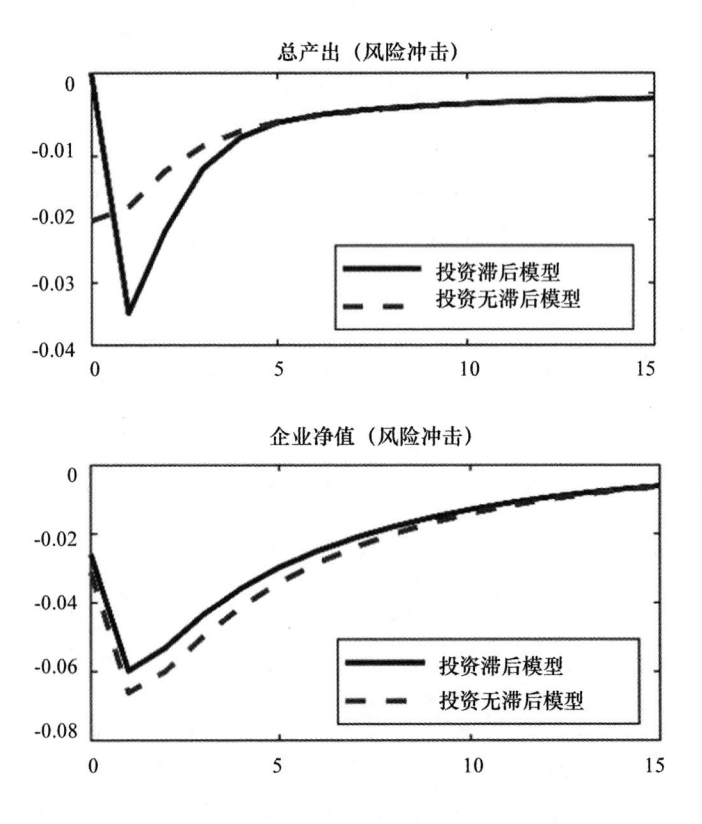

总产出（风险冲击）

企业净值（风险冲击）

杠杆倍数（风险冲击）

清算破产率（风险冲击）

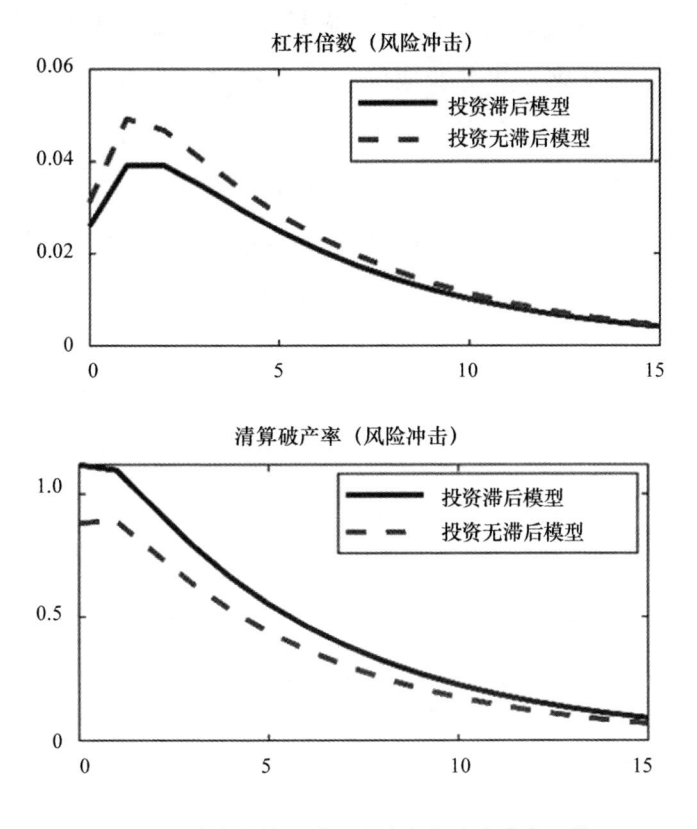

图7-9 后验参数下对风险冲击的脉冲响应（续）

资料来源：笔者绘制。

图7-7和图7-9显示，两种模型在先验参数和后验参数下，总产出 Y、企业净值 N、杠杆倍数（$\frac{QK}{N}$）和清算破产率 $F(\bar{\omega})$ 面对风险冲击的响应模式是一致的，这体现了动态宏观模型对参数的稳健性。

进一步分析风险冲击对总产出、企业净值、杠杆倍数和清算破产率的影响，以图7-9为例。就对总产出影响而言，当假设投资无滞后时，宏观产出当期即下降2.03%，然后缓慢衰减大约15期恢复稳态；如果考虑投资滞后1期，产出的当期并无明显下降，而是在1期后下探到低谷,最大下降3.48%,接着在第5期下降了0.70%后缓慢衰减,冲击造成的衰减速度放缓,直到15期之后才恢复稳态。就对企业净值影响而言,当假设投资无滞后时,企业净值会立即下降3.11%,并在1期之后迅速下降6.60%,然后回落20期左右,这说明风险冲击对企业净值造成相对持久的不利影响;如果考虑投资滞后1期,企业净值下降程度略有缓解。就对杠杆倍数影响而言,当假设投资无滞后时,冲击发生1期后杠杆倍数相对稳态提高4.92%,这意味着企业需要更多地依赖外部融资;如果考虑投资滞后1期,杠杆倍数上升的峰值略有下降。就对清算破产率影响而言,当假设投资无滞后时,企业的破产概率上升了88.10%;如果考虑投资滞后1期,当期破产概率相对于稳态水平上升了111.15%,然后缓慢衰减,这意味着企业破产概率对风险冲击高度敏感。企业在本模型中是对风险冲击最敏感的主体。现实中风险冲击的影响呈现何种模式,取决于市场代表性企业中"无投资滞后"属性企业与"投资滞后属性"企业的具体比重。

二 疫情冲击模拟

根据前文对疫情的概率测度,这里将风险冲击规模设置为偏离均值以上3.21个标准差,作为新冠疫情冲击的度量,从而进一步研究对经济系统的影响。

疫情冲击的脉冲响应结果,如图7-10所示。下面着重分析疫情冲击对信贷市场合约主体的份额、审计成本比率和总投资的影响。就对企业份额影响而言,当假设投资无滞后时,企业份额在当期迅速下降4.40%,在1期后相对于稳态最低下降16.79%,然后缓慢衰减,企业获利能力大大受损;如果考虑投资滞后1期,企业份额下降程度略有缓解。就贷出者份额而言,由于企业承担大量的系统风险,因此无论投资是否滞后,风险冲击对贷出者份额影响较

第七章 央行数字货币与信贷：一般均衡框架下贷款合约视角 / 197

小。就对审计成本比率影响而言，当假设投资无滞后时，在疫情冲击下，反映信贷市场委托代理成本的审计成本比率大幅度攀升，信贷市场全面恶化，审计成本比率当期立即上升302.77%，然后缓慢回落；如果考虑投资滞后1期，审计成本比率当期上升更为剧烈，超过了稳态水平的382.31%，然后缓慢回落。就对总投资影响而言，当假设投资无滞后时，总投资当期下降17.16%，10期后下降不足1%，此后缓慢恢复到稳态；如果考虑投资滞后1期，投资在当期并无反应，但在随后一期下降26.90%，5期后缓慢恢复到稳态。

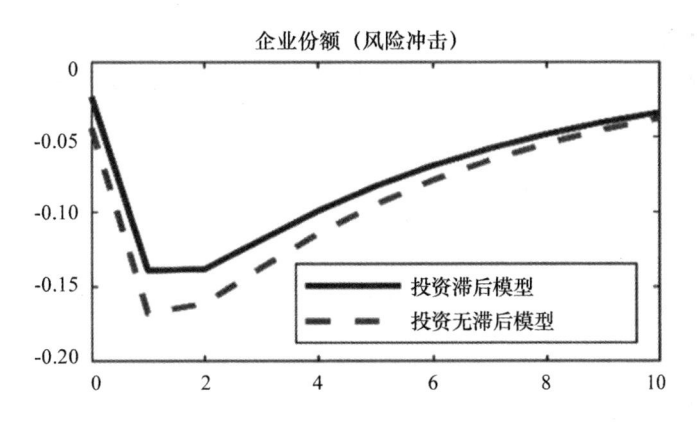

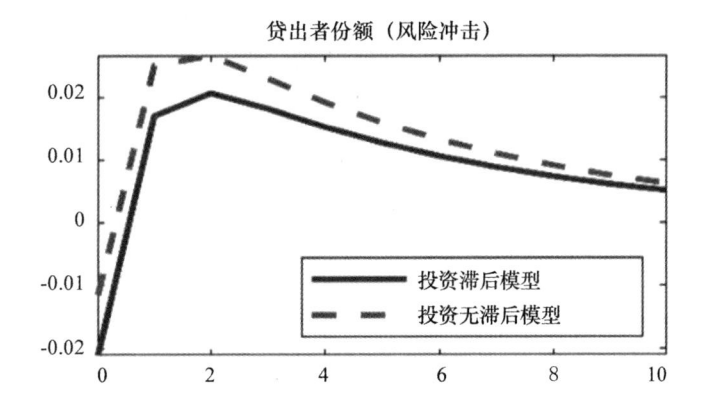

企业份额（风险冲击）

贷出者份额（风险冲击）

审计成本比率（风险冲击）

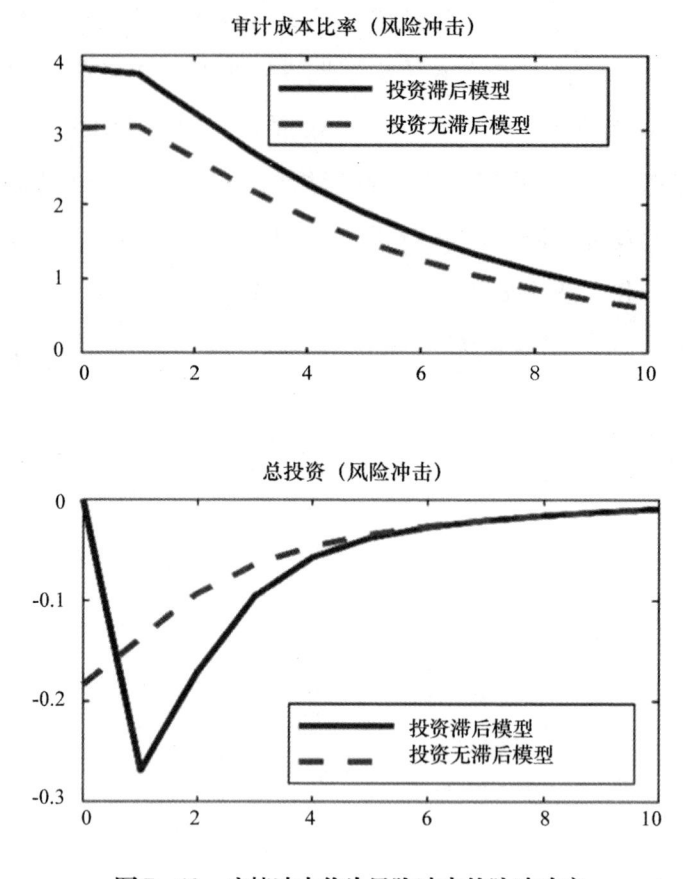

总投资（风险冲击）

图 7 – 10　疫情冲击作为风险冲击的脉冲响应

资料来源：笔者绘制。

关于疫情冲击对总产出、企业净值、杠杆倍数和清算破产率的影响，如图 7 – 11 所示。就对总产出影响而言，当假设投资无滞后时，宏观产出当期即下降 6.52%，然后缓慢衰减大约 15 期后恢复稳态；如果考虑投资滞后 1 期，产出当期并无明显下降，而是在 1 期后下探到谷底，最大下降 11.17%，接着在第 8 期下降 0.90% 后衰减速度放缓，直到 15 期后才恢复稳态。就对企业净值影响而言，当假设投资无滞后时，企业净值会立即下降 9.98%，并在 1 期之后迅速下降21.18%，然后回落约20期后恢复稳态，说明风险冲击对企业净值的不利影响相对持久；如果考虑投资滞后1期，企业净值下降程度略有缓解。就对杠杆倍数影响而言，当假设投资无滞后时，冲击发生1期后杠杆倍数相对稳态提高15.79%，意味着企业需要更多地依赖外部融资；如果考虑投资滞后1期，杠杆倍数上升的峰值略有下降。就对清算破产率影响而言，当假设投资无滞后时，企业的破产概率上升264.30%；如果考虑投资滞后1期，当期破产概率相对于稳态水平上升358.17%，然后缓慢衰减，意味着企业破产概率对风险冲击高度敏感。

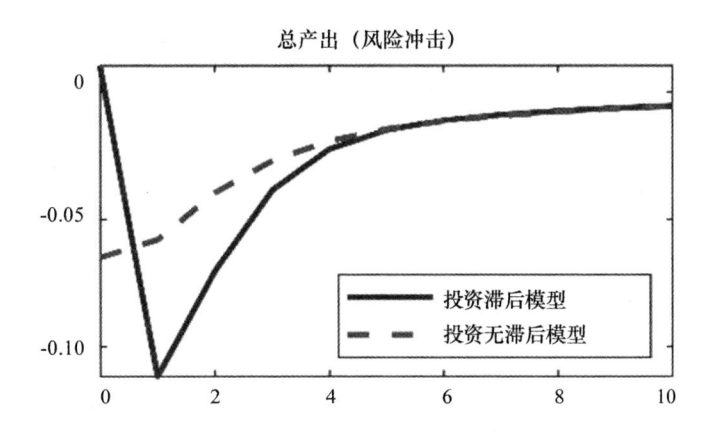

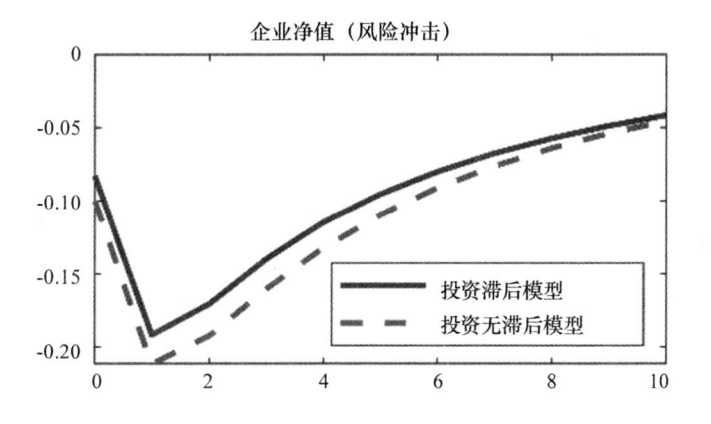

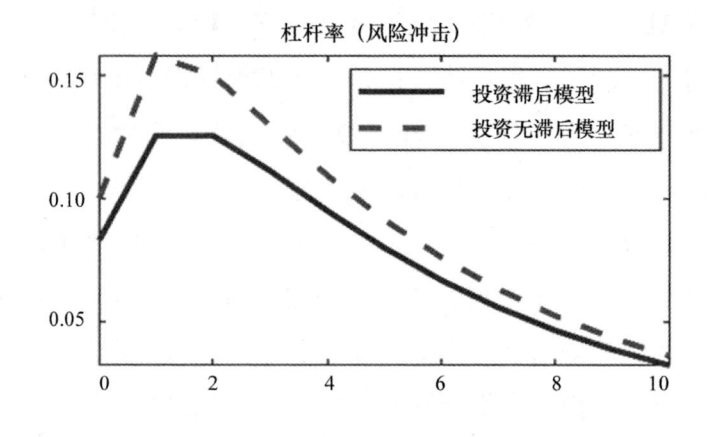

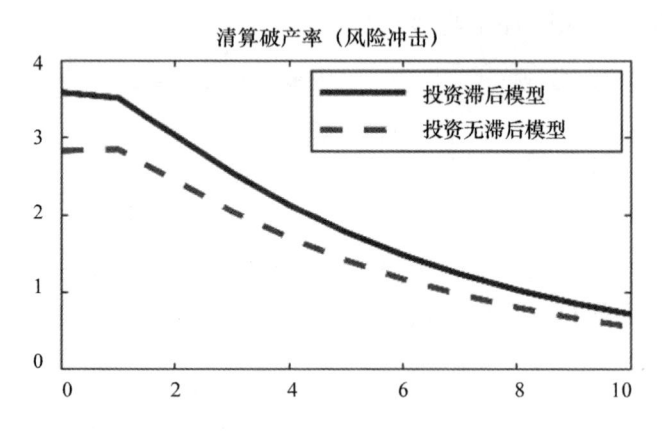

图 7-11 疫情冲击作为风险冲击的脉冲响应（续）

资料来源：笔者绘制。

为了模拟疫情冲击对产出的影响，需要区分趋势项和周期项，动态宏观模型中产出周期都是基于对产出趋势的偏离百分比，下面考虑加入趋势后的疫情实际的季度影响，结合总产出趋势项做算术外推来模拟疫情冲击对产出的影响。1992—2019 年，中国人均真实 GDP 季度稳态增长率为 2.1%，年化稳态增长率约为 8.6%。[①] 模拟结果表明，疫情冲击将会在第一年拖慢人均真实 GDP 增长率约 6

---

① 同一时期，真实 GDP 季度潜在收益率为 2.22%，潜在真实 GDP 年增长率为 9.09%。

个百分点,第二年拖慢人均真实 GDP 增长率约 1.6 个百分点,疫情冲击影响直到第三年才基本消退(见图 7-12 和表 7-7)。① 此处将滞后一期模型作为刻画传统货币体系下信贷结构的宏观基准模型,无滞后模型作为不计息央行数字货币发放信贷时的对照模型,研究显示:当面临新冠疫情概率级别的罕见信贷冲击风险时,2020 年基准模型实际人均产出增速相对于潜在增速损耗 -6.61%,由于不计息数字货币提高了信贷市场效率,产出衰退相对于潜在增速变为 -5.85%,2020 年人均产出二者相差 0.77 个百分点;2021 年二者人均产出增速虽然有所缩小,但亦相差 0.07 个百分点。因此,不计息央行数字货币仅仅作为提高信贷发放速度的媒介的功能也能一定程度缓解信贷冲击对宏观产出的影响程度。

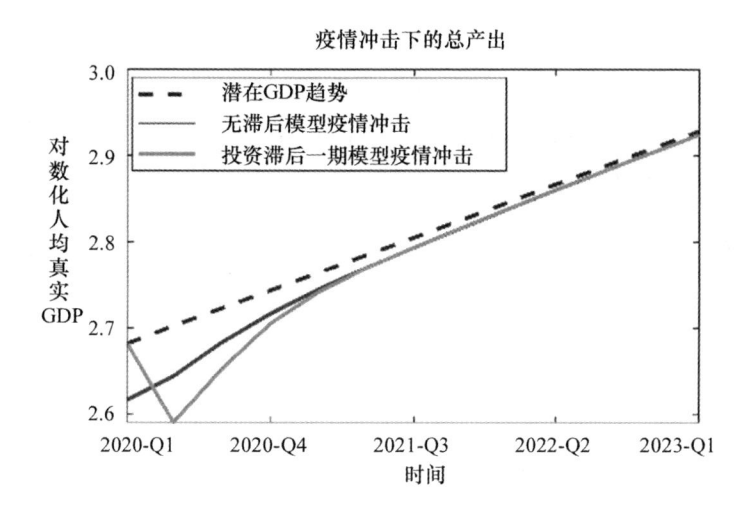

疫情冲击下的总产出

---

① 2021 年 GDP 名义增长率为 8.1%,本书构建的动态宏观模型增长率预测 7.0% 上下较为符合实际,因此动态宏观模型很好地捕捉到了中国经济现实情形。

疫情冲击引发的"总产出周期"

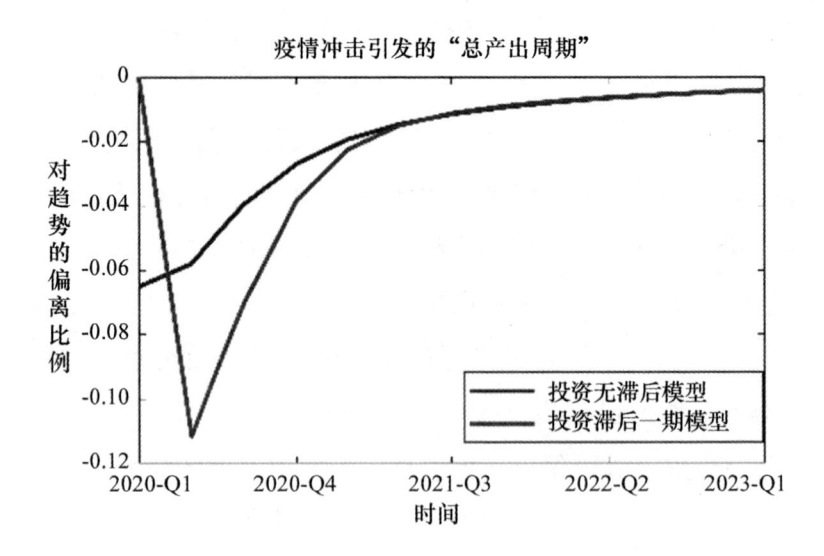

图 7－12　疫情冲击下的趋势和周期

资料来源：笔者绘制。

表 7－7　　　　　　　　疫情冲击下人均真实 GDP 增长率估计　　　　　　（单位:%）

	人均真实 GDP 年增长率损耗		估计的年增长率	
	无滞后模型 （不计息数字货币）	滞后一期模型 （基准模型）	无滞后模型 （不计息数字货币）	滞后一期模型 （基准模型）
2020 年	－5.85	－6.61	2.70	1.93
2021 年	－1.47	－1.54	7.07	7.00

资料来源：笔者建立的模型的模拟结果。

三　应对新冠疫情的货币政策冲击模拟

为应对疫情带来的冲击，货币政策可通过降低利率以稳定产出。假设当局以疫情冲击影响峰值为靶点作为"熨平"目标，模拟结果表明，货币当局对名义利率施加一个标准差的负冲击，即使名义利率降低大约 23 个基点（年化 92 个基点），在假设投资无滞后情形下，产出相对于稳态趋势产出增长 2.33%，然后迅速回落；而在投资有滞后情形下，产出峰值在货币政策第二期出现，达到 3.5%，随后迅速回落。

假设疫情冲击及应对性货币政策对经济各主体的冲击都是非预期性的，货币当局恰好在产出下滑处于最糟情形时，几乎同步地实施应对性货币政策。根据模拟，在投资无滞后情形下，为了熨平疫情冲击造成的当期产出下降 6.52% 的影响，名义利率需要下降 64 个基点，这相当于 2.80 个标准差的负向利率冲击；在投资滞后情形下，为了熨平疫情冲击 1 期后产出下降 11.17% 的影响，名义利率需要下降 69 个基点，这相当于 2.99 个标准差的负向利率冲击。因此，假设应对性货币政策力度等价于 2.99 个标准差的负向利率冲击。

关于应对性货币政策对企业份额、贷出者份额、审计成本比率和总投资的影响，根据模型计算，旨在对冲疫情冲击影响的应对性货币政策，若按此力度下调利率规模，并不能同步改善企业信贷状况，模拟结果如图 7-13 所示。在投资无滞后情形下，降低利率的应对性货币政策会使企业份额当期下降 12.88%，贷出者份额当期上升 3.39%，审计成本比率当期上升 52.52%，总投资当期上升 14.29%；在投资滞后 1 期的情形下，降低利率的应对性货币政策会使企业份额当期下降 22.65%，贷出者份额在当期上升 6.55%，审计成本比率在当期上升 100%，总投资在当期并无变化，但在随后 1 期上升 50%。

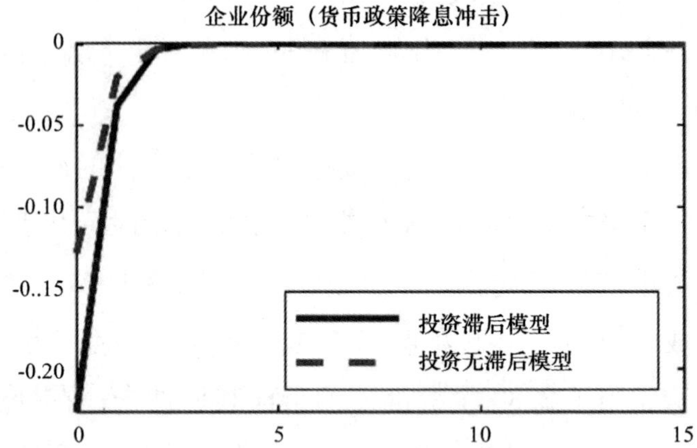
企业份额（货币政策降息冲击）
0
-0.05
-0.10
-0..15
-0.20
0
5
10
15
投资滞后模型
投资无滞后模型

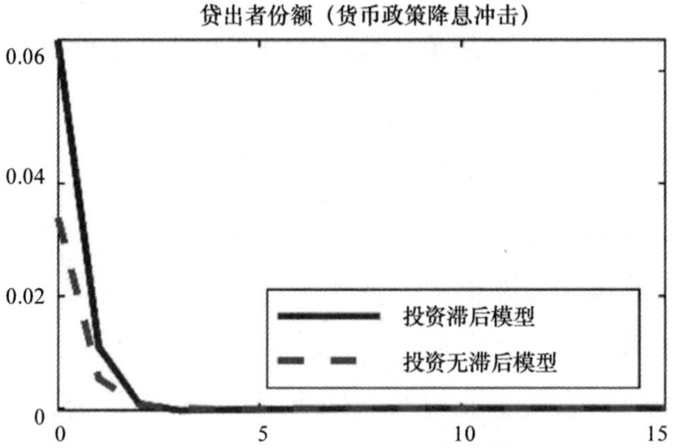
贷出者份额（货币政策降息冲击）
0.06
0.04
0.02
0
0
5
10
15
投资滞后模型
投资无滞后模型

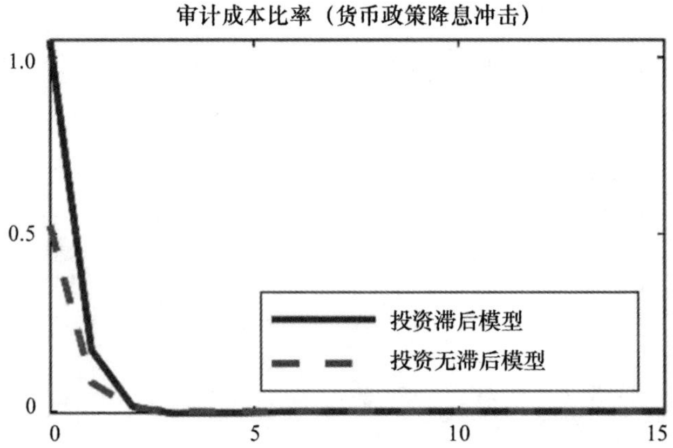
审计成本比率（货币政策降息冲击）
1.0
0.5
0
0
5
10
15
投资滞后模型
投资无滞后模型

总投资（货币政策降息冲击）

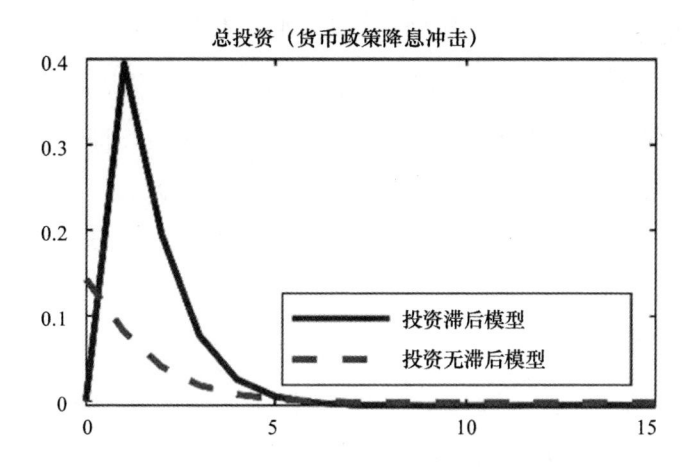

图7-13 应对新冠疫情的货币政策冲击

资料来源：笔者绘制。

关于应对性货币政策对总产出、企业政策、杠杆倍数和清算破产率的影响，模拟结果如图7-14所示。根据模拟结果，在投资无滞后情形下，应对性货币政策会使总产出当期上升6.52%，正好抵消疫情冲击对产出的影响，企业净值当期下降7.94%，杠杆倍数当期上升8.0%，清算破产概率当期上升49.05%；在投资滞后1期的情形下，应对性货币政策会使总产出在当期并无变化，但在随后1期上升11.17，恰好抵消疫情冲击对产出的影响，企业净值当期下降12.78%，杠杆倍数当期上升12.80%，清算破产率当期上升98.33%。

综合考虑疫情冲击及应对性货币政策的模拟结果，平均来看，如果要平滑疫情冲击全年影响，避免总产出下滑6%，对冲疫情冲击的利率下降幅度至少需要降低年化180个基点，即每季度施加2倍利率标准差负向冲击；但是，这样力度的应对性货币政策的副作用也是显著的，企业净值在当期将至少下滑5%，信贷市场的信息不对称成本当期迅速提高至少40%，企业在信贷市场的议价能力降低8%。造成这种局面，其隐含的机制是显然的。虽然名义利率下降会降低企业债务负担，但由于信贷合约是按实际利率在事前缔定的，未预期到的通胀率和合约非线性定价过程在当前参数下会使得企业债务负担上升，最终结果取决于两者的合成效应。

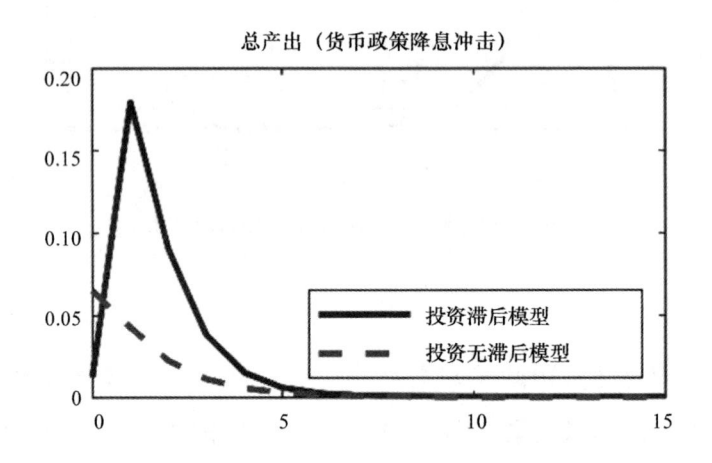

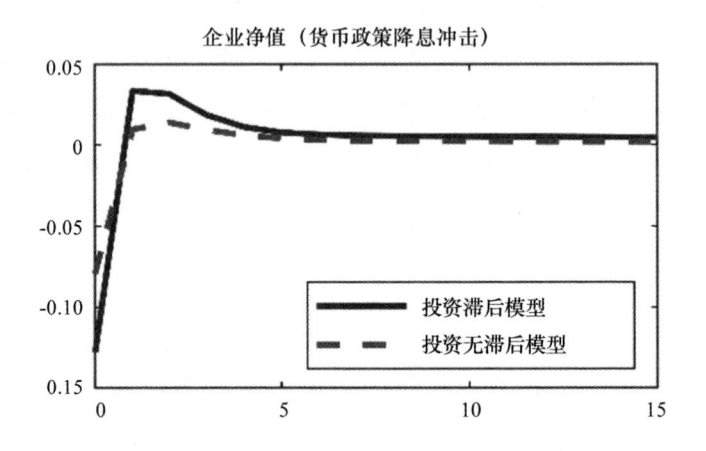

总产出（货币政策降息冲击）

企业净值（货币政策降息冲击）

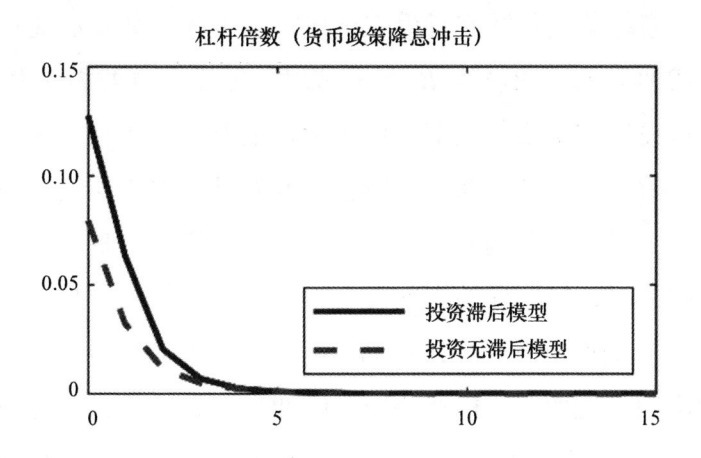

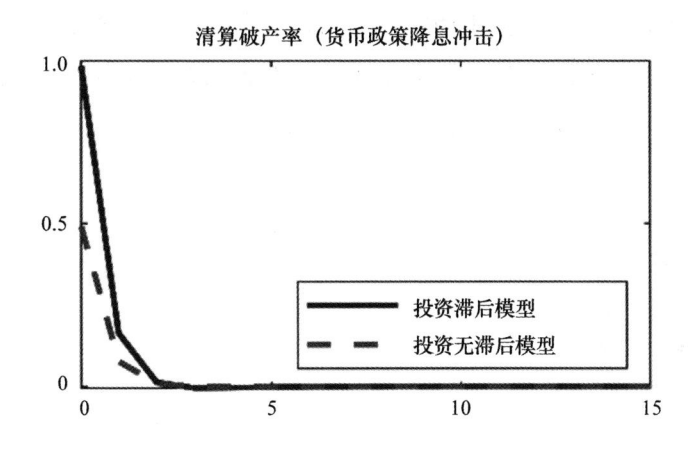

图 7-14 应对新冠疫情的货币政策冲击（续）

资料来源：笔者绘制。

四 数字货币体系下的货币政策

数字货币体系下，随着央行数字货币加入经济系统，货币政策将会出现新的变化：很少的数字货币占比也有可能带来货币政策极大的决策自由度。考虑到当前模型并非开放经济模型，方便起见，本书假设央行数字货币作为无风险资产占市场无风险资产的份额 k

为 0.1；假设央行数字货币的收益率稳态为 $R_{ss}^e = 1$，此时对应无计息状态，意味着央行数字货币完全执行现金支付凭证职能；假设市场上合成的无风险收益率 R_t^y 的稳态 R_{ss}^y 等于存款收益率稳态 R_{ss}；同时，假设数字货币体系下央行货币政策形式与传统货币政策形式相同。此时熨平经济周期的手段：一方面是调整传统货币政策中的名义利率，另一方面则调整数字货币利息。研究发现，传统货币政策降息的同时，以同样的力度对央行数字货币加息，将可以在不牺牲产出（当期产出下降峰值不到 8‰）的前提下改善信贷水平；对数字货币利息施加一个标准差的正向冲击，将会使得审计成本比率（CSV Ratio）当期下降 5%；在 2.99 标准差的 CBDC 加息政策刺激下，其同步可以补偿约 15% 的信贷市场不对称成本的攀升（没有数字货币时，旨在熨平经济周期的利率刺激将会导致审计成本比率攀升近 1 倍）（见图 7-15 和图 7-16）。

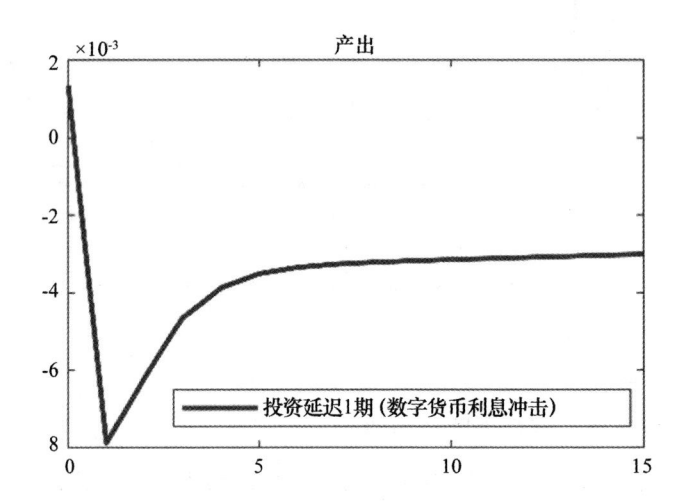

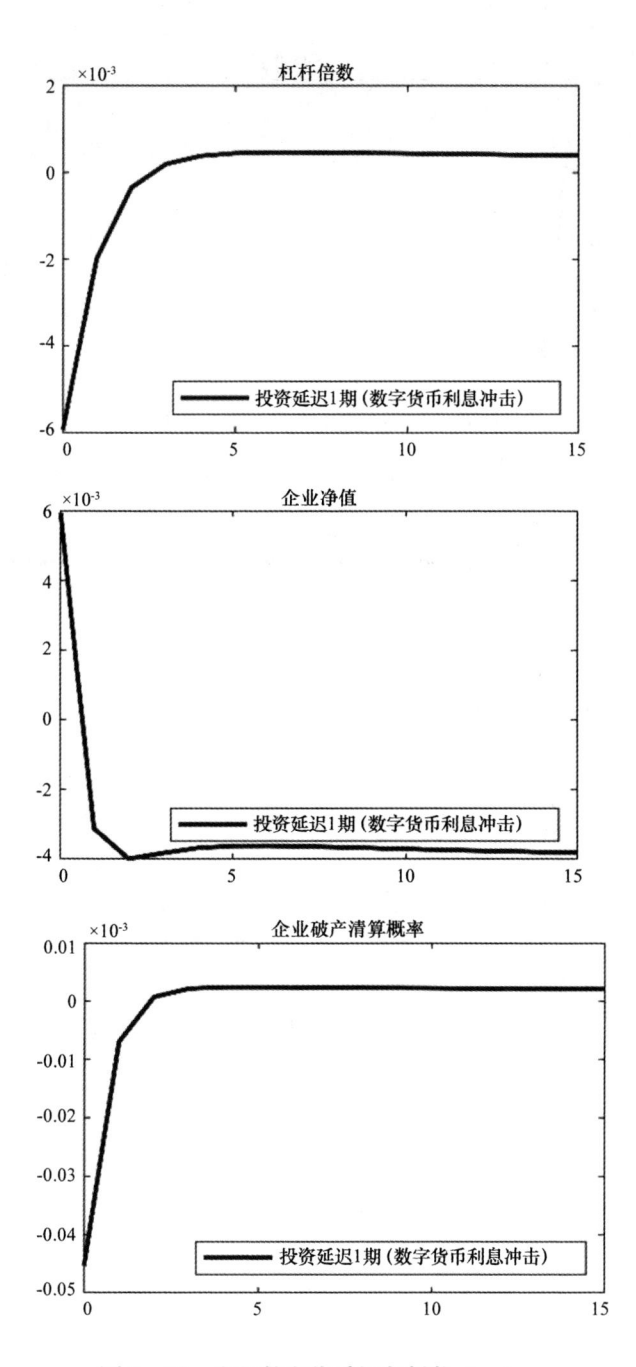

图7-15 央行数字货币加息刺激(一)

资料来源:笔者绘制。

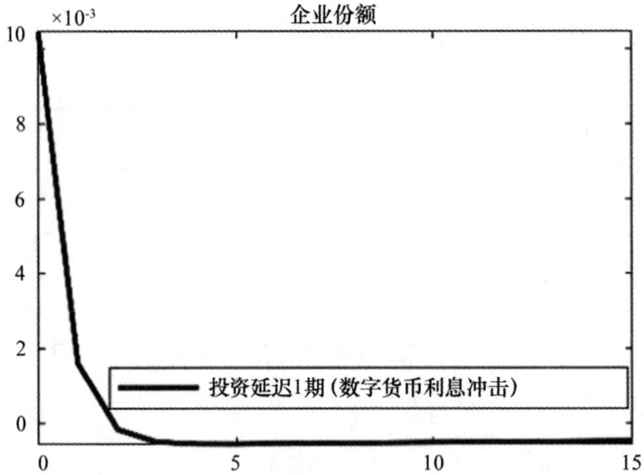
企业份额
×10-3
10
8
6
4
2
0
0
5
10
15
投资延迟1期（数字货币利息冲击）

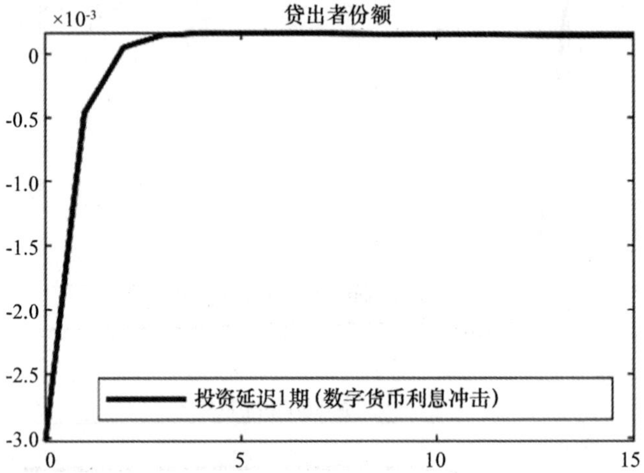
贷出者份额
×10-3
0
-0.5
-1.0
-1.5
-2.0
-2.5
-3.0
0
5
10
15
投资延迟1期（数字货币利息冲击）

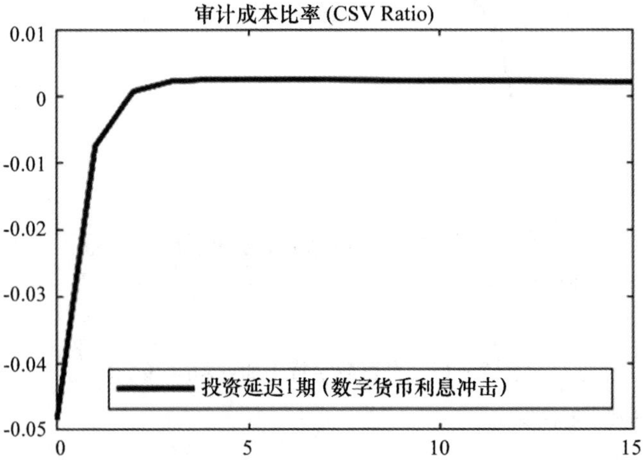
审计成本比率 (CSV Ratio)
0.01
0
-0.01
-0.02
-0.03
-0.04
-0.05
0
5
10
15
投资延迟1期（数字货币利息冲击）

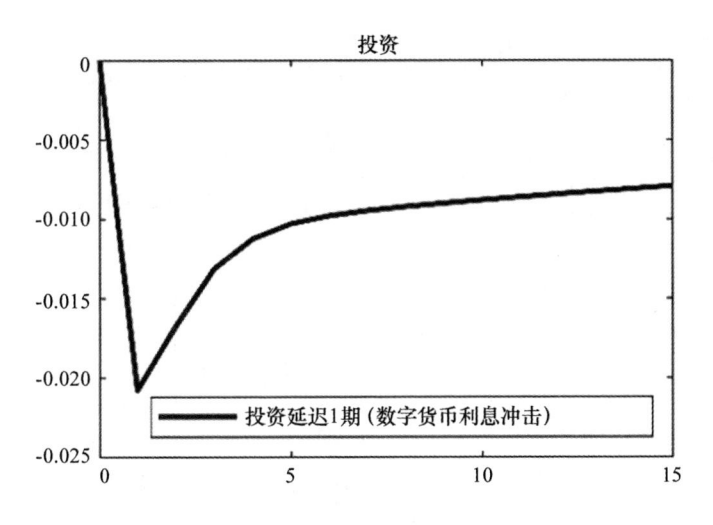

图 7-16 央行数字货币加息刺激（二）

资料来源：笔者绘制。

五　疫情冲击及应对性货币政策的作用机制

从模型模拟结果来看，疫情冲击作为一种风险冲击确实对宏观产出产生不利影响，同时还使企业信贷恶化、信贷市场效率降低，对产出的影响主要集中在第一年，其影响在第二年大幅消退；若在疫情冲击影响最严重时同步实施应对性货币政策，降低名义利率虽然能提高宏观产出水平，但并不能使企业信贷和信贷市场得到有效改善。随着央行数字货币的可计息特性加入政策工具箱，货币政策的副作用有了缓和之可能性。疫情规模的信贷冲击影响及应对性货币政策效果的隐含机制如图 7-17 所示。

应对疫情冲击的货币政策通过降低利率并不能拉动信贷，这在美国、日本等低利率国家较为常见，这些国家的央行因而需要购入企业债券以改善企业信贷。不过，中国由于疫情控制得很好，考虑到疫情冲击的动态影响及应对性货币政策对信贷刺激的有效性，中国央行不一定需要通过降低名义利率来对冲疫情冲击的影响；而且，维持相对稳定的名义利率可能更有助于企业主体形成稳定的政策预期。

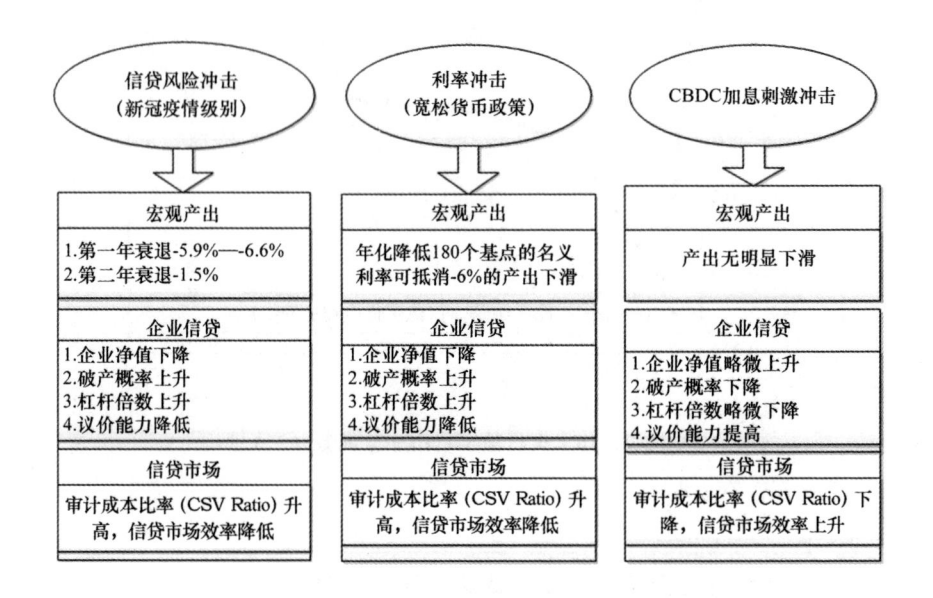

信贷风险冲击 (新冠疫情级别)	利率冲击 (宽松货币政策)	CBDC加息刺激冲击
宏观产出 1.第一年衰退-5.9%—-6.6% 2.第二年衰退-1.5%	**宏观产出** 年化降低180个基点的名义利率可抵消-6%的产出下滑	**宏观产出** 产出无明显下滑
企业信贷 1.企业净值下降 2.破产概率上升 3.杠杆倍数上升 4.议价能力降低	**企业信贷** 1.企业净值下降 2.破产概率上升 3.杠杆倍数上升 4.议价能力降低	**企业信贷** 1.企业净值略微上升 2.破产概率下降 3.杠杆倍数略微下降 4.议价能力提高
信贷市场 审计成本比率(CSV Ratio)升高，信贷市场效率降低	**信贷市场** 审计成本比率(CSV Ratio)升高，信贷市场效率降低	**信贷市场** 审计成本比率(CSV Ratio)下降，信贷市场效率上升

图7-17 疫情冲击与应对性政策的影响机制

资料来源：笔者绘制。

在数字货币体系下，为了对冲货币刺激政策的副作用，研究发现，可以通过适当地对央行数字货币加息，抵消货币政策对信贷市场的负面作用。

第七节 若干结论

第七章将风险冲击测度体系引入包含金融加速器机制的动态宏观模型，模拟分析新冠疫情冲击作为风险冲击的影响及应对性货币政策的效果，评估了数字货币体系下加强信贷稳健性的可能性。研究发现，央行数字货币的加入，虽然不能完全抵消传统货币政策的副作用，但足以产生一定程度的缓解。研究还发现，数字货币体系下"信贷反脆弱"是有前景的发展方向。本书对包含金融加速器的动态宏观模型进行了扩展,将风险测度体系引入模型。利用股票市场指数作为工具变量构建了信贷市场风险测度体系,并用该体系计算了风险冲击稳态,利用"恐慌指数"作为代理变量测度了新冠疫情冲击概率规模;根据疫情冲击相应的产出下滑峰值确定利率负向冲击规模,以估算应对性货币政策的力度。基于"简化式模型"估算了"结构式模型"参数的先验值,运用贝叶斯估计对"结构式模型"进行了校准。最终结合简化式和结构式模型,模拟分析了新冠疫情冲击及应对性货币政策的动态影响,以及在数字货币体系下数字货币利息政策的可能影响。研究得出以下几个结论。

第一,利用"恐慌指数"作为代理变量衡量新冠疫情冲击发生的概率,结果表明,其对资本市场的冲击规模相当于"2008年国际金融危机"。其政策含义在于,需要对新冠疫情这样的"黑天鹅"事件进行常态化跟踪,并建立有效的应急管控机制。

第二,应用模型进行模拟的结果表明,疫情冲击直接导致了产出的下滑、降低企业净值、削弱信贷市场效率,而相应的应对性货币政策虽然能改善宏观产出水平,但也使反映信贷市场信息不对称水平的审计成本比率攀升,降低企业净值及其信贷合约议价能力。其政策含义是,货币当局"熨平"新冠疫情冲击影响,需要考虑其对企业信贷的动态影响和隐含成本,平衡"提高短期宏观产出"与"改善企业信贷"双目标。

第三,应用模型进行模拟的结果表明,疫情冲击和应对性货币政策都会使反映微观企业信贷市场委托代理成本的状态审查成本(CSV)和审计成本比率(CSV Ratio)攀升(前者是委托代理成本的绝对值度量,后者为相对值度量),加剧企业信贷的恶化。其政策含义是,面对疫情冲击,政府应动态调整反映信贷市场信息不对称性的状态审查成本相关的政策,比如应急性降低破产清算相关的审计成本、法律服务费用等，以支持企业信贷的修复。

第四，在数字货币体系下，若全部货币替换成数字货币，将有可能缩短企业获得信贷的滞后期，央行数字货币相对于传统货币的信贷传导优势也将大大改善疫情冲击对宏观经济的影响。其政策含义在于，哪怕在商业银行控制社会信贷的安排下，数字货币如果能提高企业信贷支持的速度，也能够提高经济体对风险冲击的应对能力，增强信贷系统的"反脆弱性"，进而增强金融体系和宏观经济的"反脆弱性"（产出波动更小）。

第五，数字货币体系下的利息政策与传统货币政策呈现一定的独立性，书中阐释的"两种独立政策协同以应对两个政策目标"宏观政策管理思路，符合经济学界用"丁伯根准则"约束"泰勒规则"的普遍认识（Michl，2008），有利于政策多目标的实现。在数字货币体系下，央行数字货币的利息冲击可以适当地抵消以利率刺激为主的货币政策的负面作用，改善信贷市场的状态审查成本（CSV）和审计比率（CSV Ratio）的攀升。其政策含义在于，配合央行数字货币加息的利率宽松货币政策将是一个重要的货币政策工具，有助于改善我们所探讨的"刺激产出"与"改善信贷"两难的权衡问题。简而言之，就信贷市场"反脆弱性"考量，未来央行数字货币为了完成相应的"功能"，"可付息策略"在央行数字货币设计中依然是一个值得考量的方向。

第 八 章

结论和展望

本书从数字货币框架到数字货币体系构建的可能形式、数字货币体系下局部与全局价格水平存在性证明、数字货币体系下的货币需求、数字货币体系下的信贷与货币政策新发展等角度,逐步勾勒出数字货币框架下的货币与信贷可能的新变化,阐明了建立央行数字货币主导的数字货币体系的必要性,从货币需求、金融中介和宏观管理三个层次,廓清了"反脆弱性"的数字货币体系如何构建。本书认为,从现有经济学理论视角来看,与其说数字货币是某种万灵药,不如说是有建设性的帕累托改进。央行数字货币只有遵循一系列条件,在数字货币体系的庇护下,数字货币才能真正成为人类能掌握的强大工具。本书最后给出政策建议,同时给出数字货币体系构建相关议题之未来展望。

第一节 各章概括

第一章指出本书的主要研究对象为数字货币体系下的货币与信贷,其研究切入点之一为"反脆弱性",反脆弱性主要从新旧货币体系转换背景加以探讨。本书从货币体系开展方式、数字货币体系发展的必要性、货币需求的新变化、金融中介在金融结构中发挥的作用、信贷市场与货币政策的可能发展等角度展开分析，第一章廓清本书研究对象和阐明研究意义，最终引出本书核心议题，其间穿插了对本书研究方法、研究创新与不足的说明。

第二章旨在通过文献检索，反映出当前货币与金融结构领域涉及的理论研究历史脉络和最新发展。通过理论梳理，第二章给出各理论在数字货币体系下的适用范围，最终给出若干述评，分析理论研究在数字货币体系下作用的范围以及可能的发展。

第三章致力于从历史角度研究数字货币引入货币体系之必要性，即就数字货币体系可能性来看，央行数字货币何以会通过"货币竞争"形式来构建数字货币体系。通过对金融史中历次货币改革的粗略把握，同时借鉴中国早期抗日根据地时代苏区开展"货币竞争"的实践经验，总结出推动历次货币体系改革背后的内外部力量。简而言之，市场力量与政府的博弈是货币体系发展的动力之源，构建稳健的数字货币体系不能忽视这种自发的力量。本书还探讨了信用货币时代所面临的固有难题：第一，局部与全局平衡价格水平难以兼顾，始终困扰着现代货币体系；第二，自国际金融危机之后，各国货币当局间接刺激信贷的力度逐步增强，但社会市场主体并未实质上获得信贷支持，也就很难将信贷转化成实质的社会生产力、消费能力。因此，本书从现代标准货币理论基础假设以及金融结构角度展开探讨，强调央行数字货币引入货币体系的必要性。同时，本书探讨了央行数字货币之间的博弈、央行数字货币与传统货币间的关系，乃至央行数字货币与加密货币间的竞争之必要性，阐明"货币竞争"作为数字货币体系构建的主要形式，是构建反脆弱性的数字货币体系的重要特征。

第四章从央行数字货币与传统货币有可能实现局部与全局价格水平均衡角度，继续探讨央行数字货币引入货币体系的必要性。第四章尝试在新古典经济学框架下以博弈论方法探讨局部与全局价格水平均衡存在性问题，并给出数字货币体系中局部与全局价格水平均衡解存在性证明。各国货币当局推进数字货币的原因不尽相同，对数字货币特性之取舍也尚无定论，在尽可能少的假设下从局部与全局价格水平稳定的角度评估数字货币加入货币体系之必要性。货币体系局部与全局价格均衡的存在对构建稳健的数字货币体系至关重要，因此均衡解的存在直接关系到各货币当局（有的是国际货币托管国家）是否能积极投身到"货币竞争"中。

第五章从货币需求的层面，在数字货币达到兼顾局部与全局均衡价格水平的合意比重的前提下，探讨央行数字货币的交易性需求、投机性需求和预防性需求，构建数字货币体系下的货币需求理论。第五章回应了第二章对于现代货币理论基础的关切，尝试从数字货币可付息与转换成本角度探讨数字货币的三大货币需求的可能变化。本书以合意的数字货币比重存在为前提，尝试探讨数字货币体系下如何从货币需求的角度构建无套利的"反脆弱"的数字货币体系。简而言之，第五章继续用数理模型展开研究，旨在说明在稳健的数字货币体系下，数字货币与传统货币的关系，数字货币需要具备怎样的特性。

第六章探讨央行数字货币引入的情形下，传统金融中介如何与央行博弈，信贷结构中央行会如何挤压传统金融中介的业务以及造成何种影响。第六章回应了第三章在数字货币体系中对金融结构中金融中介的关切，笔者以传统金融中介与央行博弈为切入点探讨数字货币体系下的可能风险和机遇，探讨金融结构在金融"反脆弱"方面可能需要具备的一些制度安排。假设央行数字货币直接在央行开设账户的情形下，央行如何直接介入信贷供给，这种介入对金融体系的"反脆弱"和金融脱媒进程有何影响。

第七章从动态宏观视角探讨信贷市场存在不对称合约的情形下，数字货币付息政策是否有潜力成为新的政策工具以应对现实的风险冲击，改善信贷状况。第七章在前几章研究成果基础上（例如继承了第四章关于数字货币合意比重的存在性证明、发扬了第六章关于央行直接介入信贷供给的设定），继续从信贷角度探讨数字货币体系下金融结构中风险的动态传播过程，相比于调整跨期价格水平，货币当局通过数字货币直接干预信贷能够提高信贷市场效率，加强数字货币体系、金融体系反脆弱性，最终更好地稳定宏观经济。本书以新冠疫情中的中国经济管理为目标场景，探讨了传统货币政策对信贷市场和刺激产出方面的利弊，并以功能货币的角度尝试引入数字货币，同时在货币政策工具中加入数字货币相关政策安排，尝试给出缓解风险冲击下传统信贷市场不利局面的方法，数字货币可能使得货币当局有更多维度的政策空间，对宏观经济与信贷市场展开有效的管控，以使得宏观体系更加稳健。

第二节　研究结论和建议

一　研究结论

本书在经济学学理层面探讨了数字货币体系可能的组织形式和内部结构，探讨了满足系统层面反脆弱性要求时，央行数字货币所需要具备的特征、金融结构中金融中介与央行之间的关系以及信贷供给角度下如何使用新的政策工具稳定宏观经济系统的前景。从历史角度研究货币体系演进的逻辑脉络，初步阐明"数字货币框架"走向"数字货币体系"的可能路径为央行数字货币主导的"货币竞争"。在此进程中，传统货币体系与数字货币体系既有对抗又有融合，现代货币标准模型中对货币的认识需要进行不同程度的微调。无论是国际货币层面的局部与全局价格均衡、货币需求函数的改造和发展、金融结构的调整与改良、信贷市场中信贷效率与信贷供给结构，还是数字货币体系下宏观政策新工具的前景，种种议题都将统摄在市场机制这个大局之下,因此数字货币体系的"反脆弱"之旅也是本国央行数字货币幸存于数字经济背景下货币竞争"优胜劣汰"机制的征程。数字货币体系作为新生事物,处于不断的革新之中,因此很难做到精细地刻画和描述,本书只能从一些基础假设条件出发(比如假设央行数字货币相对传统货币边际发行成本递减、可附着利息以及央行直接设立账户),从经济学原理出发,或诉诸货币历史、或诉诸已有货币分析范式搭建数理模型、或诉诸动态一般均衡模型分析经济系统演化规律、或诉诸计量手段调校动态宏观模型先验参数、或诉诸一般情景模拟展开反事实分析以厘清因果,使用种种方法无不在于将"未有之物"的边界尽可能地把握住。至此,本书研究货币体系增益人类福祉,拓展学者对数字货币体系认识之目标即告完成。本书的若干结论概括如下。

当前数字货币研究,无论是国内还是国外尚处于起步阶段。国外研究多处于理论探索阶段(数理定量研究是主要研究范式),国内研究起步更晚,就其实践上却未见得更慢,同时国内定性研究居多(定量研究与数理研究略少)。关于数字货币的定量研究往往就假设条件下展开数理研究或者以 DSGE 模型展开反事实推演部分,其研究常常以假设数字货币具有传统货币不同的功能为出发点,比如有些研究假设数字货币为兼具传统资产(现金、存款、股票和债券)特性的全能型通货(Ferrari, Stracca, 2020),这种过度阐发式的展望体现了当前研究的一种趋势,即数字货币体系似乎是某种当前货币体系下所有资产优良特性兼具之物,因而其具有某种"万灵药"的潜质。

数字货币体系的构建与"货币竞争"是一体两面的,央行数字货币主导的"货币竞争"将重塑传统货币体系。进一步来看,数字货币体系建立过程的表现形式只有可能是各国央行数字货币在加密货币兴起的背景下展开"货币竞争":国别央行数字货币之间的竞争，央行数字货币与加密货币之间的竞争，央行数字货币的竞争最有可能推动传统货币中的数字货币框架向数字货币体系过渡。允许货币竞争的情形下，良币是能够驱逐劣币的，这意味着国际货币竞争中，人民币只要保持"良币特性"是有可能脱颖而出的，前提在于构造适于货币竞争的国际新秩序。货币作为所有商品价格尺度的准绳，它的价格水平的稳定优先级理应优先于任何商品，这样才能较为灵活地反映市场价格水平的变化，但这又是与某个地区价格水平稳定大相径庭的。简而言之，货币不能够助长价格刚性在市场的蔓延，定义良好的货币体系需要随着市场同步的流变，因此涉及货币的特性将不可避免地应当由市场机制加以产生。举例来说，早期改革开放各地方银行为了支持地方建设，在当地政府协调下会有意识地提高当地企业的信贷投放额度。在"创造观"视角下，这增加了货币供应量，无疑在当时是有益于生产力发展的，因而不会导致通货膨胀。

当数字货币体系下传统货币与央行数字并行存在时，二者之间存在一个合意的比重区间，使得局部均衡与全局均衡同时稳定的价格水平达成（兼顾内外价格水平的稳健数字货币体系是存在的、可行的）。此时传统货币与央行货币的比重恰好使得各国货币量加总后正好是全球最优货币量，当全球产出没有根本变化时，此时价格水平是稳定的，各国最优价格水平与全球价格水平达成一致，这种混合货币体系足以支撑各国货币履行"国际货币"职能。均衡解的存在性证明从局部与全局价格水平层面使得货币体系"反脆弱性"在理论上成为可能。

就货币交易性需求而言，当数字货币处于合意比重，根据最优存货理论，数字货币体系下要维系数字货币体系的稳健性，需要保证市场主体不因为其支付媒介的差异而出现套利机会。无论是取数字货币然后转换成传统货币，抑或是先取出传统货币然后用传统货币转换成数字货币，两种路径的最大化利润应该是等价的。

就投机需求而言，当数字货币处于合意比重，数字货币或正或负的收益率有助于调节市场流动性，有助于货币体系的"反脆弱性"。当数字货币名义利率大于 0 时，在纯粹数字货币作为法定货币的数字货币体系下，数字货币本身对其他资产呈现出一定的"挤出效应"。在数字货币与传统货币同时充当法定货币的数字货币体系下，上述"挤出效应"又略弱于纯粹数字货币构成货币体系的情形，同时能够获得"局部与全局价格均衡的特性"。当数字货币名义利率小于 0 时，货币突破零利率限制（Zero Low Bound）后，市场主体基于货币投机需求将有动力追逐其他资产以为市场提供更多流动性，数字货币体系在"流动性陷阱"这类极端情形下也能维系货币体系的稳定性。

就预防性需求而言，当数字货币处于合意比重，为了使数字货币体系下两种货币间最优需求货币量是一致的，市场主体预防性需求持有的货币量的最优效用是一致的，本书发现在一定假设条件下，央行数字货币需要满足：在数字货币占比高的体系下，需要维持存款利息率减去转换成本等于数字货币利息率；在传统货币占比高的货币体系下，需要维持数字货币利息率减去转换成本等于存款利息率。此时，数字货币体系下基于预防需求保有的货币量才有可能不损害货币体系本身的稳健性，否则套利将使得市场主体无法找到稳定的最优预防性货币持有量。

数字货币体系下，随着央行发行央行数字货币，传统金融中介的存款合约业务也面临挤出效应，央行可能通过央行数字货币获得直接介入市场信贷创造的机会。在本书构建的模型中，央行通过数字货币赋予的信息优势可以批量复制出略高于传统长期投资的回报率，这种长期投资技术过去仅由互联网平台经济等拥有巨大信息优势、巨量客户资源和高黏性消费场景的企业实体掌握，这赋予央行更高的政策灵活度，使得央行在提供优于商业银行最优合约的前提下还能保有正的额外利润，使得央行可能具有抵御挤兑的"安全垫"。通过一定的制度安排，哪怕在挤兑等极端情形下，央行也能够使得长期合约持有者不参与到挤兑行列，这个特性最终将挤出传统金融中介的"存款业务"。

通过构建风险测度体系并测度新冠疫情作为风险冲击的概率规模，本书将风险测度体系引入包含金融加速器机制的动态宏观模型，结合测度应对性货币政策力度，模拟分析了新冠疫情冲击及应对性货币政策的综合效果。结果表明：新冠疫情冲击发生的概率相当于"2008年国际金融危机"；疫情冲击会导致产出下滑、企业净值和信贷市场效率降低；应对性货币政策能改善宏观产出水平，但也会使"审计成本比率"攀升、企业信贷合约议价能力降低；数字货币若能提高企业信贷支持的滞后期，将能大大提高信贷体系反脆弱性水平，减少产出波动；同时央行数字货币的付息策略可配合货币政策，在不影响信贷的情形下拉动产出。数字货币体系下的利息政策与传统货币政策呈现一定的独立性，二者协同符合"丁伯根准则"，有利于政策多目标的实现。

本书认为数字货币并非全能，它确实有缓解传统货币痼疾的潜力（比如局部均衡与全局难以兼顾的问题），但"缓解"并不保证"治愈"，数字货币体系下付息政策能够在拉动产出时不会使信贷状况显著恶化。但无证据显示，数字货币体系能够在现有假设条件下，单方面应对外部罕见风险冲击，彻底降低市场对信贷风险的过度反应，进而平稳宏观产出波动。事实上传统货币政策在数字货币体系下依然有其立足之地，二者协作才有可能形成更加稳健的数字货币体系。

本书勾勒出了数字货币框架下货币与信贷所产生的可能变化，但必须要强调：本书认为数字货币在当前与其说是某种"万灵药"，不如说是某种有建设性的帕累托改进。现实问题无不体现着复杂性，对于正在形成的数字货币体系，其"不是什么"比"是什么"重要。数字货币需要在稳健的数字货币体系下才能发挥作用，而这些作用依然需要遵循本书所提出的种种经济学原则。数字货币尤其是央行数字货币的作用是有边界的，有此认识，我们才能从经济学角度正确地把握"数字货币框架下的货币与信贷"。

二 政策建议

数字货币体系的建立，伴随着现有货币体系的消融与货币体系的重构，央行数字货币与加密货币之间、央行数字货币之间的"货币竞争"不可避免。中国应当不遗余力地推进数字人民币的建设，投身未来货币体系的制度建设中去。

只要人民币（包括数字人民币）符合"货币竞争"中"良币"特性，那么人民币国际化前景就是光明的，人民币国际话语权与中国发展成果不匹配的局面并非不可改变。最终，借助数字货币体系的"货币竞争"，央行数字货币有可能通过机制设计来向各市场主体提供直接的信贷支持，更好地服务宏观经济。

数字货币与传统货币共存的数字货币体系可以使各国货币当局具有更好的协调能力、统筹局部和全局价格均衡：各国货币当局稳定自身价格的同时，有可能兼顾全球价格水平。央行数字货币对数字货币体系中稳定国际国内价格水平的功效至关重要，全球货币当局应果断推出央行数字货币，两种货币混合的数字货币体系有望提高全球货币治理水平，中国货币当局应积极地应对未来全球货币体系的可能变化。央行数字货币充当国际货币，融入现有货币体系具有天然的优势。在国际支付媒介选择上，只要本国数字货币价格水平的稳定性是可预期的，那么本国数字货币更容易在全球央行数字货币的货币竞争中脱颖而出。

数字货币体系下，为了使得两种货币间不存在套利可能，货币三大动机下的需求勾勒出的转换成本设计、央行数字货币利息设计等需要在本书假设条件下遵循本书结论，否则套利行为有可能导致数字货币体系的稳健性遭到破坏。

货币当局发行央行数字货币后，金融中介职能、信贷结构以及金融结构将可能发生变化，商业银行等传统金融中介的金融中介业务势必受到冲击，因此数字货币体系设计之初尤其需要考虑好旧有中介机构的职能转变。很多国家设计数字货币时即考虑到使用旧有商业银行的基础设施来进行央行数字货币的发行与管理工作，同样央行为了介入直接的信贷创造过程，其信贷拍卖市场主体也可以由这类受到授权的原有商业中介转型充当。

利率刺激政策配合数字货币加息政策可以适度兼顾"宏观产出"与"企业信贷"改善的目标，有助于改善罕见信贷风险冲击下"刺激产出"与"改善信贷"两难权衡问题；进一步，数字货币体系下央行数字货币的利息冲击可以适当地抵消以利率刺激为主的货币政策的负面作用，一些新的货币政策工具可以围绕央行数字货币可附利息的特性展开。

第三节　主要创新和未来可能重要的议题

一　主要创新

本书在有限假设条件下（央行数字货币边际发行成本递减、可计息和直接在央行设立存款账户等），紧紧围绕数字货币框架下的货币与信贷，层层递进地展开一系列经济议题，廓清了数字货币体系构建形式，重构出不同于现代标准模型的数字货币体系下的货币需求、金融结构乃至数字货币的引入如何改造货币政策。

具体来看，本书创新性地在古典理论框架上证明，在兼顾局部与全局均衡价格水平的前提下数字货币合意比率存在性；扩展了三大货币持有动机下的货币需求理论，以构建反脆弱的信贷体系为目标，以合意比率和无套利原则为前提勾勒出数字货币面临的约束条件，进一步在学理层面阐明数字货币体系的边界，给出货币需求理论的可能进展方向，探讨潜在的信贷结构和信贷创造过程如何发展，研究在传统金融中介与央行的博弈背景下金融脱媒如何重塑信贷创造结构；本书构建了一个信贷风险测度体系，同时将风险测度体系嵌入一般均衡框架，考察了传统货币政策面临的两难权衡；本书在动态宏观模型中设计了一个通过央行数字货币从央行信贷账户直接给予企业信贷支持的机制，这将允许央行绕过金融中介直接参与信贷创造；为应对现实货币政策困境，本书创新性地将央行数字货币付息政策加入宏观政策管理工具箱中，以此给出了现实中构建央行数字货币参与宏观管理的理论路线图。

二 未来研究方向

随着央行数字货币的持续发展，现有货币体系一直呈现在变化之中，各国央行数字货币的设计工作也呈现出复杂多变的特点，从经济学基本规律角度把握数字货币视角下的货币职能的变化、货币存量变化、货币供给需求的变化也很重要。本书研究了数字框架下货币三大需求的变化以及稳定局部与全局价格水平方面的性质，但考虑到数字货币体系下金融脱媒将使得"乘数论"框架下的货币供给理论扩展潜力存疑，本书对货币的供给着力较少。不得不承认，通过央行数字货币使得金融结构去中介化的设想过于理想化，乘数论主导的货币供给规律亦有可能延续到数字货币体系，因此，在未来可以结合现实进展关注数字货币供给乃至货币存量结构的研究。

本书初步研究了数字货币框架下的信贷结构和信贷市场，比如金融中介如何在数字货币框架下与央行展开存款竞争，但信贷创造过程之细节本书并未进一步展开，这依赖于对数字货币体系的机制设计，因此未来研究可以从机制设计角度安排数字货币框架下的信贷创造结构，这也是一个重要的议题。同时必须要注意到，中央银行通过发行央行数字货币获得的巨大信息优势有可能获得长期投资技术，这种长期投资技术在多大范围内存在以及其存续的极限在哪里，这亦是去中介化的数字货币体系无法回避的议题，有赖于后续的研究持续跟进。

本书在动态宏观模型的框架下研究有央行数字货币介入的信贷市场效率和信贷合约问题，但必须要注意到，本书仅将央行数字货币以付息资产的形式引入家庭部门的资产组合中，同时在信贷市场将央行数字货币作为信贷发放的一种手段引入，动态宏观模型也没有考虑开放经济情形，因此在未来的研究中可以更多地关注汇率与央行数字货币如何构建基础价格水平问题，同时尝试如何将信贷风险加入数字货币的利息内生结构中，本书的动态宏观模型的信贷合约以实际价格缔约，可以将其扩展到名义价格缔约。

此外，针对各主要经济主体（家庭部门、企业、银行和政府）面临的问题的研究依然有待加强，本部分尝试给出未来针对数字货币体系的几个有待发展的议题。

1. 家庭部门面临的货币体系问题

（1）金融包容性。政府部门出于金融稳定性要求，对家庭部门不同资产客户设置了不同许可证壁垒，这往往带来公平性问题，加剧贫富差距，有研究开始评估 CBDC 在抹平数字鸿沟以增强金融包容性方面的潜力（Boar et al.，2020）。同时正规投资渠道的压制，使得各类非正规的投机行为（高息理财项目、地下钱庄和地下博彩等）更加剧烈，这进一步增加了政府对金融系统性风险的担忧，助长过度监管行为。投机需求是凯恩斯经济学三大货币职能之一，投机渠道的差异化直接决定了家庭部门的货币偏好，在货币竞争的情形下,能够更好地满足家庭部门投机需求的货币将更有竞争力。

(2) 隐私保护问题。① 在平台经济兴起的当下,支付行为除了直接带来隐私泄露,衍生的支付数据让平台企业可以窥探用户的行为偏好,这些偏好可以迅速转化为营销策略,助长家庭部门的过度消费,出现非自愿信贷、拥挤交易和过度负债等一系列问题。

2. 企业部门面临的货币体系问题

(1) 公平对待问题。金融体系往往按照产业所处寿命周期、企业规模和企业性质等一系列因素,对不同企业信贷行为做差别安排,这将大大增加企业经营行为的决策难度。这种不确定性会通过企业定价策略传导到消费端,最终影响全社会价格水平。为了平准这类价格水平波动,政府货币政策又不得不做出各类反应,最终增加了全社会交易成本。

(2) 稳定的价格水平。货币体系需要提供全社会一切经济行为中发生的存量和流量的价值尺度功能,这要求货币体系中的价格信号是可预期的。同时这种货币体系作为一种国际支付手段,其购买力也具有信誉,国家货币体系的制度安排需要为这种信誉背书。

(3) 可扩展性。在新的业态蓬勃兴起的状态下,货币体系也需要具有适当的可扩展性,需要适应虚拟经济、数字资产和平台经济等新场景下的货币职能,同时这种扩展性应该是经济的,最好不需要付出额外的成本。

3. 银行面临的货币体系问题

(1) 职能的转换。传统银行面临"流动性约束""资本充足率约束""存款准备金率"三大约束,新的货币体系需要界定清晰商

---

① 国际清算银行(BIS)联合七国中央银行发布的报告《中央银行数字货币:基本原理和核心特征》("Central Bank Digital Currencies: Foundational Principles and Core Features")亦指出,CBDC 履行支付职能时需要保持一定程度的匿名特性以支持公众隐私保护。

业银行承担的角色和面临的相应约束。货币当局通过数字货币体系直接介入信贷创造过程，商业银行以何种角色参与到新的信贷安排中将会带来货币政策的新发展。

（2）数字货币体系下，货币当局是形成以货币供应量为抓手的直接信贷创造，还是继续以调整跨期价格为代表的通过金融中介开展间接信贷策略，二者谁主谁次，这需要进一步的探讨。

（3）跨境支付问题。CBDC 的跨境支付面临诸多地缘不确定性、法规限制和时区制约，国际清算银行（BIS）联合七国中央银行发布的报告《中央银行数字货币：基本原理和核心特征》（"Central Bank Digital Currencies: Foundational Principles and Core Features"）亦指出，数字货币体系应在跨境支付方面提供切实解决方案。

4. 隐私权与监管的合理界限问题

CBDC 的运行不光是技术问题，同时也是一个法律问题。以中国 E-CNY 的结算为例，当一笔交易在没有网络信号时发生，交易完成后账户结算往往是滞后的，这就涉及一个"双花问题"，比如一个交易者账户有 100 元的货币额度，他在信号盲区先后付给多人多笔 100 元额度用作消费，而此时交易完成但结算尚未完成，显然其超过 E-CNY 离线钱包的额度了，常人是无法突破这个约束的，但如果此人恰好是一个技术高手，这是有可能发生的，破解一个离线设备的软件比破解 E-CNY 庞大的在线货币认证系统要容易得多，此时就产生了"双花问题"。这种情形已经涉嫌货币欺诈，中国法律只要做出明确约束，显然是可以弥补技术不足的。然而当我们把视线移到中国的边境交易时，这套法律补强手段就不够好。众所周知，与中国接壤的东南亚国家边境地区广泛接纳人民币作为交易媒介，如果"双花问题"出现在这类地区，势必无法通过法律来约束其副作用，这将给中国数字货币体系留下一个风险敞口，除非国内要行使跨境的以数字货币体系监管为主题的"长臂管辖权",但这会对人民币的跨境使用造成极大不便,东南亚地区未必愿意再使用E-CNY作为支付媒介。除了法律补强手段在境外的有限作用阻止了E-CNY的国际使用,E-CNY设计时若过多地强调"全量监管",会导致境外使用者对隐私权的担忧,这将对数字人民币的国际化进程产生极大阻碍,因此控制隐私权与监管的合理界限也将是未来数字货币体系构建的一个核心论题。

参考文献

一 中文文献

保建云，2020，《主权数字货币、金融科技创新与国际货币体系改革——兼论数字人民币发行、流通及国际化》，《学术前沿》第2期。

陈昌兵，2020，《可变折旧率的另一种估计方法——基于中国各省份资本折旧的极大似然估计》，《经济研究》第1期。

董丰、许志伟，2020，《刚性泡沫：基于金融风险与刚性兑付的动态一般均衡分析》，《经济研究》第10期。

樊明太，2004，《金融结构及其对货币传导机制的影响》，《经济研究》第7期。

樊明太，2004，《金融结构与货币传导机制：一个资产组合一般均衡分析框架》，《数量经济技术经济研究》第8期。

樊明太，2005，《金融结构与货币传导机制》，中国社会科学出版社。

樊沛然，2021，《数字人民币和实物现金：央行数字货币下的内外价格均衡》，《金融发展评论》第7期。

何德旭、姚博，2019，《人民币数字货币法定化的实践，影响及对策建议》，《金融评论》第5期。

康立、龚六堂、陈永伟，2013，《金融摩擦、银行净资产与经济波动的行业间传导》，《金融研究》第 5 期。

康立、龚六堂，2014，《金融摩擦，银行净资产与国际经济危机传导——基于多部门 DSGE 模型分析》，《经济研究》第 5 期。

李若山、俞小平、冯舒阳，2021，《央行部署数字货币对存款派生与货币创造的影响探析》，《中国物价》第 6 期。

刘凯、李育、郭明旭，2021，《主要经济体央行数字货币的研发进展及其对经济系统的影响研究：一个文献综述》，《国际金融研究》第 6 期。

刘鹏、鄢莉莉，2012，《银行体系、技术冲击与中国宏观经济波动》，《国际金融研究》第 3 期。

刘向民，2016，《央行发行数字货币的法律问题》，《中国金融》第 17 期。

毛彬、董文渊，2010，《延长我国中小企业寿命》，《企业导报》第 12 期。

梅冬州、龚六堂，2011，《新兴市场经济国家的汇率制度选择》，《经济研究》第 11 期。

梅冬州、温兴春，2020，《外部冲击，土地财政与宏观政策困境》，《经济研究》第 5 期。

穆杰，2020，《央行推行法定数字货币 DCEP 的机遇、挑战及展望》，《经济学家》第 3 期。

仝冰，2017，《混频数据、投资冲击与中国宏观经济波动》，《经济研究》第 6 期。

王宏杰，2021，《央行数字货币的优势，影响及研发分析——基于文献综述的视角》，《金融理论与实践》第 8 期。

王文甫，2010，《价格粘性、流动性约束与中国财政政策的宏观效应——动态新凯恩斯主义视角》，《管理世界》第 9 期。

伍戈、李斌，2016，《货币数量、利率调控与政策转型》，中国金融出版社。

谢星、封思贤，2019，《法定数字货币对我国货币政策影响的理论研究》，《经济学家》第 9 期。

许伟、陈斌开，2009，《银行信贷与中国经济波动：1993—2005》，《经济学》（季刊）第 3 期。

许志伟、林仁文，2011，《我国总量生产函数的贝叶斯估计——基于动态随机一般均衡的视角》，《世界经济文汇》第 2 期。

许志伟、薛鹤翔、罗大庆，2011，《融资约束与中国经济波动——新凯恩斯主义框架内的动态分析》，《经济学》（季刊）第 1 期。

薛暮桥，2006，《薛暮桥回忆录》（第 2 版），天津人民出版社。

姚前，2019，《法定数字货币的经济效应分析：理论与实证》，《国际金融研究》第 1 期。

姚前，2018，《法定数字货币对现行货币体制的优化及其发行设计》，《国际金融研究》第 4 期。

姚前、汤莹玮，2017，《关于央行法定数字货币的若干思考》，《金融研究》第 7 期。

［英］弗里德里希·冯·哈耶克，2007，《货币的非国家化》，姚中秋译，新星出版社。

袁申国、陈平、刘兰凤，2011，《汇率制度、金融加速器和经济波动》，《经济研究》第 1 期。

朱军、李建强、陈昌兵，2020，《金融供需摩擦、信贷结构与最优财政援助政策》，《经济研究》第 9 期。

二 英文文献

Adelman, Irma, Frank L. Adelman, 1959, "The Dynamic Properties of the Klein-Goldberger Model", *Econometrica*, Vol. 27, No. 4.

Adrian, T. , T. Mancini Griffoli, 2019, "The Rise of Digital Money", IMF FinTech Notes, No. 1.

Agarwal, R. , M. Kimball, 2015, "Breaking Through the Zero Lower Bound", IMF Working Paper, No. 224.

Allais, M. , 1947, économie et Intérêt, Paris: Imprimerie Nationale.

Arrow, Kenneth J. , 1951, "An Extension of the Basic Theorems of Classical Welfare Economics", Proceedings of the Second Berkeley Symposium on Mathematical Statistics and Probability, Berkeley: University of California Press.

Arrow, Kenneth J. , 1958, "Tinbergen on Economic Policy", *Journal of the American Statistical Association*, Vol. 53, No. 281.

Arrow, Kenneth J. , 1964, "The Role of Securities in the Optimal Allocation of Risk-Bearing", *The Review of Economic Studies*, Vol. 31, No. 2.

Arrow, K. J. , G. Debreu, 1954, "The Existence of an Equilibrium for a Competitive Economy", *Econometrica*, Vol. 22, No. 3.

Auer, R. , C. Monnet, H. S. Shin, 2021, "Permissioned Distributed Ledgers and the Governance of Money", BIS Working Paper, No. 924.

Auer, R. , G. Cornelli, J. Frost, 2020, "Rise of the Central Bank Digital Currencies: Drivers, Approaches and Technologies", BIS Working Paper, No. 880.

Auer R. , R. Boehme, 2020, "The Technology of Retail Central Bank Digital Currency", BIS Quarterly Review.

Bagehot, W. , 1873, *Lombard Street: A Description of the Money Market*, New York: Scribner, Armstong & Co.

Baker, S. R. et al. , 2020a, "Covid-induced Economic Uncertainty", NBER Working Papers, No. 26983.

Baker, S. R. et al. , 2020b, "The Unprecedented Stock Market Impact of Covid-19", NBER Working Paper, No. 26945.

Baker, S. R. et al., 2013, "Economic Policy Uncertainty in China", unpublished paper, University of Chicago.

Baker, S. R. et al., 2019, "Policy News and Stock Market Volatility", NBER Working Paper, No. 25720.

Baker, S. R., N. Bloom, S. J. Davis, 2016, "Measuring Economic Policy Uncertainty", *Quarterly Journal of Economics*, Vol. 131, No. 4.

Baker, S. R., N. Bloom, S. Terry, 2016. "Does Uncertainty Reduce Growth? Using Disasters as Natural Experiments", NBER Working Paper, No. 19475.

Barrdear, John, Michael Kumhof, 2021, "The Macroeconomics of Central Bank Digital Currencies", *Journal of Economic Dynamics and Control*, Vol. 142.

Barro, R. J., H. I. Grossman, 1971, "General Disequilibrium Model of Income and Employment", *American Economic Review*, Vol. 61, No. 1.

Basu, S., B. Bundick, 2017, "Uncertainty Shocks in a Model of Effective Demand", *Econometrica*, Vol. 85, No. 3.

Baumol, W. J., 1952, "The Transactions Demand for Cash: An Inventory Theoretic Approach", *The Quarterly Journal of Economics*, Vol. 66, No. 4.

Bech, Morten L., Rodney Garratt, 2017, "Central Bank Cryptocurrencies", BIS Quarterly Review.

Benigno, P., L. M. Schilling, H. Uhlig, 2019, "Cryptocurrencies, Currency Competition, and the Impossible Trinity", NBER Working Paper, No. 26214.

Bernanke, B., Mark Gertler, 1989, "Agency Costs, Net Worth, and Business Fluctuations", *American Economic Review*, Vol. 79, No. 1.

Bernanke, B., M. Gertler, S. Gilchrist, 1999, "The Financial Accelerator in a Quantitative Business Cycle Framework", in J. B. M. Woodford, eds. *Handbook of Macroeconomics*, Amsterdam: North-Holland.

Bernanke, B., 1995, "The Macroeconomics of the Great Depression: A Comparative Approach", *Journal of Money, Credit and Banking*, Vol. 27, No. 1.

Bernanke, B., 2020, "The New Tools of Monetary Policy", *American Economic Review*, Vol. 110, No. 4.

Black, Fischer, Myron Scholes, 1973, "The Pricing of Options and Corporate Liabilities", *Journal of Political Economy*, Vol. 81, No. 3.

Böhme, R. et al., 2015, "Bitcoin: Economics, Technology, and Governance", *Journal of Economic Perspectives*, Vol. 29, No. 2.

Boar, C, H. Holden, A. Wadsworth, 2020, "Impending Arrival: A Sequel to the Survey on Central Bank Digital Currency", BIS Working Papers, No. 107.

Bordo, M., A. Levin, 2017, "Central Bank Digital Currency and the Future of Monetary Policy", NBER Working Paper, No. 23711.

Brainard, William, James Tobin, 1968, "Pitfalls in Financial Model Building", *The American Economic Review*, Vol. 58, No. 2.

Brown, Donald J., Rosa Matzkin, 1996, "Testable Restrictions on the Equilibrium Manifold", *Econometrica*, Vol. 64, No. 6.

Brunnermeier, Markus K., Harold James, Jean-Pierre Landau, 2019, "The Digitalization of Money", NBER Working Paper, No. 26300.

Brunnermeier, M. K., D. Niepelt, 2019, "On the Equivalence of Private and Public Money", *Journal of Monetary Economics*, Vol. 106.

Brunnermeier, M. K., T. M. Eisenbach, Y. Sannikov, 2012, "Macroeconomics with Financial Frictions: A Survey", NBER Working

Paper, No. 18102.

Brunnermeier, M. K., Y. Sannikov, 2014, "A Macroeconomic Model with a Financial Sector", *American Economic Review*, Vol. 104, No. 2.

Burns, Arthur F., W. C. Mitchell, 1946, "Measuring Business Cycles", *NBER Books*, Vol. 78, No. 1.

Calvo, G. A., 1983, "Staggered Prices in a Utility-Maximizing Framework", *Journal of Monetary Economics*, Vol. 12, No. 3.

Carlstrom, C. T., T. S. Fuerst, 1997, "Agency Costs, Net Worth, and Business Fluctuations: A Computable General Equilibrium Analysis", *American Economic Review*, Vol. 87, No. 5.

Chang, C. et al., 2015, "Trends and Cycles in China's Macroeconomy", *Social Science Electronic Publishing*, Vol. 30, No. 1.

Chaum, D., C. Grothoff, T. Moser, 2021, "How to Issue a Central Bank Digital Currency", SNB Working Paper.

Chiu, J. et al., 2019, "Bank Market Power and Central Bank Digital Currency: Theory and Quantitative Assessment", Bank of Canada Staff Working Paper, No. 20.

Christiano, Lawrence J., Roberto Motto, Massimo Rostagno, 2014, "Risk Shocks", *American Economic Review*, Vol. 104, No. 1.

Christiano, L. J., M. Eichenbaum, C. L. Evans, 2005, "Nominal Rigidities and the Dynamic Effects of a Shock to Monetary Policy", *Journal of Political Economy*, Vol. 113, No. 1.

Christiano, L., R. Motto, M. Rostagno, 2003, "The Great Depression and the Friedman-Schwartz Hypothesis", *Journal of Money, Credit and Banking*, Vol. 35, No. 6.

Christoffersen, P., K. Jacobs, K. Mimouni, 2010, "Models for S&P 500 Volatility Dynamics: Evidence from Realized Volatility, Daily Returns, and Option Prices", *Review of Financial Studies*, Vol. 23, No. 8.

Cordoba, J. C., M. Ripoll, 2004, "Credit Cycles Redux", *International Economic Review*, Vol. 45, No. 4.

Cripps, Francis, Wynne Godley, 1976, "A Formal Analysis of the Cambridge Economic Policy Group Model", *Economica*, Vol. 43, No. 172.

Céspedes, L. et al., 2004, "Balance Sheets and Exchange Rate Policy", *American Economic Review*, Vol. 99, No. 2.

Curdia, V., M. Woodford, 2010, "Credit Spreads and Monetary Policy", *Journal of Money, Credit and Banking*, Vol. 42, No. 6.

Davis, Steven J., Dingqian Liu, Xuguang S. Sheng, 2019, "Economic Policy Uncertainty in China Since 1949: The View from Mainland Newspapers", Working Paper.

Davis, Steven J., 2019, "Rising Policy Uncertainty", NBER Working Paper, No. 26243.

Debreu, Gerard, 1974, "Excess Demand Functions", *Journal of Mathematical Economics*, Vol. 1, No. 3.

Debreu, Gerard, 1951, "The Coefficient of Resource Utilization", *Econometrica*, Vol. 19, No. 3.

Diamond, D. W., P. H. Dybvig, 1983, "Bank Runs, Deposit Insurance, and Liquidity", *Journal of Political Economy*, Vol. 91, No. 3.

Diamond, D. W., R. G. Rajan, 2000, "A Theory of Bank Capital", *Journal of Finance*, Vol. 55, No. 6.

Diamond, D. W., R. G. Rajan, 2001, "Liquidity Risk, Liquidity Creation, and Financial Fragility: A Theory of Banking", *Journal of Political Economy*, Vol. 109, No. 2.

Diamond, D. W., R. G. Rajan, 2005, "Liquidity Shortages and Banking Crises", *Journal of Finance*, Vol. 60, No. 2.

Diamond, D. W. , R. G. Rajan, 2006, "Money in a Theory of Banking", *American Economic Review*, Vol. 96, No. 1.

Dong, F. , Z. Xu, Y. Zhang, 2021, "Bubbly Bitcoin", *Economic Theory*, Vol. 74, No. 3.

Evans, H. D. , 1972, *A General Equilibrium Analysis of Protection*, Amsterdam: North-Holland.

Evers, M. P. , 2015, "Fiscal Federalism and Monetary Unions: A Quantitative Assessment", *Journal of International Economics*, Vol. 97, No. 1.

Farhi, E. , J. Tirole, 2011, "Bubbly Liquidity", *Review of Economic Studies*, Vol. 79, No. 2.

Farhi, E. , J. Tirole, 2018, "Deadly Embrace: Sovereign and Financial Balance Sheets Doom Loops", *Review of Economic Studies*, Vol. 85, No. 3.

Fernández, Andrés, Adam Gulan, 2015, "Interest Rates, Leverage, and Business Cycles in Emerging Economies: The Role of Financial Frictions", *American Economic Journal: Macroeconomics*, Vol. 7, No. 3.

Fernández-Villaverde, J. , D. Sanches, 2019, "Can Currency Competition Work?", *Journal of Monetary Economics*, Vol. 106, No. 1.

Fernández-Villaverde, J. et al. , 2021, "Central Bank Digital Currency: Central Banking For All?", *Review of Economic Dynamics*, Vol. 41, No. 10.

Fernández-Villaverde, J. et al. , 2020, "Central Bank Digital Currency in a Nominal Model of Banking", Tech. Rep. , CREST.

Ferrari, M. , A. Mehl, L. Stracca, 2020, "Central Bank Digital Currency in an Open Economy", European Central Bank Working Paper, No. 2488.

Fisher, I. , 1936, "100% Money and the Public Debt", Economic Forum, Spring Number 406 – 420.

Fisher, I., 1933, "The Debt-Deflation Theory of Great Depressions", *Econometrica*, Vol. 1, No. 4.

Fisher, I., 1930, *The Theory of Interest*, New York, NY: Macmillan.

Friedman, Milton, Anna Jacobson Schwartz, 1963, *A Monetary History of the United States, 1867-1960*, Princeton, NJ: Princeton University Press.

Friedman, Milton, 1957, *A Theory of the Consumption Function*, Princeton, NJ: Princeton University Press.

Friedman, Milton, 1951, "Commodity-Reserve Currency", *Journal of Political Economy*, Vol. 59, No. 3.

Friedman, M., 1969, *The Optimum Quantity of Money*, London: Macmillan.

Frisch, R., 1933, *Propagation Problems and Impulse Problems in Dynamic Economics*, Economic Essays in Honor of Gustav Cassel, London: Allen and Unwin.

Galí, J., T. Monacelli, 2005, "Monetary Policy and Exchange Rate Volatility in a Small Open Economy", *Review of Economic Studies*, Vol. 72, No. 3.

Gertler, M. P. Karadi, 2011, "A Model of Unconventional Monetary Policy", *Journal of Monetary Economics*, Vol. 58, No. 1.

Gesell, S., 1929, *The Natural Economic Order*, Berlin: NeoVerlag.

Godley, W., M. Lavoie, 2007, *Monetary Economics: An Integrated Approach to Credit, Money, Income, Production and Wealth*, London: Palgrave Macmillan.

Goodfriend, M., B. T. McCallum, 2007, "Banking and Interest Rates in Monetary Policy Analysis: A Quantitative Exploration", *Journal of Monetary Economics*, Vol. 54, No. 5.

Harberger, Arnold C. , 1962, "The Incidence of the Corporation Income Tax", *Journal of Political Economy*, Vol. 70, No. 3.

Harrison, Glenn W. , John A. List, 2004, "Field Experiments", *Journal of Economic literature*, Vol. 42, No. 4.

Hart, O. , J. Moore, 1994, "A Theory of Debt Based on the Inalienability of Human Capital", *The Quarterly Journal of Economics*, Vol. 109, No. 4.

Hayek, F. A. , 1943, "A Commodity Reserve Currency", *The Economic Journal*, Vol. 53, No. 210.

Hayek, Friedrich August, 1976, "Denationalism of Money: An Analysis of the Theory and Practice of Concurrent Currencies", Great Britain, UK: Institute of Economic Affairs.

He, Zhiguo, Arvind Krishnamurthy, 2019, "A Macroeconomic Framework for Quantifying Systemic Risk", *American Economic Journal: Macroeconomics*, Vol. 11, No. 4.

Hicks, J. , 1936, "Mr. Keynes and the Classics. A Suggested Interpretation", *Econometrica*, Vol. 5.

Hicks, J. , 1939, *Value and Capital*, Oxford: Oxford University Press.

Hicks, J. , 1962, "Liquidity", *The Economic Journal*, Vol. 72, No. 288.

Higgins, P. , T. Zha, 2015, "China's Macroeconomic Time Series: Methods and Implications", Unpublished Manuscript, Federal Reserve Bank of Atlanta.

Hirano, T. , N. Yanagawa, 2016, "Asset Bubbles, Endogenous Growth, and Financial Frictions", *Review of Economic Studies*, Vol. 84, No. 1.

Hodrick, R. J. , Edward C. Prescott, 1997, "Postwar US Business Cycles: An Empirical Investigation", *Journal of Money, Credit and Banking*, Vol. 29, No. 1.

Hume, D., 1752, "Political Discourses", in E. Rotwein, David Hume, eds. *Writings on Economics*, Madison, WI: University of Wisconsin Press.

Jakab, Z., M. Kumhof, 2015, "Banks Are Not Intermediaries of Loanable Funds: And Why This Matters", Bank of England Staff Working Papers, No. 529.

Johansen, Leif, 1960, *A Multi-Sectoral Study of Economic Growth*, Amsterdam, North-Holland.

Johnson, Harry G., 1954, "Increasing Productivity, Income-Price Trends and the Trade Balance", *The Economic Journal*, Vol. 64, No. 255.

Kaldor, Nicholas, 1957, "A Model of Economic Growth", *The Economic Journal*, Vol. 67, No. 268.

Kaplan, G., B. Moll, G. L. Violante, 2020, "The Great Lockdown and the Big Stimulus: Tracing the Pandemic Possibility Frontier for the U. S.", NBER Working Paper, No. 27794.

Kaplan, G., M. Benjamin, G. L. Giovanni, 2018, "Monetary Policy According to HANK", *American Economic Review*, Vol. 108, No. 3.

Keister, T., D. R. Sanches, 2021, "Should Central Banks Issue Digital Currency?", Federal Reserve Bank of Philadelphia Working Paper.

Keynes, J. M., 1936, *The General Theory of Employment, Interest, and Money*, New York, NY: Harcourt.

Kiley, M. T., J. M. Roberts, B. Bernanke, 2017, "Monetary Policy in a Low Interest Rate World", Brookings Papers on Economic Activity.

Kiyotaki, N., J. Moore, 1997, "Credit Cycles", *Journal of Political Economy*, Vol. 105, No. 2.

Klein, Benjamin, 1976, "Competing Monies: Comment", *Journal of Money, Credit and Banking*, Vol. 8, No. 4.

Klein, Benjamin, 1974, "The Competitive Supply of Money", *Journal of Money, Credit and Banking*, Vol. 6, No. 4.

Kochergin, D. A., A. I. Yangirova, 2019, "Central bank Digital Currencies: Key Characteristics and Directions of Influence on Monetary and Credit and Payment Systems", *Finance Theory and Practice*, Vol. 23, No. 4.

Kydland, F., E. Prescott, 1982, "Time-to-Build and Aggregate Fluctuations", *Econometrica*, Vol. 50, No. 6.

Lane, Philip R., 2001, "The New Open Economy Macroeconomics: A Survey", *Journal of International Economics*, Vol. 54, No. 2.

Leshno, Jacob D., Philipp Strack, 2020, "Bitcoin: An Axiomatic Approach and an Impossibility Theorem", *American Economic Review: Insights*, Vol. 2, No. 3.

Lucas, R., 1976, "Econometric Policy Evaluation: A Critique", Carnegie-Rochester Conference Series on Public Policy.

Lucas, Robert E., Thomas J. Sargent, 1981, *Rational Expectations and Econometric Practice*, Minnesota: University of Minnesota Press.

Lucas, Robert E., 1977, "Understanding Business Cycles", Carnegie-Rochester Conference Series on Public Policy.

Lucas, R., T. Sargent, 1979, "After Keynesian Macroeconomics", *Federal Reserve Bank of Minneapolis Quarterly Review*, Vol. 3, No. 2.

Mancini-Griffoli, T. et al., 2019, "Casting Light on Central Bank Digital Currency", IMF Staff Discussion Notes.

Mantel, Rolf R., 1974, "On the Characterization of Aggregate Excess Demand", *Journal of Economic Theory*, Vol. 7, No. 3.

Martin, A., J. Ventura, 2012, "Economic Growth with Bubbles", *American Economic Review*, Vol. 102, No. 6.

Martin, A. , J. Ventura, 2018, "The Macroeconomics of Rational Bubbles: A User's Guide", *CEPR Discussion Papers*.

McKenzie, Lionel W. , 1959, "On the Existence of General Equilibrium for a Competitive Economy", *Econometrica*, Vol. 27, No. 1.

McLeay, M. , A. Radia, R. Thomas, 2014, "Money Creation in the Modern Economy", *Bank of England Quarterly Bulletin*, Vol. 54, No. 1.

Meade, J. E. , 1951, *The Balance of Payments : Mathematical Supplement*, Oxford: Oxford University Press.

Meade, J. E. , 1955, *Trade and Welfare*, Oxford: Oxford University Press.

Metzler, L. A. , 1941, "The Nature and Stability of Inventory Cycles", *The Review of Economics and Statistics*, Vol. 23, No. 3.

Miao, J. , 2014, "Introduction to Economic Theory of Bubbles", *Journal of Mathematical Economics*, No. 53.

Miao, J. , P. Wang, 2018, "Asset Bubbles and Credit Constraints", *American Economic Review*, Vol. 108, No. 9.

Miao, J. , P. Wang, Z. Xu, 2015, "A Bayesian Dynamic Stochastic General Equilibrium Model of Stock Market Bubbles and Business Cycles", *Quantitative Economics*, Vol. 6, No. 3.

Michl, Thomas R. , 2008, "Tinbergen Rules the Taylor Rule", *Eastern Economic Journal*, Vol. 34, No. 3.

Milbourne, R. , 1983, "Optimal Money Holding under Uncertainty", *International Economic Review*, Vol. 24, No. 3.

Nakamoto, S. , 2008, "Bitcoin: A Peer-to-Peer Electronic Cash System", Working Paper.

Nash, J. F. , 1950, "Equilibrium Points in N-Person Games", *Pro-

ceedings of the National Academy of Sciences, Vol. 36, No. 1.

Neumann, J. L. V., O. V. Morgenstern, 1947, *The Theory of Games and Economic Behavior*, Princeton, N. J.: Princeton University Press.

Niepelt, D., 2020, "Reserves for All? Central Bank Digital Currency, Deposits, and Their (Non)-Equivalence", *International Journal of Central Banking*, Vol. 16, No. 3.

Obstfeld, M., K. Rogoff, 1995, "Exchange-Rate Dynamics Redux", *Journal of Political Economy*, Vol. 103, No. 3.

Randall, W. L., 2015, *Modern Money Theory: A Primer on Macroeconomics for Sovereign Monetary Systems*, 2nd edition, London, UK: Palgrave Macmillan.

Romer, D., 1986, "A Simple General Equilibrium Version of the Baumol-Tobin Model", *The Quarterly Journal of Economics*, Vol. 101, No. 4.

Samuelson, P. A., 1941, "The Stability of Equilibrium: Comparative Statics and Dynamics", *Econometrica*, Vol. 9, No. 2.

Scarf, H., 1969, "An Example of an Algorithm for Calculating General Equilibrium Prices", *American Economic Review*, Vol. 59, No. 4.

Scarf, H. E., 1967, "On the Computation of Equilibrium Prices", *Cowles Foundation Discussion Papers*, Vol. 37, No. 3.

Scarf, Herbert, 1960, "Some Examples of Global Instability of the Competitive Equilibrium", *International Economic Review*, Vol. 1, No. 3.

Scarf, H., 1967, "The Approximation of Fixed Points of a Continuous Mapping", *Siam Journal of Applied Mathematics*, Vol. 15, No. 5.

Scarf, H., 1973, *The Computation of Economic Equilibria*, With the collaboration of T. Hansen, New Haven, CT: Yale University Press.

Scheinkman, J. A., W. Xiong, 2003, "Overconfidence and Speculative Bubbles", *Journal of Political Economy*, Vol. 111, No. 6.

Schilling, L., J. Fernández-Villaverde, H. Uhlig, 2020, "Central Bank Digital Currency: When Price and Bank Stability Collide", NBER Working Paper, No. 28237.

Schularick, M., A. M. Taylor, 2012, "Credit Booms Gone Bust: Monetary Policy, Leverage Cycles, and Financial Crises, 1870 – 2008", *American Economic Review*, Vol. 10, No. 2.

Schumpeter, J. A., 1939, *Business Cycles: A Theoretical, Historical, and Statistical Analysis of the Capitalist Process*, McGraw-Hill.

Shoven, J. B., J. Whalley, 1972, "A General Equilibrium Calculation of the Effects of Differential Taxation of Income from Capital in the U. S.", *Journal of Public Economics*, Vol. 1, No. 3 – 4.

Slutsky, Eugen E., 1927, "Slozhenie Sluchainykh Prichin, Kak Istochnik Tsiklicheskikh Protsessov", *Voprosy Kon Yunktury*, Vol. 3, No. 1.

Smets, F., R. Wouters, 2003, "An Estimated Dynamic Stochastic General Equilibrium Model of the Euro Area", *Journal of the European Economic Association*, Vol. 1, No. 5.

Smith, G. W., 1986, "Forward-Looking, Stochastic Cash Management and the Demand for Money", Economics Department, Queen's University Working Paper, No. 673.

Smith, Vernon L., 1962, "An Experimental Study of Competitive Market Behavior", *Journal of Political Economy*, Vol. 70, No. 2.

Sonnenschein, Hugo, 1973, "Do Walras' Identity and Continuity Characterize the Class of Community Excess Demand Functions?", *Journal of Economic Theory*, Vol. 6, No. 4.

Starr, Ross M., 1969, "Quasi-Equilibria in Markets with Non-Convex Preferences", *Econometrica*, Vol. 37, No. 1.

Stiglitz, J. E., A. Weiss, 1981, "Credit Rationing in Markets with

Imperfect Information", *American Economic Review*, Vol. 71, No. 3.

Stiglitz, J. E., B. Greenwald, 2003, *Towards a New Paradigm in Monetary Economics*, Cambridge: Cambridge University Press.

Stiglitz J. E., 2017, "Macro-Economic Management in an Electronic Credit/Financial System", NBER Working Paper, No. 23032.

Stiglitz, J. E., 2016, "The Theory of Credit and Macro-economic Stability", NBER Working Paper, No. 22837.

Taylor, John B., 1999, *A Historical Analysis of Monetary Policy Rules*, in *Monetary Policy Rules*, Chicago, MI: University of Chicago Press.

Tegnér, M., R. Poulsen, 2018, "Volatility is Log-Normal: But not for the Reason You Think", *Risks*, Vol. 6, No. 2.

Thornton, H., 1802, *An Enquiry into the Nature and Effects of the Paper Credit of Great Britain*, London, UK: George Allen and Unwin.

Tinbergen, Jan, 1936, "De Loondispariteit tussen Nederland en het Buitenland vóór de Devaluatie", *De Economist*, Vol. 85.

Tinbergen, Jan, 1952, *On the Theory of Economic Policy*, 2nd edition., Amsterdam: North Holland.

Tinbergen, J., 1956, *Economic Policy: Principles and Design*, Amsterdam: North-Holland.

Tobin, J., 1956, "The Interest-elasticity of Transactions Demand for Cash", *The Review of Economics and Statistics*, Vol. 38, No. 3.

Tobin, J., 1958, "Liquidity Preference as Behavior Towards Risk", *The Review of Economic Studies*, Vol. 25, No. 2.

Tobin, J., 1969, "A General Equilibrium Approach to Monetary Theory", *Journal of Money, Credit and Banking*, Vol. 1, No. 1.

Tirole, J., 1985, "Asset Bubbles and Overlapping Generations", *Econometrica*, Vol. 53, No. 6.

Tirole, J., 2006, *The Theory of Corporate Finance*, Princeton, NJ: Princeton University Press.

Tobin, J., Stephen S. Golub, 1997, *Money, Credit and Capital*, Irwin, CA: McGraw-Hill.

Tobin, J., 1987, "The Case for Preserving Regulatory Distinctions", *Challenge*, Vol. 30, No. 5.

Tobin, J., 1956, "The Interest-elasticity of Transactions Demand for Cash", *The Review of Economics and Statistics*, Vol. 38, No. 3.

Townsend, R. M., 1979, "Optimal Contracts and Competitive Markets with Costly State Verication", *Journal of Economic Theory*, Vol. 21, No. 2.

Triffin, Robert, 1960, *Economic Consequences of the Size of Nations*, London, Palgrave Macmillan.

Uhlig, H., 1995, "A Toolkit for Analyzing Nonlinear Dynamic Stochastic Models Easily", Discussion Paper.

Uzawa, Hirofumi, 1962, "Walras's Existence Theorem and Brouwer's Fixed Point Theorem", *Economic Studies Quarterly*, Vol. 13, No. 1.

Walras, L., 1874, *Eléments d'économie Politique Pure*, Lausanne: Corbaz.

Werner, R. A., 2016, "A Lost Century in Economics: Three Theories of Banking and the Conclusive Evidence", *International Review of Financial Analysis*, No. 46.

Whalen, E. L., 1966, "A Rationalization of the Precautionary Demand for Cash", *The Quarterly Journal of Economics*, Vol. 80, No. 2.

White, L. H., 1995, *Free Banking in Britain: Theory, Experience and Debate, 1800-1845*, UK: Institute of Economic Affairs.

Williamson, Stephen D., 1986, "Costly Monitoring, Financial Intermediation, and Equilibrium Credit Rationing", *Journal of Monetary*

Economics, Vol. 8, No. 2.

Woodford, M., 1995, "Price-level Determinacy Without Control of a Monetary Aggregate", NBER Working Paper, No. 5204.

Yanagawa, N., H. Yamaoka, 2019, "Digital Innovation, Data Revolution and Central Bank Digital Currency", Bank of Japan Working Paper.

索　引

CBDC　2，3，8—11，16，23，45—48，71，74，75，77—80，82，91，93，107，132，156，157，168，208，226—228

DSGE　14，16，31—37，43—45，48，52，77，131，156—158，219

E-CNY　23，24，73，228，229

IOUs　55，61，63—65，82

超主权加密货币　68，69

乘数观　62

创造观　43，45，62，66，71，131，220

存款合约　16，18，19，24，129，132，134—136，138—146，148—151，221

大萧条　1，27，32，33，37，38，40，42，49，61，76，80，129，130

代表性主体　37，39，57，95，98，114，156，157，173

贷款合约　146，152

丁伯根法则　28，158

丁伯根准则　214，222

反脆弱　8，10，16—18，100，101，106，107，129，154，158，213，217，219，225

非银行信贷　62

风险测度　18，155，158，174，187，213，222，225

风险冲击　16，152—154，156，158，161，164，165，173—176，178—180，183，185—188，193—196，199，211—

214，218，222，224

付息　4，11，16—18，46，61，97，146，156—158，160，214，217，222，225，226

格雷欣法则　59，60

规模经济　42，56

合意比率　16，17，90，93，95，98，102，108，120，161，169，225

互联网金融中介　134，139，141—143，145，149—151

或有信贷　169

货币供给　19，42，67，151，169，225

货币竞争　2—4，8，9，15—17，19，54，56，58—60，64—73，92，216—220，223，226

货币数量论　4，22，49，75

货币需求　4，8，12，14—16，18，33，36，42，43，49，57，93—95，100，109，110，114，122—125，127，161，215，217，218，224，225

挤出效应　76，119，121，122，128，221

加密货币　1—3，7—9，11，12，15，17，22，45，48，54，63，67—72，78，81，89，111，216，219，220，223

价格刚性　33，34，55，71，155，220

价格水平　3，4，6—8，13，15—17，21，33，37—39，45，50，51，54，55，57，58，60，66—68，71，73，75，76，80，82，89—93，102，108，111，113，118，122，129，161，172，215—218，220，223，225—227

价格稳定　2，3，10，11，46，48，66，95，132

结构式动态宏观模型　14

金本位　9，40，47，59—61，70，75，80，110，111

金融触媒　19，24，135

金融加速器　36，154，156，158，169，188，212，213，222

金融摩擦　10，12，18，32，38—43，45，131，154，155

金融脱媒　16，19，24，133，135，150，151，158，168，

217，225

金融危机 4，7，11，38，40，43，44，48，51，62，64，67，69，72，153，155，157，179，213，216，222

金融中介 9，13，16，17，19，36，38，39，43，46，66，69，129，133—135，137—139，145，150，151，156—158，163，215，217，218，221，222，224，225，228

局部均衡 3，26，73，82，90，108，161，220，222

良币 59，71，72，220，223

零利率限制 119，122，128，221

流动性陷阱 4，49，63，120，128，155，221

流动性需求 109，110，123，128

卢卡斯批判 30，31，118

米德冲突 16，17，28，75

去中心化 8，9，19，45，48，67—70，81

全局均衡 3，13，16，17，26，28，80，82，90，91，98，108，161，217，220，225

萨伊定律 49，75

商品储备本位 59

审计比率 214

数字货币体系 2—5，8—19，24，25，45，46，49，52—54，56，58，63，67，69—74，77，81—84，90—93，97，100—102，105—109，111—114，119，121，122，125—129，132—134，137，139，150，154，157，158，168，169，207，208，212—226，228，229

数字人民币 10，12，49，72—76，78—80，82，88，97，134，223，229

泰勒规则 36，214

特里芬难题 3，16，17，75

投机性需求 14，15，18，94，109，122，217

无套利条件 95，106—109，127

无先发套利 101，102

物资本位 60

信贷 1—5，7—10，13—18，20—25，32，33，36，38，40—44，46，48，50—52，

59，62—66，69—72，74，75，111，113，129—132，150，152—158，161—163，168，169，174—176，180，193，194，196，197，201，203，205，206，208，211—218，220，222—228

信贷创造　18，24，33，50，62，63，66，70，71，129，134，150，151，155，157，169，221，224—226，228

信贷合约　16，18，19，50，153，158，162，163，174，206，213，222，226

休谟机制　49，75，76

央行数字货币　1—3，7，8，10，11，13，15—19，23，24，45，46，48，54，63，68—78，82，91—93，97，98，108，111，113，117，118，120，127—129，134，148，150—152，154，156—158，160，161，169，201，207，208，211，212，214—226

异质性主体　156

涌现　58

预防性需求　14，15，18，94，122—128，217，221

约简形式模型　14

长期投资技术　134，138，139，145，147—149，221，226

直接信贷　64，155

滞胀　1，49，50

中介观　18，19，43，45，62，131

铸币税　47，60，61，76，81，111，140，160，173

转换成本　56，95，103—106，108，109，125—128，217，221，224

状态审查成本　162，163，183，187，213，214

自然失业率　49

最后贷款人　61，67，77，130

最优合约　41，136，139，142—146，150，151，154，161—165，169，170，185，193，222

后　　记

　　克劳塞维茨（Carl Von Clausewitz）在《战争论》中曾有一段妙论："要想不断地战胜意外事件，必须具有两种特性：一是在这种茫茫的黑暗中仍能发出内在的微光以照亮真理的智力，二是敢于跟随这种微光前进的勇气。"一种货币体系要具有抵御风险的能力，框架固然重要，但那对自身边界的觉知、对外部冲击的有效反应以及包容经济发展的自发秩序更为可贵。好的货币体系从来不是设计出来的，它是多方博弈的自然产物，也遵循"自发秩序"。作为货币体系的源头，初始的货币框架应尽可能透明、简洁和自洽，其他的，货币体系会照顾好自己。诚然，正如本书所强调的，数字货币可能并非某种确然的良药，但确实具备支撑货币体系持续进行帕累托改进的巨大潜能。数字货币只有在完备的配套货币体系以及相应的经济结构下，遵循以本研究为例的一系列约束（更多约束需要被更深入的研究加以澄清），才有可能发挥其效能。虽然数字货币体系尚处于持续发展中，但我们有理由相信追寻数字货币的微光，更加稳健的货币体系将是可得的，人类驾驭经济系统的能力将随着研究的深入得到持续增益。

　　本书由我的博士学位论文整理而来，编写中受到太多人的帮助，那适时出现的有力支持坚定了我继续研究的信心。首先，感谢我的导师——中国社会科学院大学教授、中国社会科学院数量经济与技术经济研究所研究员樊明太先生对本书的大力支持。他在我硕士研究生学习期间就曾指导过我，在我最迷茫时他又将我收入门墙，教我育我。先生之学养风度、先生之言传身教，已经很难用语言道来。老师待己甚严，待后辈学人却极宽厚。先生最早将 CGE、VAR 等现代方法运用到中国的研究中，如今他已经进行了 30 多年的学术研究。先生早年长期游学于全球主流经济系，我经常缠着他讲其在普林斯顿大学与 Ben Shalom Bernanke 等的交往。每每听起经济学那璀璨群星中的古早掌故，我都心驰神往。尤记得先生上课时，我们师徒在课堂上无拘无束地探讨问题，先生从不嫌我幼稚，从来都是耐心地为我条分缕析，以至于我都有种错觉：大名鼎鼎的樊明太研究员似乎才是那个一直孜孜以求的初出"小院"的年轻访问学者，而我才是某个学术老顽固。得益于先生给我营造的宽松的治学环境，我才能够远离各类噪音，尝试用自己的头脑思考问题，而这个头脑无时无刻不受到先生的启发和培养：虽然偶尔满是破绽，但从未僵化过，一旦开始探求，总要有个结果。

本书出版受到中国社会科学院和中国社会科学出版社的大力支持，作为社科院学术共同体的一员，我也得到过很多社科院老师的指导。感谢徐浩庆老师带我进入动态宏观的世界，感谢陈昌兵老师教授了我 DSGE 技术，感谢倪红福老师给我打下数理逻辑的底子，感谢吴利学老师的讲义让我掌握了动态优化技术。感谢社科院李雪松老师、张涛老师、蔡跃洲老师为本书提出了宝贵意见。本书的最终出版还要感谢中国社会科学出版社的周佳老师，其专业的编辑素养让本书的出版成为可能。

在本书的写作过程中，我受到海内外学界同仁的启发和帮助。感谢北京师范大学的王有贵老师，他为本书提供了很多宝贵意见，其使用复杂理论重构货币理论基础的研究令我耳目一新；感谢北京大学的王明进老师，本书的最终出版得益于其关于金融风险测度和货币理论的宝贵建议；感谢北京师范大学的胡海峰老师，他对本书提出了宝贵的意见。尤其感谢英格兰央行的两位经济学家 John Barrdear 博士和 Michael Kumhof 博士，在本书的写作过程中，我得到二位学者的无私帮助，他们慷慨地提供了其经典论文的全部推导手稿和代码，其高尚的学养深深地感染着我，令我受益匪浅。

在本书的创作过程中，我亦得到学术社区的大力支持。2020年，我和中国人民银行张掖支行的周潮老师在中国社会科学院大学高级宏观课上建立起一个学术社区。这个社区旨在为年青的博士研究生们提供交流的平台，定期开展经济学前沿论文报告。我负责前期的会议组织，因为周潮老师在学术圈有良好的人际关系，这个社区很快聚集了大半个中国学术圈的经济学学者。该学术社区至今运转良好，我给社区取名"Tiptop Intellectual Documents Exchange"（简称 TIDE）。TIDE 是一个非营利学术自助组织，致力于聚拢学术界同好分享、解构经济学顶尖文献，TIDE 的宣传语为"追随潮流，获得智慧；颠覆潮流，百折不回"（Go with the TIDE, gain wits; Counter to the tide, with courage）。在本书的编写中，TIDE 的老师们给予了我很多帮助。感谢对外经济贸易大学的朱胜豪老师，其关于"泡沫"的数理建模让我受教；感谢周潮老师始终如一地对我的指导和关切；感谢文一老师、厦门大学赵燕菁老师的热心分享；感谢厦门大学王子奇，西安交通大学马斌峰，悉尼大学薛晓明，中山大学王茹婷诸位博士，与他们的讨论让我很受启发。

在本书的写作过程中，我也获得了很多中国社会科学院大学博士同学的帮助。感谢中国社会科学院大学宏观学习小组诸位博士（苏敏、纪石、任晓明、朱克兴、王海慧、兰璇、朱泳丽、易宇、宋阳、武志博、纪石、张午敏）的守望相助；还要特别感谢王一旸博士、李岳博士、吴小平博士、杨然博士、林繁博士、刘恒瑞博士等,他们的跨学科视野让我启发良多;感谢我们数量经济与技术经济系的博士们(马露露、段梦、李连山、司秋利、朱雪婷、毛宇挺、李玮、陈多思),感谢农村发展研究所的诸位博士(陈展望、陈亚坤、谢金丽、王琛、刘佳、黄鑫、李寒冬、刘利科),感谢中国社会科学院大学2019级的诸位博士(闫铮、于赫、朱铭铮、陈学军、陈禹樟、严政、郭靖、魏淑君、胡海龙、万为众、陈亮、张璟龙、姜照、王亚欣、杨博涵、宁心源……),与大家的思想碰撞让这本书成为可能;感谢我的师兄叶思晖博士和李凯博士,无论在学术还是生活上,两位师兄都给予了我无微不至的帮助和照顾;感谢我的师妹齐岳莹热心地帮我校对本书;感谢同系师妹刘悦欣、李杭航和师弟刘基伟、贺伟东承担了大部分班级行政工作,让我能专心写作;感谢我们的系秘书王蕊老师,感谢我的班主任张志国老师、漆光鸿老师、赵东艳老师,老师们尽心尽力,使我免于潜在的繁琐事务。在"小院"的研究岁月,我无时无刻不受到这些师长的关照。

本书的写作得到了家人的鼎力支持。感谢我的父亲樊有峰老师,他给予我的信任和关爱是一切的一切开始的原因;当我很小的时候,我的母亲陆颖给了我一套"唐诗宋词元曲",那是我记忆中对知识最重要的记忆片段,读书的种子大约也在那时暗暗生长;感谢家人李米英、樊有荣、周爱兰、樊明珠、张桂生、樊丽华、何世峰,亲人们持续的无私关爱在我幼时就启发我成为一个"于人于事有益的人";感谢刘一德、樊昊然、张彬彬、何凡,来自一众兄弟姐妹的支持使本书创作更加顺利;感谢我的干女儿王卿陌和云姐,她们让我对世界的领悟更加深刻;还要特别感谢亲爱的刘玉静博士,本书的写作历程发端于我们幸运而忘我的二人世界,当写作进行到瓶颈时,我们把本书戏谑地称为"四处漏风的宇宙飞船",如今随着书卷成稿,新的旅程(既是思想之旅亦是人生之旅)将带着我们的祝愿平稳开启。

最后，这本书献给我最亲爱的老祖母孙玉兰女士，因为她，我愿意相信死后世界，愿我的祖母将一如其期待的那样幸福地生活在永恒的安宁与祥和之中，直到永远。自古，成书立说艰难，学理之事非一蹴而就，数代之力不共其学，天纵之才不适其道，年与时驰，真理难穷，但进一分总归有一分的妙用，开放求真或能切中为学肯綮。因此，本书不应视作"某类问题的解决"，而当视作"艰深议题的开端"。本书涉及的议题繁多，笔者才疏学浅，难免挂一漏万，文责自负，存此一论，供学术同仁参详、与诸方家商榷。言不尽意，行文至此，愿世界和平，国家安宁，人民幸福。

中国社会科学院大学优秀博士学位论文出版资助项目书目

- 元代刑部研究
- 杨绛的人格与风格
- 与时俱化：庄子时间观研究
- 广告法上的民事责任
- 葛颇彝语形态句法研究
- 计算机实施发明的可专利性比较研究
- 唐宋诗歌与园林植物审美
- 西夏文《解释道果语录金刚句记》研究
- 阿拉斯加北坡石油开发与管道建设争议及影响
- 花园帝国：18、19世纪英国风景的社会史
- 数字货币框架下的货币与信贷